ERIK NEUTSCH · DER FRIEDE IM OSTEN

Zeuch in die Mitternacht, in das entlegne Land,

Das mancher tadelt mehr, als daß ihm ist bekannt!

Tu, was dir noch vergünnt der Frühling deiner Jahre!

Laß sagen, was man will! Erfahre du das Wahre!

Paul Fleming

(1634 in einem Gedicht auf Nowgorod)

Erik Neutsch

DER FRIEDE IM OSTEN

MITTELDEUTSCHER VERLAG
HALLE · LEIPZIG

Welch ein Unruheherd ist die menschliche Seele, die zu befrieden wir kein Mittel scheuen, aber welche Mittel wir auch immer anwenden und uns gegenseitig vorschreiben: diese Unruhe ist nicht zu bändigen, und erneut bricht der Aufstand im Menschen los.

Johannes R. Becher

(1950, 14. April, in seinem Tagebuch)

Gesamt-ISBN 3-354-00295-6
Erstes Buch ISBN 3-354-00019-8
Zweites Buch ISBN 3-354-00050-3
Drittes Buch ISBN 3-354-00103-8
Viertes Buch ISBN 3-354-00157-7

VIERTES BUCH

Nahe der Grenze

ERSTES KAPITEL

Das Lager im Gebirge

Wir schrieben das Jahr 1968.

Im Sommer hatten zwei Divisionen der Nationalen Volksarmee, in Übereinstimmung mit den vereinigten Streitkräften des Warschauer Paktes, den Auftrag erhalten, die Grenzen der Republik zur Tschechoslowakei zu sichern. Am Abend des 20. August wurden sie schließlich in erhöhte Gefechtsbereitschaft versetzt. Über Nacht verließen sie ihre Konzentrierungsräume, die sie angesichts der Ereignisse in unserem Nachbarland bereits Wochen zuvor bezogen hatten, und rückten in Richtung Süden vor, den Gebirgen entgegen. Wie alle alarmierten Einheiten, so erreichte auch das aus der Garnison Halle stammende 27. Mot.-Schützen-Regiment in nur wenigen Tagen den ihm neu zugewiesenen Standort. Mit seiner Spitze drang es bis an die obere Bockau am Fuße des Auersberges vor, ehe ihm hier, schon die Kämme vor Augen, die die Grenze nach Böhmen bilden, der Befehl zum Halt erteilt wurde. Seitdem hatte es in einem Terrain von Höhen und Tälern mit unübersehbaren Wäldern, auf der Karte etwa in dem Oval zwischen den Städten Auerbach, Schwarzenberg, Johanngeorgenstadt und Klingenthal zu erkennen, sein Lager aufgeschlagen.

Als Achim Steinhauer dort eintraf, spät im September

und im Dauerregen, schien jedoch die größte Gefahr, die wieder einmal den Frieden bedroht hatte, gebannt zu sein. Dennoch blieb die Lage kritisch, und so mußten sich unsere Soldaten noch auf längere Zeit im Erzgebirge wie in einem Warteraum einrichten. Sie lebten unter Gefechtsbedingungen.

Auch Achim nahm davon Kenntnis, bemerkte es schon bei seiner Ankunft an den unterschiedlichsten Zeichen. Wie mit Bernd Höllsfahrt brieflich vereinbart, war er von ihm am Bahnhof von Aue abgeholt worden, und zwar im Auto des Regimentskommandeurs, einem Wartburg mit der soeben erst neukreierten Karosserie und von graugrüner Farbe. Obwohl der Wagen und erst recht seine Nummer jedem Angehörigen der Einheit vertraut sein mußten, wurde er trotzdem, lange bevor sie das Lager erreichten, mitten in der Kurve einer steil aufsteigenden Straße von einer Feldwache mit anschlagbereiten Maschinenpistolen gestoppt. Man forderte sie auf, das Fahrzeug zu verlassen. Da es schon dämmerte, blitzte eine Stablampe auf und leuchtete das Wageninnere ab. Höllsfahrt nannte zwar die Parole und fügte ein paar erklärende Worte hinzu, aber der Postenführer verlangte trotzdem Achims Ausweis, um ihn gründlich zu kontrollieren.

Bernd Höllsfahrt also, im Range eines Oberleutnants inzwischen, hatte ihn hierher eingeladen.

»Deine Erzählung«, hieß es in einem seiner Briefe, »hat auch bei uns die Gemüter erregt. Es wäre deshalb schön, wenn Du einmal kommen würdest, um mit uns darüber zu diskutieren. Ich bitte Dich darum (wenn ich's so nennen darf) im Namen unserer alten Freundschaft. Wir ersaufen hier fast im Regen, und unsere Genossen könnten eine Ermunterung dringend gebrauchen ...«

Da hatte er Professor Beesendahl unterrichtet, daß sich seine Ankunft im Institut noch verzögern würde, und war gefahren. Natürlich fiel ihm sofort auch ein, daß es dieselbe Strecke war, auf der Ulrike gelegentlich reiste, um ihre kränkliche Mutter und (doch die wohl weniger) ihre Schwester zu besuchen. Hundshübel befand sich in der Nähe. Später erfuhr er, ein Stück des Dorfes würde bald der mächtigen Talsperre weichen müssen, die zwischen ihm und Eibenstock erbaut werden sollte. Hoffentlich, dachte er, fällt den Fluten dann auch dieses gottverdammte Haus zum Opfer, das für Ulrike zum Gefängnis geworden war. Und hatte er nicht in dieser Gegend einmal am schon von Goethe bewunderten Filzteich die goldgelb blühenden Trollblumen entdeckt?

Es regnete unaufhörlich. Immer dichter wurden die Wälder, verschlammter und immer schwieriger zu passieren die Wege. Der Fahrer hatte trotz aufgeblendeten Scheinwerferlichts alle Mühe, für die Räder, die mehrmals durchzudrehen drohten, griffigen Untergrund zu finden. Auch die Dämmerung sank immer tiefer. Doch so dunkel war es noch nicht, als daß nicht Achim in einer Schneise zwischen den Fichten, obwohl hinter aufgeschütteten Wäldern halb verborgen und mit Tarnnetzen überspannt, die Panzer erspäht hätte. Er machte sogar ihren Typ noch aus und erkundigte sich bei Höllsfahrt, ob er sich nicht geirrt hatte. Der schüttelte den Kopf. Stimmt. T 54.

Nach einer erneuten, jetzt jedoch eher routinemäßigen Kontrolle gelangten sie endlich auf eine Wiese, die, soweit es das diffuse Licht der an Kabeln aufgehängten und im Wind schaukelnden Lampen zu erkennen gab, von mehreren großräumigen Zelten umstellt war. Vor einem davon hielt der Wagen. Sie stiegen aus, schienen bereits erwartet worden zu sein. Denn kaum verstummte der Motor, kam ihnen, was Bernd ihm noch hastig im Flüsterton zusteckte, der Regimentskommandeur bis unter die Plane entgegen, die den Zelteingang überdachte. Der Mann, schätzte Achim, ein Oberst, war in seinem Alter. Er fühlte sich von ihm mit seltsam taxierenden Blicken empfangen.

Bernd Höllsfahrt nahm militärische Haltung an, führte die rechte Hand an seine Feldmütze und erstattete Meldung.

Der Oberst dankte, winkte dann aber ab. »Lassen Sie es gut sein, Genosse Oberleutnant. Ich denke, wir wollen es weniger formell angehen. Wir sind – wie ich unlängst sogar in der Zeitung lesen konnte – in derselben Partei, und so heiße ich Sie fürs erste herzlich willkommen, Genosse Schriftsteller.«

»Nein, ich bin keiner.« Achim glaubte sofort, er habe zu schnell geantwortet, hätte wohl erst den Gruß erwidern sollen, was er nun nachholte. Dennoch, er empfand sich wirklich nicht als Literat. Zuviele Bedenken verbanden sich für ihn mit diesem Wort.

»Ich habe etwas geschrieben, was vielleicht nicht ganz unnütz ist. Doch von Beruf bin ich Biologe.« Ja, sein Weg hatte ihn wieder dorthin geführt, wozu ihn sein Studium einst befähigt hatte.

»Bitte, treten Sie ein.«

Es war das Stabszelt, ausgelegt mit einem Fußboden aus roh zusammengezimmerten Brettern, unter denen das Gras wucherte. Durch die Ritzen ragten hier und dort vergilbte Halme. In seiner Mitte war aus mehreren Tischen eine Tafel in Hufeisenform aufgebaut worden, an der etwa zwei Dutzend Gäste bequem Platz finden konnten. Soeben waren Soldaten vom Küchendienst dabei, sie mit weißen Tischtüchern und Geschirr einzudekken. Anschließend trugen sie das Abendbrot auf, Platten mit Aufschnitt und diverse Getränke.

Oberst Dehmols, wie der Kommandeur hieß, ließ sie gewähren. Achim wußte aus den Briefen Bernds, daß zunächst ein Gespräch zwischen ihm und den Führungsoffizieren des Regiments vorgesehen war, ehe er in den kommenden Tagen verschiedene Einheiten besuchen sollte. Auch Dehmols, nun schon längst nicht mehr mit dem seltsamen Blick in seinen braunen Augen, erinnerte ihn jetzt daran, als sie sich in einer Ecke des Zeltes auf ein paar, freilich schon leicht lädierten Sesseln gegenübersaßen. Auf die Planen über ihren Köpfen trommelte der Regen. »Wir haben noch Zeit, bis meine Genossen hier eintreffen. Neunzehn Uhr dreißig war befohlen. Möchten Sie unterdessen einen Erfrischungstrunk? Kaffee? Oder doch lieber einen Kastell?«

Achim nickte zu beidem, und während der Kommandeur, der inzwischen Höllsfahrt und die Soldaten verabschiedet hatte, an die Tafel ging, um selbst die Getränke zu holen, überließ er sich seinem Schweigen. Er fühlte sich ungewohnt in seiner Rolle. Gewiß, sie schmeichelte ihm, doch ein solcher Empfang machte ihn noch immer verlegen. Was eigentlich war denn anders geworden seit damals, seit seiner Parteistrafe vor sechs Jahren, seiner *Demission* von Eisenstadt? Er wußte nur, es war ihm wiederum nichts geschenkt worden, im Gegensatz zu allem, was einst Lutter von ihm behauptet hatte. Er hatte sich durchgebissen, ja, durchgebissen – das war es. Stück um Stück auch mit dieser Erzählung, die nach ihrem Erscheinen dann mit einem Preis ausgezeichnet worden war und derentwegen er nun ebenfalls eine Einladung hierher zur Armee erhalten hatte. Doch geschrieben hatte er sie von ihren wohl mehr als einem Dutzend Anfängen bis ans bittere, wenn auch erlösende Ende nur für sich. Er hatte sich freigeschrieben mit ihr, und am allerwenigsten war ihm in den Sinn gekommen, sie drukken zu lassen und mit ihr seinen Namen ausgestellt zu sehen. Was allerdings danach mit ihr (und ihm) geschehen war, würde selbst für ihn ein Geheimnis bleiben. Nein, sprechen konnte er darüber nicht. Weder anderswo noch vor den Offizieren, die in diesem Moment in nur kurzen Abständen das Zelt betraten, unter ihnen auch wieder Höllsfahrt. Er war ja schon auf die Frage von Dehmols soeben, wie man Schriftsteller wird, in ein ziemlich hilfloses Gestammel verfallen.

Der Gefechtsstand des Regiments – denn um nichts anderes handelte es sich bei der Gruppe von Zelten am Rande der Lichtung – befand sich, wie Achim nächsten Tags erkennen konnte, als für einen Augenblick der bleigraue Himmel über ihm aufriß, in einer sich lang dahinstreckenden Senke zwischen zwei Bergkuppen, dem Zeisiggesang und dem Brückenberg. Obwohl für ihn in Eibenstock ein Hotelzimmer reserviert worden war, zog er es vor, bei der Truppe zu bleiben und für die Dauer seines Besuchs mit den Politoffizieren die Unterkunft zu teilen. So hatte er im Zelt übernachtet, auf einer Pritsche wie sie, zwischen Höllsfahrt und Major Seydewitz. Er war todmüde gewesen, sofort in einen tiefen Schlaf gesunken, und gewiß hätte er sich nach dem ausgedehnten und anstrengenden Abend gestern gern noch länger in die Wolldecken verkrochen, wenn er nicht Punkt sechs vom rabiaten Geschrill einer Trillerpfeife, dem Signal zum Wecken, aufgeschreckt worden wäre.

Sofort begann ein Hasten und Jagen um ihn herum. Die Männer, was er ihnen bei ihren Chargen kaum zugetraut hatte, folgten unverzüglich den Kommandos des OvD, warfen sich in ihre Trainingsanzüge und eilten zum

Frühsport hinaus ins Freie. Ein wenig verwirrt und fragend sah er noch Höllsfahrt an. Der aber lachte. »Nein, nein, so war unsere Einladung nicht gemeint. Wenn du Lust hast, hau dich noch einmal hin und penn weiter.«

Achim jedoch fürchtete, bliebe er liegen, sich zu sehr als Zivilist aufzuführen. Er stand ebenfalls auf und lief zumindest mit den Männern an den Bach, der das Tal durchrieselte, um sich in ihm zu waschen. Die Kühle des Wassers tat ihm wohl. Er frottierte sich scharf, bis die Haut brannte und der letzte Rest Müdigkeit aus seinen Gliedern gewichen war. Bald darauf aber hätte es schon genügt, sich lediglich in den Regen zu stellen. Der Himmel öffnete sich wieder wie eine riesige Dusche.

Oberst Dehmols hatte Bernd Höllsfahrt, der die Funktion des FDJ-Sekretärs im Regiment ausübte, damit beauftragt, Achim zu betreuen. Eigentlich wäre es die Aufgabe von Major Seydewitz gewesen, dem Kulturoffizier. Doch diese Verschiebung der Kompetenzen hatte, was sich demnächst noch zeigen würde, ihre Gründe und lag nicht allein daran, daß Bernd und er sich seit langem kannten.

Die Lesung im 2. Bataillon war erst für den Abend angesetzt worden. Bis dahin hatten sie reichlich Zeit, und Achim wollte sie nutzen, um die Soldaten während ihres Dienstes kennenzulernen. Auch in den folgenden Tagen verfuhren sie so. Er freute sich darauf, empfand es als einen besonderen Glücksumstand, fortan mit Bernd zusammenzusein, dem Bruder Erichs, seines Freundes seit Ewigkeit. Dem war er zwar lange nicht mehr begegnet, zum letzten Mal vor etwa einem Jahr, als er seine Mutter besucht und zugleich in Eisenstadt irgendeine Formalität hatte regeln müssen. Das war, entsann er sich, nachdem er seinem Fernfahrerleben ade gesagt hatte und bereits als wissenschaftlicher Mitarbeiter in die Vogelschutzstation im Luch an der unteren Havel eingetreten war. Schon auf dem Weg von Aue in die Wälder hatte er von Bernd die neusten Nachrichten über Erich erhalten. Halka erwartete das zweite Kind. Und er hatte gedacht: Julia ist inzwischen fast zwölf, Soja fünf.

Die Bataillone und ihre Kompanien lagen weit verstreut über das Gebirge. Mit Feldtelefonen und Sprechfunkgeräten hielten sie Verbindung zueinander.

»Wirst du mir auch kein X für ein U vormachen?« fragte er Bernd.

»Auf gar keinen Fall. Wenn's dich beruhigt: Ich bin wie Erich.«

Sie fuhren in einem Geländewagen, einem zum Jeep umgebauten Trabant mit Planverdeck. Bernd steuerte ihn selbst. Auf einem der Kämme, hinter Carlsfeld, wo sich in Weitersglashütte der Divisionsstab befand, schon nahe den rot-weißen Grenzpfählen zur tschechischen Grenze, bat Achim um eine Verschnaufpause. Ihn lockte der Ausblick, über Fichten und Vogelbeerbäume hinweg, ins Tal nach Eibenstock. Später las er die Zeilen von Kleist, die diese Landschaft beschrieben: Die ganze Gegend sieht aus wie ein bewegtes Meer von Erde …

Der Regen hatte ausgesetzt. Doch alles Gras und Gebüsch um sie herum troff noch feucht und war klamm von Nässe.

Da rückte Bernd zum ersten Mal mit der Geschichte von Major Seydewitz heraus. »Militärisches Geheimnis? Ich glaube nicht, Achim. Obwohl … Das Ministerium wittert manchmal schon Fahnenflucht, wenn einer aus der Truppe nur unerlaubt pinkeln geht.«

Seydewitz laufe Gefahr, sich zu verrennen. Befehlsverweigerung? Feigheit gar vor dem Feinde? Offenbar könne er sich nicht mit den Maßnahmen identifizieren, die die Warschauer Vertragsstaaten eingeleitet haben.

Nach seinem letzten und – wie bei ihnen allen seit Monaten – bisher einzigen Kurzurlaub vergangener Woche drehte er durch. »Hast du ihn nicht beobachtet, gestern abend? Während es sonst doch recht temperamentvoll verlief, saß er da und mimte den Beleidigten.«

»Ich fand ihn nur still. Doch was will das schon bedeuten. Mancher redet wie ein Wasserfall, ohne was zu sagen. Andere ringen um jedes Wort oder schweigen lieber und denken wenigstens nach. Die sind mir sympathischer.«

Im Stabszelt des 2. Bataillons, wie auf den ersten Blick zu erkennen, herrschte eine tiefe Betroffenheit. Es schien, als hätten Höllsfahrt und Achim mit ihrer unvermittelten Ankunft soeben jäh einen Streit zwischen den Offizieren unterbrochen. Mit nur schwer verhohlener Erregung standen sie sich um einen Tisch gegenüber. Bereits von draußen waren laute, von Zorn geschärfte Stimmen zu hören gewesen, und jetzt fand der Kommandeur erst nach einigem Zögern die Standardfloskeln zur militärischen Begrüßung. Nur allmählich verlor sein breites, gutmütig wirkendes Gesicht die hektische Röte. Mehrmals schluckte er noch, um seinen Ärger zu unterdrücken, bevor er sich zu einer Erklärung entschloß:

»Soldat Gladisch. Dritte Kompanie. Erstes Diensthalbjahr.« Vor einer knappen Stunde entdeckten ihn seine Genossen im Wald. Sie haben ihn noch rechtzeitig abgeschnitten und – retten können. Er hing an einem Baum.«

Ein Oberleutnant, von kleiner Statur zwar, doch ungemein drahtig, seinem straffen Aussehen nach mit jedem Zoll ein Militär, fügte sofort hitzköpfig hinzu: »Den werd ich mir vornehmen, den Mann. Bis jetzt habe ich noch aus jedem in meiner Einheit einen Soldaten gemacht.«

»Halten Sie doch endlich die Klappe, Oberleutnant Gerstfeld!« schrie ihn ein Hauptmann an, der Stabschef.

Höllsfahrt mahnte zur Besonnenheit und ließ sich berichten.

Jener Rekrut war der Sohn eines Bäckermeisters, der in Weißenfels eine private Konditorei mit angeschlossenem Café betrieb. Als einziges Kind seiner Eltern, war er von ihnen stets verhätschelt und getätschelt worden. Das hatte sich schon öfter auf sein Verhalten ausgewirkt, so daß er nicht selten auch zur Zielscheibe von brutalen Scherzen mancher seiner Kameraden geworden war. Er selbst hatte kurz vor seiner Einberufung im Mai eine Lehre als Gärtner beendet.

»Und wo befindet er sich jetzt?« fragte Höllsfahrt.

»Ab mit dem Sankra. Ins Lazarett.«

Oberleutnant Pisocki, der Politstellvertreter im Bataillon, begleitete ihn. Zur ärztlichen Untersuchung. Doch sei sie gewiß nur eine Vorsichtsmaßnahme, so daß mit der Rückkehr der beiden bis zum Abend gerechnet werden könne.

Damit schien das *besondere Vorkommnis,* wie es im Soldatendeutsch heißt, vorerst vergessen. Achim aber ließ es noch keine Ruhe. Nachdem Höllsfahrt ihn vorgestellt hatte und Kompaniechef Gerstfeld abgetreten war, kam er darauf zurück und wagte eine Frage: »Sagen Sie bitte, Genosse Major, könnte ich mit dem Soldaten Gladisch einmal sprechen?«

Der Kommandeur allerdings zeigte sich davon dermaßen überrascht, daß es ihm die Zunge lähmte. Mit ziemlich verdatterten Blicken suchte er Höllsfahrt um Rat an und hob und senkte unschlüssig seine geflochtenen, mit einem Stern besetzten grauen Schulterstücke auf der Sommerdienstuniform.

Höllsfahrt half dem Major aus der Klemme. »Komm«,

wandte er sich fordernd an Achim, »wir müssen weiter.«

Draußen jedoch, wieder im Jeep, verkniff er nur mühsam ein lautes Gelächter, kicherte. »Menschenskind, was bist du naiv, Achim. Wie konntest du ihn so in Verlegenheit bringen. Natürlich darfst du *nicht* mit dem Soldaten sprechen. Du, ein Zivilist! Das fehlte noch ... Dazu gar einer, der Geschichten schreibt! Aber tröste dich. Wir werden es arrangieren. Nur ... In Zukunft, wenn du solche Extrawürste gebraten haben willst, wende dich an mich, verstanden?«

»Zu Befehl, Genosse Oberleutnant!« schloß sich Achim mit leichter Ironie dem militärischen Ton an.

»Danke. Rühren. Und machen Sie sich's bequem«, klang es auf gleiche Weise zurück.

Dann zündete Bernd den Motor und gab Gas.

Es war gegen elf. Zeit, ans Mittagessen zu denken. »Wollen wir in einem der Lokale hier absteigen? Zwischen Morgenröthe-Rautenkranz und Tannenbergsthal kenne ich eine Gaststätte mit hervorragender Küche ...«

»Namen haben die Nester hier«, sann Achim, »wie geschaffen für Grimmsche Märchen. Schon ein Blick aus dem Wagen genügt, und man glaubt, gleich müßten Rotkäppchen und der Wolf auftauchen ...«

»Übrigens, die Leute hier mögen uns. Zunächst waren sie zwar schockiert, als wir unsere Stellungen bezogen. Doch es dauerte nicht lange. Inzwischen brauchst du nur mit dem Finger zu schnippen, und sie versorgen dich mit allem. Die Sessel und Tische im Regiment zum Beipiel, obwohl schon ein wenig abgeschabt – ein Geschenk des Bürgermeisters von Eibenstock. Und jetzt, da immer noch nicht abzusehen ist, wann wir unser Lager hier abbrechen, wollen uns die Bauern, bei diesem Sauwetter, Blockhütten an Stelle der Zelte aufbauen. –

Also, was ist? Hirschbraten mit Pilzen, Rotkohl und Klößen?«

»Und was ißt die Truppe?«

»Wieder Erbsensuppe womöglich, mit Speck. Aus der Gulaschkanone.«

»Erbsensuppe.«

»Aber der Speck schmeckt vielleicht schon ranzig.«

»Ein Grund mehr, den Hirschbraten mit zivilen Maronen und pazifistischem Schmorgemüse zu verschmähen.«

Nun wurden die Wälder immer unwegsamer. Höllsfahrt hielt mehrmals an und orientierte sich an der Karte. Er suchte den Schießplatz des Regiments, der schon kurz nach ihrer Ankunft angelegt worden war. Zu ihm war heute die 2. Kompanie des Bataillons zu Übungen ausgerückt.

Nach einer erneuten Abzweigung mit scharfen Kurven, die streckenweise steil bergab führten, begann für den Jeep eine holprige Fahrt, so daß er sich jetzt seinen Namen: Geländewagen redlich verdienen mußte. Bernd hatte alle Hände und Füße voll zu tun, war ständig beim Kuppeln, Schalten, Bremsen und verfluchte mehrmals sich selbst, weil er keinen anderen Weg gewählt hatte. Hier konnte von dem bewegten Meer von Erde, wie es Kleist einst gesehen, keine Rede mehr sein. Hoch und bizarr ragten zur Linken die Hänge auf, kahlgescheuert durch jede Art Witterung, nur noch von den in Stürmen eiskalter Winter schief gestellten, verkrüppelten Fichten bewachsen und immer wieder ihr nacktes Gestein zeigend, schroffe Felswände aus Granit. Zur Rechten hingegen, zwei Armlängen nur von Achim entfernt, dehnten sich tiefe Schluchten, deren Grund jedoch nicht zu erkennen war, da sie ein dichter, milchiger Nebel verhängte, über dem wie auf einem stillen und starren Gewässer, spitzen Wollmützen ähnlich, die schwarzen Wipfel der Nadelbäume schwammen. Wenn wir hier abstürzen, dachte er, kein Mensch wird uns je finden. Das liebliche Erzgebirge – hier wirkte es unheimlich und bedrohend.

Da war er zum ersten Mal froh, als es wieder zu regnen begann oder wohl eher zu tropfen. Sie hatten die Nebelgrenze durchstoßen, und auch Bernd, schien ihm, atmete hörbar auf. Vor ihnen lag eine unbewaldete Fläche, der man noch die Spuren der Rodung ansah. Zwischen den Stubben und Gestrüppresten gefällter Bäume zogen sich mehrere Gräben hin. Ihnen gegenüber standen vor einer weißgetünchten Mauer Schießscheiben, geformt wie die Silhouetten menschlicher Oberkörper. Irgendein Mechanismus bewegte sie, ließ sie zur Seite klappen und wenig später wieder in die Richtung der Schützen schwenken, die sich in lockeren Gruppen über das Gelände verstreut aufhielten. Rufe hallten über den Platz, übertönt jedoch vom ständigen Geratter des Dauerfeuers aus Maschinenpistolen.

Keine Frage, sie waren am Ziel, gerade noch rechtzeitig, um gemeinsam mit den Soldaten Essen fassen zu können. Doch es gab keine Erbsensuppe, wie von Bernd prophezeit, sondern Makkaroni mit Tomatensauce und Schinken.

Sie folgten den anderen und suchten unter ein paar an Pfählen aufgespannten Zeltbahnen Schutz vor dem Regen. Geschälte, von Rinde und Harz befreite Fichtenstämme dienten ihnen zum Sitzen. Die Kochgeschirre klapperten, und vorerst bildeten nur deftige Schimpfkanonaden auf das Wetter die einzige Unterhaltung.

Dann aber, nach genossener Mahlzeit und bei heißem Tee, drehten sich die Gespräche, wie schon am gestrigen

Abend im Regimentsstab, wieder um die Ereignisse im Nachbarland.

Eine Meldung der sowjetischen Nachrichtenagentur TASS, empfangen aus einem Kofferradio, bot den Anlaß. Terrorakte nach wie vor gegen Kommunisten. Im Motorenwerk von České Budějovice waren Flugblätter aufgetaucht, die unverhohlen zum Mord an Parteifunktionären aufriefen. Denkmäler für die Soldaten der Roten Armee, die im Kampf für die Befreiung der Tschechoslowakei von den Faschisten gefallen waren, wurden geschändet. Der einheimische Rundfunk jedoch, die Presse und das Fernsehen schwiegen dazu wie eh und je. Von einigen führenden Persönlichkeiten wurden deren Redakteure sogar für ihr angeblich besonnenes Verhalten gelobt.

»Was soll daraus noch werden?« fragte, stellvertretend wohl für alle, ein Gefreiter, wobei er eine Zigarette nach der anderen aus der Schachtel zog und wegwarf, zum Schluß auch die Streichhölzer, da alles zerweicht war. »Findet sich da denn keiner, der endlich durchgreift?«

Ein anderer, ein Unteroffizier, hatte besser vorgesorgt. Er bot dem Gefreiten eine Zigarette aus einer Blechbüchse an und gab ihm zugleich Feuer, indem er aus seinem aus einer Patronenhülse gefertigten Feuerzeug eine Flamme aufspringen ließ. »Eine einmal verfahrene Karre ziehst du eben so leicht nicht wieder aus dem Dreck. Das beste ist, du läßt es erst gar nicht soweit kommen.«

»Wir aber stehen hier Gewehr bei Fuß und setzen vor Nässe schon Schimmel an.«

Auch noch beim Waffenreinigen, nachdem Achim und Bernd sich unter die Soldaten eines anderen Zuges gemischt hatten, flackerte das Thema wieder auf. Jemand erinnerte an das Schicksal der sowjetischen Panzerbesatzung in einem Dorf kurz vor Prag. Nach einer Havarie hatte sie versucht, mit erhöhtem Tempo wieder den Anschluß an ihre Kolonne zu erreichen. Plötzlich sah sie sich hinter einer scharfen Straßenbiegung Frauen und Kindern gegenüber, die dort, wie sich später herausgestellt hatte, von Konterrevolutionären zusammengetrieben worden waren. Der Fahrer riß im letzten Moment den Panzer zur Seite. Der stürzte einen Abhang hinunter, überschlug sich mehrmals. Alle vier Besatzungsmitglieder fanden den Tod.

»Und auch schon umgelegt haben sie welche.«

»Uns aber wurde befohlen, falls es zum Einmarsch käme: Nicht provozieren lassen. Nicht schießen.«

»Na, hör mal«, erwiderte wieder jener mit dem braungebrannten Gesicht, wie man es nur von Bauarbeitern oder Bauern kennt. »Wenn du neben mir abgeknallt wirst, meinste, ich würde aus lauter Höflichkeit dann den Stahlhelm ziehen und Dankeschön sagen für den Empfang? Nee, Freund. Die Knarre hoch und nischt wie Feuerwerk.«

Der Zugführer, ein Unterleutnant, der erst vor kurzem die Offiziersschule absolviert hatte, schwieg zu allem. Bernd Höllsfahrt aber war vom Ton solcher Gespräche weniger erbaut. Zwar verstand er den Zorn, die Empörung, mehr noch die Besorgnis, die aus jedem Wort klang, was wohl auch zeigte, daß die Moral der Truppe ungebrochen war, doch in seiner Funktion durfte er das eine und andere nicht unwidersprochen hinnehmen.

»Ich bitte Sie, Genosse Seinig«, wandte er sich mit Namen an den Gefreiten mit dem Bauerngesicht. »Gott sei Dank ist es noch lange nicht soweit. Sie aber beschwören den Ernstfall. Als befänden wir uns im Krieg mit der ČSSR. Vergessen Sie nicht, sie ist ein sozialistischer Staat und mit uns verbündet.«

»Gerade deswegen«, wehrte sich Seinig, über seine Maschinenpistole gebeugt, deren Gehäuse er jetzt wieder zusammensetzte, »weil ich, seit wir hier liegen, nichts davon bemerke. Sie freilich sind der Efdejotnik des Regiments, Genosse Oberleutnant, und müssen deshalb so sprechen. Ich aber bin ein freier Mann. In einem halben Jahr mustere ich ab. Ich rede, wie mir der Schnabel gewachsen ist, wie zu Hause in meiner Brigade. Die Freunde, die Sowjets, sie können einem doch leid tun in Prag. Immer nur Disziplin. Immer nur lächeln. Trotz aller Hetze, aller Schmutzkübel, die über sie gegossen werden. Trotz aller Schüsse aus dem Hinterhalt. Nochmals. Wenn einer meinen Kumpel angreift, zu Hause oder hier, dann ballere ich zurück.«

»Haben Sie nicht vor einem Monat, als Sie erfuhren, worum es ging, den Antrag gestellt, Kandidat der Partei zu werden?«

»Ja. Aber nicht, um den Märtyrer zu spielen. Nicht, um mich wie die Panzersoldaten vom Leben zu verabschieden. Von meiner Frau und meinem Sohn.«

Höllsfahrt diskutierte noch weiter, bis zu dem Befehl, die Reinigung der Waffen zu beenden. Achim aber hörte schon nicht mehr hin. Er sah, wie Bernd sich vergebens plagte, den Unmut der Soldaten zu dämpfen, sie, was die Ereignisse in der Tschechoslowakei betraf, zu einem gerechteren, weniger nur von Gefühlen geprägten Urteil zu bewegen. Er rief die Geschichte an, argumentierte mit allem, was ihm dabei zur Verfügung stand, doch ohne sichtlichen Erfolg. Und so wirkte er schließlich nervös, überhastet, fuhr sich immer öfter mit der Hand über die Stirn und gespreizten Fingern durch sein blondes, von der Feuchtigkeit klebrig gewordenes Haar.

Doch auch Achim spürte den Druck dieser Situation. Eine merkwürdige, von innerer Unruhe und sprunghaft von hier nach dort wechselndem Nachdenken erfüllte Stimmung beschlich ihn. Zweifellos, die Härte solcher Worte erschreckte ihn: Die Knarre hoch und nischt wie Feuerwerk ... Ich ballere zurück ... Krieg – Frieden. Wieder war es seine Empfindsamkeit gegenüber solchen aufs Ganze der Menschheit gehenden Begriffe, die ihn aufwühlte. Haben wir den Krieg noch vor der Haustür? Haben wir den Frieden bereits gerettet? Da störte ihn kaum noch, daß er nun doch seine Hose mit Harzflecken von den Fichtenstämmen besudelt hatte. Ulrike würde ihre Mühe haben, sie zu säubern.

Kurz vor dem Abend, zurückgekehrt in den Bataillonsstab, verständigte er Bernd, daß er sich noch ein wenig die Füße vertreten wolle. Er habe Lampenfieber. Ja, nach allem, was er heute erlebt habe. Er wolle sich konzentrieren, und dabei helfe ihm wahrscheinlich am besten ein Gang allein durch den Wald.

Bernd warnte ihn vor der bald hereinbrechenden Dunkelheit und bot ihm seinen Regenumhang an.

Spätestens, nachdem Professor Beesendahl ihn gerufen hatte, wußte er, daß ihm ein neuer Anfang bevorstand. Der wievielte war es in seinem Leben? Diesmal jedoch, dachte er, muß es endgültig sein. Er fühlte sich mit der Republik gewachsen, großgeworden, und ein wenig, glaubte er, sei sie es wohl auch mit ihm. Also sollten sie sich nicht länger wie zwei närrische Kinder benehmen, die sich vor ihren Eltern eifersüchtig und mißtrauisch bewachten, obgleich sie Geschwister waren, aufeinander angewiesen, einer nicht ohne den anderen würde auskommen können.

Bist du mein Vaterland, fragte er, wobei er, in Gedanken verloren, nicht einmal merkte, daß es ihm laut von den Lippen schlüpfte. Ja, scholl es zurück. Wenn du bloß nicht immer so störrisch und selbstsicher wärest. Halt doch endlich dein Maul, befahl er dem Echo, seiner anderen inneren Stimme. Das bin ich nicht, bin eher von Zweifeln besessen, und die sind es, die auszuräumen du mir helfen solltest ... Zugleich aber spürte er, daß es ihm auch in Zukunft nicht gelingen würde, über seinen Schatten zu springen. Zuviel blieb da noch unerledigt, unbewältigt, barg sogar schon die Gefahr, sich als Stückwerk für die Ewigkeit einzurichten.

Wenn bereits das der Sozialimus sein soll, dachte er, meiner ist es nicht. Oder hätte er sonst seine Erzählung geschrieben? Schon ihr Titel klang für manche wie eine Provokation: DER GRIMM. Andererseits aber: Gab es nicht auch genügend Leute im Lande, die ähnlich empfanden wie er? Wäre es sonst denn möglich gewesen, daß er, noch dazu als Debütant, als ein bisher unbekannter Autor, mit einem Preis ausgezeichnet worden wäre?

Noch immer galt, er mußte sein Leben – Schicksal nannten es manche – in die eigenen Hände nehmen. Die Republik, das liebe Mütterchen, konnte ihm dabei nur den Boden unter den Füßen ebnen.

Doch gerade das hatte sie ihm lange verweigert. Oder – war er nur ungerecht, ihr gegenüber befangen und trug selber daran Schuld?

Achim stapfte durch den Wald, in dessen Tiefe es allmählich trübe und düsterer wurde. Die Dämmerung senkte sich auf die Wipfel, und hier unten, im Grund zwischen den mächtigen Fichtenstämmen, war sie beinahe schon dicht wie die Nacht. Er hatte nicht mehr auf die Wege geachtet, ging jetzt Pfaden nach, die offenbar vor ihm schnürendes Wild durch das Dickicht getreten hatte, Schweine oder Rehe. Immer öfter stieß er sich an verdeckten, von Moos überwucherten Wurzeln; niederhängende, verdorrte Zweige schlugen ihm ins Gesicht, und er erinnerte sich plötzlich der Warnung Höllsfahrts. Er mußte umkehren, ja. Er suchte den ohnehin grauen, nun mehr und mehr verblassenden Schimmer des Tages im Nadelgeflecht über seinem Kopf und hoffte auf die Lichter des Lagers, um sich nach ihnen richten zu können.

Wenn er einen Begriff nennen sollte, der mit einem Wort seinen Zustand in den letzten Jahren beschrieb, so würde er sagen: Es war meine *Reisung* oder: meine *Fahrschaft.* Doch beide gab es natürlich nicht. Sie existierten in keinem Wörterbuch.

Ihm war zumute, als habe er sich fortwährend umhergetrieben, ein Vagabundendasein geführt. Immerzu war er auf Achse gewesen, auf Reisen, über Landstraßen und Autobahnen, mit nur kurzen Rasten in fremden Betten billiger Hotels, meist aber nicht einmal dort, sondern auf Parkplätzen, in der Koje der engen Kabine.

Im Norden war er dann hängengeblieben, nach einer Bewerbung auf eine Annonce in der Zeitung, in jener Stadt, die wie aus einem einzigen roten Backstein von Riesengröße gemeißelt zu sein schien, auf einem Berg obenan mit dem Dom aus frühgotischer Zeit. Er war Trappen und Schnepfen nachgepirscht, hatte die Brutkolonien der Graureiher beschrieben, in den Seggen der Feuchtwiesen Nester von Kampfläufern aufgespürt und, nachdem er sie zum ersten Mal in seinem Leben gesehen, Blaukehlchen gefangen und beringt.

Hier wäre er vielleicht zur Ruhe gekommen, zu seinem *Hüsung,* und die *Reisung* wäre beendet gewesen ... Wenn ihm nicht ständig wieder die Trennung von Ulrike zugesetzt hätte, von ihr und den Töchtern. Alles Laufen und Schlangestehen in den Ämtern dort nach einer Wohnung für die gesamte Familie in einem der Havelorte war fehlgeschlagen. Schon deswegen mußte er

Beesendahl dankbar sein. Dessen Brief mit dem Angebot einer Stelle im Institut der Akademie der Wissenschaften glich einer Erlösung. Er holte ihn zurück nach Halle, nach Haus zu Weib und Kindern.

Zuvor aber hatte er GRIMM entdeckt. *Den* oder *die, seinen* oder *ihren* Grimm? Eine junge Frau jedenfalls, nicht überdurchschnittlich hübsch, alles andere also als ihrer äußeren Erscheinung nach ein Mannequin, geschieden, mit Kind und dem Allerweltsnamen Gabriele, abgekürzt Gabi. Daraus war eine Erzählung geworden, und seit sie Ende vergangenen Jahres erschienen war, gedruckt in einem handlichen Leinenband von 120 Seiten vorlag, spukte sie in den Köpfen so mancher Leser, auch von Kritikern der hiesigen Literaturlandschaft. Es hatte in den Zeitungen eine hitzige Debatte darüber begonnen, im Zusammenhang mit noch einigen anderen Büchern der letzten Zeit. Sie reichte, was das Urteil in Rezensionen und Leserzuschriften betraf, vom Hosianna bis zum Kreuziget-ihn! Einer forderte, den Autor, der, wie er gehört habe, Mitglied der SED sei, aus der Partei auszuschließen. Ein anderer entgegnete darauf eine Woche später, man solle jenem Dogmatiker künftig alles Reden und Schreiben in der Öffentlichkeit verbieten.

Nein, Achim konnte nicht sagen, daß ihn ein solcher Aufstand um Grimm – den oder die – dort in der entlegenen Vogelschutzwarte am Gülower See kaltgelassen hätte. Anfangs fürchtete er sich sogar, die Zeitungen aufzuschlagen, das Zentralorgan beispielsweise zum Wochenende, wenn es mit seiner Beilage »Die gebildete Nation«, dem umfangreichen Kulturteil, aufwartete. Was für teuflische Dinge würden ihm darin jetzt wieder unterstellt werden? Papier ist geduldig. Doch wieviel Dummheiten durften sich Kritiker eigentlich erlauben, ehe es ungeduldig wurde?

Er konnte sich denken, daß auch seine Kollegen, die Ornithologen in Gülow, die Artikel lasen, und manchmal kam er sich vor, als zeigten sie mit Fingern auf ihn, sobald er ihnen den Rücken kehrte. Gewiß, daran war er gewöhnt. Nie war es anders gewesen in seinem Leben. Zwar hatte er stets danach gestrebt, ein Gleicher unter Gleichen zu sein, ein Mit-Glied in einer Kette von Gleichberechtigten, doch immer wieder war er davon auch abgebracht worden, sah er sich in die Ausnahme gedrängt in der Gesellschaft von Kleingeistern. Nein, er durfte sich nicht beklagen, verhöhnt und angefeindet zu werden, solange er sich einer als allgemein gültig betrachteten Norm widersetzte und – in diesem Falle – mit einer Erzählung die Öffentlichkeit provozierte.

Wohl die meisten seiner Zeitgenossen hüteten sich davor, legten sich selber Fesseln an. Selbst wenn sie die Versuchung dazu spüren sollten, würden sie sie schon im nächsten Augenblick weit von sich weisen. Sie gingen brav ihrem bürgerlichen Beruf nach, warfen Reusen und Fangnetze aus, zählten die Vögel darin und beringten sie, und das einzige, was ihnen des Schreibens wert war, erschöpfte sich darin, zu katalogisieren, Karteien anzufertigen, genau Buch zu führen über das Gewicht der Tiere, die Spannweite ihrer Flügel, die Körpermaße, ob bei Gans oder Goldhähnchen, von der Schnabelspitze bis zu den Schwanzfedern. Sie empfanden sich als Wissenschaftler, manchmal nur als die Registratoren von Gottes ohnehin über jede Kritik erhabener Schöpfung, und als solche mußte es ihnen sowieso unbotmäßig, ketzerisch erscheinen, auch noch anderweitig, gar in der Literatur, Phantasie zu verschwenden.

Aber war es das denn, was er tat: Literatur?

Es hatte ihn nichts weiter gedrängt, als die Geschichte über einen Menschen loszuwerden, Gabi Grimm, dreiundzwanzig Jahre alt, verraten von der Gesellschaft, in der sie lebte, die sie liebte, die ihr jedoch das Recht verweigerte, das ihr nach allen Gesetzen zustand. Deswegen mußte er doch kein Schriftsteller sein, ein Dichter schon gar nicht. Sollten sie ihn einen Chronisten nennen, das würde ihm reichen.

So war seine Antwort gestern an Dehmols keineswegs nur gespielte Bescheidenheit gewesen: Ich habe etwas geschrieben, was vielleicht nicht ganz unnütz ist. Doch von Beruf bin ich Biologe.

Er konnte es wieder mit gutem Gewissen von sich behaupten, seit ihn Beesendahl aufgestöbert und zu einem Gespräch eingeladen hatte.

Für den Professor war es ein leichtes gewesen, die Spur seines einstigen Schülers (und wohl auch zeitweiligen Widersachers unter dem Regime von Schultz-Dürr in der Biologie an der Leipziger Universität) wieder aufzunehmen. Achim hatte hin und wieder in Fachzeitschriften Aufsätze über seine feldornithologischen Beobachtungen veröffentlicht, sie mit seinem Namen gezeichnet und, wie dort üblich, seine volle Adresse dazu angeben müssen. Der Frühling dieses Jahres war für ihn von besonderer Ergiebigkeit gewesen. In schier unübersehbaren Schwärmen hatten sich im Luch an der unteren Havel Entenvögel und Limikolen auf dem Durchzug befunden. Die Mitarbeiter der Station notierten für Ende März Tausende und Abertausende von Stock-, Krick-, Knäk-, Spieß-, Pfeif- und Löffelenten oder wie sie sonst alle heißen mochten. Doch nein, für ihn besaß jede Art ihre eigene Bewandtnis, war jede von speziellem wissenschaftlichem Interesse. Er selbst zählte an einem einzigen Tag, ausgerüstet mit den besten Präzisionsgeräten, so daß ein Irrtum ausgeschlossen war, auf dem Gülower See an die zweitausend Reiherenten, dreihundert Tafelenten und zwanzig der gewöhnlich in Baumhöhlen nistenden Schellenten. Hinzu gesellten sich riesige Mengen von Bleßgänsen, Lachmöwen ohnehin, auch einige hundert Singschwäne. Das alles erbrachte den eindeutigen Beweis dafür, daß das Havelluch, nach jüngsten Planungen bereits der Melioration zugeopfert, ein unentbehrliches, unersetzliches Rastgebiet für Wasservögel war.

Ein entsprechender Artikel seinerseits erregte Aufsehen in Fachkreisen, fand den Beifall all jener, die sich zwar schon seit langem gegen die Willkürmaßnahmen wehrten, das Biotop zugunsten ackerbaulicher Nutzung zu verändern, sich jedoch bisher nur auf Vermutungen hatten stützen können. Und schließlich, was ihm dann sogar den Zorn des Landwirtschaftsministeriums eintrug, bestärkte er dieselben Leute, von ihren Gegnern als Umweltfanatiker verunglimpft, auch noch mit einem zweiten Bericht, einer Studie, in der er für die Gegend um den Gülower See das Brutvorkommen des Kampfläufers nachwies, was bis dahin in diesem Teil Deutschlands niemand mehr für möglich gehalten hatte.

Bevor er zu seiner Entdeckung gelangte, wobei er später dann mehrere Nester, von Blättern und Halmen überzogen und vortrefflich getarnt, zwischen Schlankseggen, Pfeifengras, Hahnenfuß und Sumpfdotterblumen aufspürte, waren ihm die balzenden Hähne von Philomachus pugnax (nach Linné natürlich) aufgefallen. Ihr Gebaren bot ihm ein Naturschauspiel von einmaliger Faszination. In der Morgensonne flogen die Männchen einem erhöhten Platz zu, einer Deichkrone, und begannen sofort mit ihren Angriffen, liefen in geduckter Haltung aufeinander zu und sprangen sich gegenseitig an. Das wiederholte sich mehrmals. Doch so gefährlich die Kämpfe zunächst auch aussahen, sie waren in Wirklichkeit viel harmloser. Offenbar dienten sie den drosselgroßen Vögeln nur dazu, sich gegeneinander ihre aufgeplusterten Federkragen zu zeigen, die sogenannten Kapuzen. Es war ein reines Imponiergehabe, das die Hähne da vorführten, ein jeder etwa mit dem Anspruch, als der prächtigste zu erscheinen. Denn in seiner Färbung glich kein Gefieder einem anderen. Allen gemeinsam waren vielleicht nur das dunkle Braun der Oberflügel und das Grau der Schwänze mit schwarzen Flecken und weißer Unterseite. Die Kapuzen aber schillerten unterschiedlich in sattem Schwarzblau, Rost- oder Haselnußbraun, Cremegelb, waren manchmal gesperbert oder gescheckt. Und jener Hahn schließlich, der sich am Ende als Sieger durchsetzte, prangte in einem fuchsigen, grell in der Frühsonne leuchtenden Rot.

Spätestens bei der Schilderung dieser Balzspiele hatte Achim seine literarischen Ambitionen nicht verleugnen können. Beesendahl, wie er danach von ihm erfuhr, las sie mit Vergnügen und entsann sich, daß der Autor mit jenem Studenten identisch sein mußte, der ihn einmal, in grauer Vorgenetikzeit, wegen seiner Behauptung der Vererbungstheorie mit der noch herrschenden und vergötterten Lehrmeinung Lyssenkos befehdet hatte.

So schrieb er ihm. Und Achim, zumal er zwar in Halle wohnte, doch zugleich fernab in jener aus rotem Backstein gemeißelten Stadt wochenlang von Frau und Kindern getrennt war, nahm sein Angebot an und besuchte ihn.

Das Institut lag auf den Höhen jenseits der Saale, die auf der einen Seite vom Petersberg und auf der anderen von den ersten Halden des Mansfelder Landes begrenzt werden.

Er dachte noch, bevor er sich mit der Fähre über den Fluß setzen ließ, daß er eigentlich seine Geschichte über den Grimm (oder die Grimm) nie anders empfunden hatte als seinen Bericht über die Kampfläufer. Exakt beschrieben, überprüfbar, mit naturwissenschaftlicher Akribie erforscht, und der einzige Unterschied zwischen beiden bestand darin, daß es sich hier um einen in Deutschland relativ selten gewordenen Brutvogel handelte, der selbstverständlich keine Seele besaß, hingegen dort um einen Menschen aus Fleisch und Blut, mit Sehnsüchten und dem Drang, sich selber zu verwirklichen.

Die Saale floß unter ihnen, wand sich, vom Osten kommend, in einem Bogen nordwärts Wettin entgegen, dem einstigen Stammsitz aller sächsischen Dynastien, die (und auch das sollte man im Gedächtnis haben) selbst England, Portugal und Bulgarien mit Fürsten beliefert hatten, erwies sich hier immer noch so romantisch wie von Eichendorff und dem Griechen-Müller besungen. Sie durchschnitt den blanken Porphyr, war beiderseits von felsigen Ufern umgeben. Und dahinter, mit der dunklen Wolle der Heide am Horizont, tat sich die Stadt Halle auf, fast noch mit all den Türmen von den Kupferstichen Mellingers und Merians. Doch nein, auch die Hochhäuser wuchsen dort schon in den Himmel, die der Neustadt und des Thälmannplatzes, überragten inzwischen sogar die alten Wahrzeichen, den Roten Turm und die vier Türme der Marktkirche.

Irgendwie, wenngleich diesmal nicht von ihm allein bewirkt, hatte sich Beesendahl hier wiederum eine Idylle geschaffen, die Achim sofort an den Garten in Leipzig erinnerte. Auch stand das Institut hoch auf einem Berg, lag nicht im Tal wie die Villa an der Elster. Doch hier ließ es sich forschen. Man lebte in gesegneter Ruhe und befand sich trotzdem nicht weit entfernt vom Puls der Zeit, der Leuna hieß oder Mansfeld.

»Gut, daß Sie gekommen sind«, sagte er, als Achim

sein Arbeitszimmer betrat. »In medias res. Ihr Artikel über die Enten ... Noch mehr, Ihre Beschreibung, Ihre – bin ich versucht, es zu nennen – Poesie des Kampfläufers ... Glauben Sie denn, das macht die Biologie aus und könnte auf Dauer gerade Sie befriedigen? Ich hege daran meine Zweifel. Zwar, Intelligenz besitzen Sie. Aber davon war ich schon überzeugt, als wir uns zum ersten Mal begegneten, Sie noch ein forscher Student, ich schon ein von der Partei getadelter, von ihr hinausgeschmissener alter Mann. Kurzum. Ich brauche Mitarbeiter mit Ihrem Verstand und auch – mit Ihrer Phantasie. Was mich beeindruckt hat, das ist, mag es Ihnen jetzt auch nach meiner Zurechtweisung anfangs als Widerspruch erscheinen, Ihre Unbedingtheit in der Frage, ob der Gülower See ein Opfer der derzeitigen Landwirtschaftskonzeption werden soll oder nicht doch, einleuchtend nach Ihrem Engagement, gesicherter Rastplatz für Limikolen und Enten, also Naturschutzgebiet. Das ist – jedenfalls für mich – ein Akt recht selten gewordener Zivilcourage. Demzufolge, ich bitte Sie, lieber Genosse Steinhauer, in meinem Institut eine Stellung anzutreten. Über die Modalitäten, das Was und Wie könnten wir uns ja einigen ... Hoffe ich ...«

»Ich danke für Ihr Vertrauen«, entgegnete Achim. »Doch ich muß Sie davon informieren, daß ich für die Forschung vielleicht gar nicht tauge. Es kann sein, mir mangelt es an der dafür notwendigen Konzentration. Einerseits, ja, zieht es mich zur Naturwissenschaft. Andererseits aber drängt es mich auch zur Kunst ... Oder sagen wir weniger hochtrabend: Ich möchte Geschichten schreiben ...«

»Geschenkt. Ich kenne Ihre Erzählung. Deshalb, weil ... Nein, ich muß mich Ihnen anders erklären. Auf meine Weise tue ich das, was andere, beispielsweise

Ärzte, sogar die berühmtesten, ebenfalls in ihrer Freizeit praktizieren. Von ihnen weiß man, sie pflegen Hausmusik. Ich jedoch, da ich nie Gelegenheit hatte, ein Instrument zu erlernen, flüchte mich in die Literatur. Ich lese. Goethe, Faust, ja, auch den immer wieder. Thomas Mann, Anna Seghers und und ... Aber auch jüngere Autoren. Also sehe ich kein Hindernis darin, wenn Sie sich literarisch betätigen würden. Im Gegenteil. Ich empfände es sogar als eine schöne, weil sinnvolle Ergänzung für Sie und – möglicherweise – für uns. Nur müßte eins von vornherein klar sein: Sie schreiben weiterhin Ihre Geschichten, doch erst, sobald Sie mit bestem Gewissen mir gegenübertreten und sagen können, daß Sie Ihre Forschungsaufträge im Institut erledigt haben. Könnten wir uns darauf festlegen, stünde weder dem einen noch dem anderen etwas im Wege ... Hand drauf?«

Das war Beesendahl, wie er leibte und lebte. Achim sah keinen Grund, sein Angebot auszuschlagen.

Doch der Professor stellte ihm auch eine Promotion in Aussicht. Vielleicht sogar, hatte er laut gesonnen, mit einer Dissertation über Philomachus pugnax, den Kampfläufer. Über gewisse Erbanlagen, die, was ja nicht auszuschließen sei, die unterschiedlichsten Farbspiele bei den Hähnen hervorrufen.

Achim aber dachte soeben über einen längeren Essay nach, der den Suizid von Kommunisten betraf. Majakowski, Fadejew ... Seit dem Selbstmordversuch Manfred Kühnaus war ihm dieses Thema nicht mehr aus dem Sinn gekommen, hatte sein Kopf es ständig bewegt und umkreist.

Er mußte jetzt umkehren. Der Wald umhüllte ihn dunkel und dicht. Ein Blick auf die Leuchtziffern seiner Armbanduhr ließ ihn erschrecken und trieb ihn an. Ihm blieb höchstens noch eine Stunde bis zu der Lesung im 2. Bataillon.

Er suchte die Lichter des Lagers. Und noch ein Gedanke befiel ihn: War er nicht hier wie dort, am Gülower See ebenso wie in seiner Geschichte, die DER GRIMM hieß, auch in den Wäldern des Erzgebirges wie sonst in seinem Leben, lediglich auf Beobachtung aus gewesen? Die Kampfläufer ... Gabi, jetzt die Armee ... Er beschrieb sie nur. Die anderen hingegen, selbst die armseligsten Kreaturen, handelten.

Er sah sich im Zwiespalt. Und vielleicht war es das, was er im nächsten Moment den Soldaten würde sagen müssen.

Die Lichter des Lagers tauchten auf und wiesen ihm den Weg. Im Bataillon erwartete ihn voller Ungeduld bereits Höllsfahrt.

Die Soldaten wirkten müde und abgekämpft. Ihn wunderte es nicht, zog er ihren seit Wochen im Dauerregen äußerst monotonen, fast stupiden, wie eine Schwerstarbeit verrichteten Dienst in Betracht. So war es auch heute gewesen. Ich weiß, ich weiß, winkte er ab, das alles gehört dazu, um die Gefechtsbereitschaft aufrechtzuerhalten. Mir steht es auch nicht zu, Kritik zu üben, und dennoch: Es kann zu nichts anderem führen, als die Sinne abzustumpfen ... Die einen hatten zum soundsovielten Mal die Stellungen getarnt, ihre Schützenpanzerwagen und leichten Geschütze gewartet, die anderen im Dreck auf dem Schießplatz gelegen, die dritten schließlich, die Neueingestellten, sich beim Exerzieren durch und durch nasse Klamotten geholt. Er hatte von vornherein darum gebeten, daß nur diejenigen kommen sollten, die sich tatsächlich für seine Geschichte – oder hatte er in diesem Falle nicht doch von *Literatur* gesprochen? – interessierten. Um Gottes willen, Bernd, beschwor er Höllsfahrt, macht daraus bloß keine Pflichtveranstaltung oder – wie es bei euch heißt – eine Maßnahme, womöglich gar eine mit abgekartetem Spiel, zuvor befohlenen Fragen.

Trotzdem waren aus dem 2. Bataillon noch weit mehr Männer als in Kompaniestärke erschienen. Sie hatten sich in dem Großraumzelt versammelt, das solchen und ähnlichen Zwecken diente und über dessen Planendach nun eintönig trommelnd der Regen und hin und wieder polternd der Wind lief. Auf Holzbänken hockten sie dicht gedrängt, teils in ihren vom Schmutz wieder gesäuberten, doch oft noch klammen Sommeruniformen, teils, sofern die Zeit zum Trocknen der Kleider nicht gereicht hatte, in Trainingsanzügen. Ihre Leiber dampften; die ganze Unterkunft roch nach Moder und Feuchtigkeit. Ein Hüsteln und Schnaufen ging durch die Reihen, als Achim zur Stirnfront an den Tisch schritt, neben einer Leselampe Platz nahm und sich vorstellen ließ. Er blickte in die Gesichter, sah Erwartung darin und war zugleich selber voller Spannung auf das Kommende. Doch dieses Gefühl kannte er; es war immer dasselbe. Jedesmal beschlich ihn Unsicherheit, wenn er sich mit seiner Erzählung unter Zuhörer wagte und ihnen nun wie hier unausweichlich Auge in Auge gegenübersaß. Ja, er hatte sogar das Abendbrot verschmäht. Es hätte ihm nicht geschmeckt, nur im Halse gewürgt, so sehr plagte ihn Lampenfieber. Auch wußte er jetzt, daß er den Soldaten keine allzu langen Passagen aus seinem Text anbieten durfte. Er sollte sich auf Proben beschränken, die Fabel erläutern und dann vor allem Wert auf die Diskussion legen. Ein paar Szenen allerdings brauchte er zum Vorlesen, um sich an seine eigene Stimme zu gewöhnen und damit ihr und sich Festigkeit zu verleihen.

Später konnte er sich über den Erfolg nicht beklagen. Was ihn jedoch, noch lange nach der Veranstaltung, am meisten beschäftigte, waren zwei Dinge. Erstens wurde er gefragt, und zwar von jenem Gefreiten mit dem vom Wetter gegerbten Gesicht, der auf dem Schießplatz so unverhohlen seiner Empörung Luft gemacht hatte, ob er selber schon einmal gedient habe. Das mußte er natürlich verneinen. Er versuchte es mit seiner Generation zu erklären, verwies auf den Jahrgang, dem er angehörte, der für die damalige Wehrmacht noch zu jung gewesen und für die heutige Armee schon zu alt sei. Immerhin sei er inzwischen achtunddreißig. Doch irgendwie glaubte er, an den Reaktionen darauf, eine leichte Enttäuschung zu spüren. Also sei er wohl doch keiner, mochte es heißen, der über militärisches Leben mitreden könne. Es traf ihn insofern hart, als er sich selber ja kurz zuvor noch, bei seinem Gang durch den Wald, in der unverbindlichen Rolle eines Beobachters gesehen hatte. Nun, da er Offenheit, Ehrlichkeit stets für die stärksten Argumente hielt, verriet er auch diese Stimmung, in die er sich versetzt fühlte, und so war es als erster wohl Oberst Dehmols, der ihm während des anschließenden Imbisses im Stabszelt darauf antwortete: »Was nicht ist, Genosse Steinhauer, kann ja noch werden. Bei Ihrer Begabung ... Hätten Sie denn nicht Lust, auch einmal ein Buch über die Volksarmee zu schreiben? Es gibt, vergleicht man dazu beispielsweise die sowjetische Literatur, bei uns viel zu wenig Autoren, die sich diesem Thema widmen ...«

Zweitens war ihm die ganze Zeit über Major Seydewitz aufgefallen. Zwar hatte er ebenfalls die Veranstaltung besucht, saß jedoch, obwohl seiner Dienststellung als Kulturoffizier gemäß in der ersten Reihe, wie in die Ecke gedrückt, war still geblieben, hatte sich wie ein Unbeteiligter benommen. Nur einmal schien es, als habe er sich zur Diskusion melden wollen, unterließ es aber. Das geschah, als die Sprache wieder auf die Ereignisse in der Tschechoslowakei kam, Achim um seine Meinung darüber gebeten wurde, wie er zu seinen Kollegen im Nachbarland stehe, jenen, die die berüchtigten *2000 Worte* verfaßt hatten und sich bis heute noch hier und dort in Verlagen und Redaktionen ganz in deren Geist aufführten. »Nein«, sagte er, »sehen Sie, ich fühle mich nicht als ein Kollege von Schriftstellern. Eine einzige Erzählung habe ich veröffentlicht, hundertundzwanzig Seiten, mehr nicht – was bedeutet das schon im Vergleich zu wirklich großen Autoren. Und wenn ich die Maßnahmen der Staaten des Warschauer Vertrages beurteilen soll, so nicht als Literat, sondern als Kommunist. Da aber halte ich es mit Lenin: Wir werden mit den Opportunisten endgülig brechen; und der ganze klassenbewußte Teil des Volkes wird mit uns sein im Kampf, nein, nicht um eine ›Verschiebung der Machtverhältnisse‹, sondern um den Sturz der Bourgeoisie, um die demokratische Republik vom Typ der Pariser Kommune, um die revolutionäre Diktatur des Proletariats.« Es gelang ihm sogar, diese Sätze, da sie sich einst beim Studium tief in sein Gedächtnis geprägt hatten, fast wörtlich aus »Staat und Revolution« zu zitieren.

Seydewitz also hatte geschwiegen. Und Dehmols fragte ihn später, ob er sich nicht denken könne, für eine gewisse Zeit freiwillig in der Nationalen Volksarmee zu dienen. Was sie beide betreffe, so seien sie vom selben Jahrgang, und ihn wie die meisten Führungsoffiziere des Regiments habe die Partei neunzehnhundertsechsundfünfzig damit beauftragt, Soldat zu werden und die Landesverteidigung aufzubauen.

Achim aber sagte weder zu noch lehnte er ab. Diesmal, entgegen seiner Art, drückte er sich vor einer Antwort, denn was er auch immer an Einwänden vorgebracht hätte, sie wären ihm vielleicht als faule Ausreden ausgelegt worden. Vor allem ging es ihm um Ulrike, genauer: gegen eine erneute Trennung von Ulrike. Seine *Fahrschaft* der letzten Jahre war es, die ihn zaudern ließ, und sosehr er sich fast schon verpflichtet fühlte, angesichts der hiesigen Umstände erst recht, zum Schutze des Sozialismus auch das Waffenhandwerk zu erlernen, so wenig war er umgekehrt bereit, sein unstetes Leben, sein Vagabundendasein auch nur um Monate zu verlängern. Ich will nicht, dachte er, ich will nicht. Er hämmerte es sich ein. Abgesehen davon, daß er, würde er einen solchen Entschluß fassen, sich vorher mit Ulrike hätte beraten müssen.

Beesendahl hatte ihn endlich zurück nach Halle geholt. Und mit welchem Versprechen, welcher Chance! Mit der größten Hoffnung für ihn auf eine wissenschaftliche Laufbahn. Er durfte auch ihn nicht enttäuschen, was zweifellos geschähe, wenn er ihn nochmals um einen Aufschub bäte für seinen Eintritt in das Institut der Akademie.

Andererseits freute er sich, konnte er ein gewisses Glücksgefühl nicht leugnen. Darüber, daß er so plötzlich in allen Belangen die Qual der Wahl hatte, daß ihm offenbar nun, nachdem er, mit Schimpf und Schande sogar in der Presse, von seiner Funktion im Eisenwerk abgelöst worden war, nach sieben mageren wieder mindestens sieben fette Jahre winkten. Als Autor einer immerhin preisgekrönten, die Gemüter bewegenden literarischen – nein, einfach nur: erzählerischen Leistung. Desgleichen schon beinahe mit dem Thema für eine Dissertation in der Tasche. Und jetzt auch noch mit dem verlockenden Angebot, sich in der Armee zum Reserveoffizier ausbilden zu lassen.

Stimmte denn da nicht alles? Alles, was er in seiner Sucht nach Schöpferischem sowohl gesellschaftspolitisch als auch wissenschaftlich und künstlerisch stets erstrebt hatte? War die Welt nicht wieder in Ordnung? Bat ihn das Mütterchen Republik nicht gar um Verzeihung, indem es ihn auf so unterschiedliche Weise umwarb?

Zugleich aber wußte er ja, daß ihn nichts so dringend erwartete wie sein Zuhause.

Wenige Tage vor seiner Abreise hierher war er von Frank Lutter angerufen worden. Obwohl sie in derselben Stadt wohnten, wenngleich in verschiedenen Gegenden, waren sie sich jahrelang aus dem Weg gegangen, hatten ihre Begegnungen dem Zufall überlassen. Das rührte noch her von Franks Denunziation, wie es sowohl Mutter Hanna als auch Erich Höllsfahrt einmal genannt hatten. Ulrikes Urteil war sogar noch schärfer ausgefallen: Gut, es ist seine Sache, und letztendlich muß *er* damit leben. Aber an dir, seinem von ihm immer wieder hoch und heilig beteuerten Freund, wurde er zum Verräter ...

Nein, er hatte ihr darin nicht folgen können. Ja, es sträubte sich in ihm, ihrer Absolutheit – wieder einmal –, ihrem moralischen Rigorismus beizupflichten. Du kennst nur das Entweder-Oder. Und ich wundere mich, wieso du damit überhaupt Pädagogin sein kannst.

Ach, lassen wir das ... Sie stritt nicht. Sie war froh, wenn er wieder bei ihr und den Kindern weilte, Julia und Soja spürten, was ein Vater ist, wovon sie denn auch ausgiebig Gebrauch machten, sich an ihn hängten. Meist blieb er dann für längere Zeit, bummelte, mit Duldung der Gewerkschaft, seine Überstunden ab. Das war so, als er noch beim Gleisbau in den Braunkohlegruben gearbeitet hatte, später als Fernfahrer, und es änderte sich auch nicht, nachdem er in der Vogelschutzstation des Havelluchs eine Anstellung fand. Sie wollte sich mit banalem Gezänk wie diesem keinen ihrer wenigen Abende zu zweit vergällen, zumal sie tagsüber unterrichtete und sich auch sonst ihrem Beruf voll widmete.

Als dann vor einer Woche im Korridor das Telefon klingelte, ging sie an den Apparat, da die Anrufe ohnehin gewöhnlich ihr galten. Er vernahm vom Wohnzimmer aus ihre Antworten, jedoch ohne Genaueres daraus zu erfahren. Sie klangen nur seltsam stockend. Ihre Stimme schien zu beben. Und er glaubte herauszuhören, daß sie irgend jemandem, was ihr nie gelegen hatte, ihr Beileid aussprach.

Sie kam zurück. War völlig verstört. Ihr dünnes Haar, worunter sie selber am meisten litt, vertrüge mal wieder, hatte er soeben noch gedacht, eine Kaltwelle. Er hatte in ihm, auffälliger als bei seinem letzten Besuch, graue Fäden entdeckt, zugleich jedoch bemerkt, daß ihre Figur noch immer wirkte wie vor zwanzig Jahren, nichts von ihrer Gestrafftheit eingebüßt hatte. Wie tat sie das bloß? Sie lebte nicht nach Diät, trieb in ihrer Schule Sport, ja, doch keineswegs übermäßig. Ulrike wog hundertundzwei Pfund, und dabei würde es wohl bis in alle Ewigkeit bleiben.

Sie setzte sich. Er grübelte, wann er diesen Ausdruck in ihrem Gesicht zum letzten Mal gesehen hatte. War es, als sie sich plötzlich, so kurz vor dem Abitur, schwanger gefühlt hatte? War es, nachdem Lutter und er den Fötus verscharrt hatten, dort in Graubrücken, wo heute die Neubaublöcke standen? Wann war es, wann ...?

Ulrike, wußte er, weinte nur selten.

»Lutter«, schluchzte sie jetzt und preßte wie in einem Krampf ihr Taschentuch gegen die Augen. »Lutter hat angerufen ...« Nach einer Pause dann, in der sie sich offenbar erst fassen mußte: »Ilse ist tot.«

»Ilse?« fragte er nur gedehnt. Und auch er spürte, wie sich etwas in ihm verkrampfte.

»Frank bittet uns, seine Kinder zu uns zu nehmen, Robert und Clara. Er wisse nicht, wem er sie sonst anvertrauen soll.«

»Und was hast du geantwortet?« Doch im selben Moment wurde ihm schon bewußt, daß seine Frage überflüssig war. Ulrike würde nie jemandem ihre Hilfe verweigern.

»Ja. Selbstverständlich. Ich will mein Bestes versuchen.«

Seitdem versorgte sie vier Kinder. Frank war gekommen und hatte seinen Sohn und seine Tochter in ihre Obhut gegeben. Über Ilse sprach er nur wenig. Andererseits wollten sie ihn nicht drängen. Er sei auf Dienstreise gewesen, sagte er, sei erst spät in der Nacht zurückgekehrt und habe sie tot im Bett gefunden. »Du kannst dir vorstellen, Alter, Obduktion, und inzwischen habe ich nicht nur die Ärzte auf dem Hals.«

Was aber meinte er damit? Durch seine Zusage an Bernd Höllsfahrt bereits fest verpflichtet, fuhr Achim ins Erzgebirge. Doch noch am Abend zuvor hatten sie, Ulrike und er, gerätselt, woran Ilse so plötzlich gestorben sein könnte. Ja, sie war stets von Krankheiten geplagt worden. Die Galle, die Lunge, das Herz ... Aber noch bis vor kurzem schien sie von keiner so sehr bedroht worden zu sein, daß sie ans Sterben hätte denken müssen. Sie arbeitete regelmäßig in einer Frauenzeitschrift mit und veröffentlichte darin zuletzt in Fortsetzungen Lebensberichte über Rosa Luxemburg und Clara Zetkin. In der Nachwuchsgruppe des Schriftstellerverbandes, der sie beide angehörten, nachdem er seine Erzählung und sie mehrere Reportagen geschrieben hatten, waren sie sich hin und wieder begegnet. Nein, sie hatte nicht den Eindruck gemacht, als könnte sie so schnell von einer Krankheit dahingerafft werden.

»Ich verstehe es nicht«, sagte er zu Ulrike, »ich verstehe es nicht ... Vielleicht hat sie sich selber betrogen und uns allen nur etwas vorgespielt. Aber Frank ... Er muß doch irgendwas geahnt haben ...«

ZWEITES KAPITEL

Doktor Lutter

Knapp zwei Jahre hatte Frank für seine Dissertation gebraucht, sie in einem Ritt auf dem Rücken seiner diesmal nicht von Zweifeln gelähmten, an die Kandare genommenen Inspirationen bewältigt. Ja, dieses Bild stand ihm jetzt öfter vor Augen, daß er die ganze Zeit über auf einem geflügelten Pferd gesessen habe, in einem sicheren Sattel, der eigens für ihn aus dem soliden Stoff des Vertrauens und der Rücksichtnahme von allen Seiten gefertigt worden war, in der Bezirksleitung und zu Hause. Mit dem Ergebnis konnte er mehr als zufrieden sein. Auch Ilse war es. Endlich durfte er seinem Namen die beiden langerstrebten Buchstaben D und R voranfügen, sich Dr. rer. pol. nennen, Doktor der Staatswissenschaften, obgleich sein Thema, die Umprofilierung volkseigener Betriebe und so weiter, eher der Ökonomie hätte zugerechnet werden müssen. Darüber jedoch zu befinden, lag allein im Ermessen der Weisen von der Karl-Marx-Universität, und die hatten seine Promotion sogar mit dem Gesamturteil bedacht: magna cum laude – *mit hohem Lob* also. Es störte ihn nicht, daß es um eine Note noch besser hätte ausfallen können: summa cum laude, denn wer würde in Zukunft danach schon fragen. Nur Ilse gab sich ein wenig verdrossen, weil Frank kein Doktorhut überreicht worden war. Im Gegensatz aber zu den klassischen Fakultäten, etwa der Medizin, Jurisprudenz und Philosophie, verlieh ihn die Journalistische nicht. Wie imposant jedoch hätte gerade er sich ausgenommen, aufgehängt neben den Urkunden über dem Schreibtisch …

Trotzdem war natürlich das Doktordiplom Grund genug, um zu feiern. So jedenfalls versuchte sie es am Heiligen Abend ihrem Mann beizubringen, nachdem die Kinder, von der überreichlichen Bescherung und ihrem Spiel mit den Geschenken völlig erschöpft, eingeschlafen waren. Weihnachten, seitdem auch ihre Eltern nicht mehr lebten und andere nähere Verwandte weit verstreut an der Ostseeküste wohnten, überließ sie sich ohnehin in den letzten Jahren nur ihrer kleinen, intakten Familie. Also würde Frank über die Festtage ausgiebig Muße haben, sich an ihren Vorschlag zu gewöhnen.

»Weißt du«, sagte sie, »mir kam der Gedanke zum ersten Mal, als du davon sprachst, daß zu Silvester das Interhotel eingeweiht werden soll und wir beide selbstverständlich zu den geladenen Gästen gehören. Nein, eigentlich erst etwas später. Im Exquisit, bei der Anprobe dieses wunderhübschen Abendkleides, das du mir gekauft hast …« Sie nickte in Richtung des Tannenbaums, wo unterm Kerzenlicht mit seidigem Glanz der Brokat schimmerte, türkisgrün und in sich gemustert. In allen Spiegeln, vor denen sie sich gedreht und im neuen Gewand betrachtet hatte, war sie sich vorgekommen wie eine Fee aus dem Morgenland. Sie fand, die Farbe paßte vorzüglich zu ihrem schwarzen Haar, und in seiner schwer wirkenden Fülle nahm der Stoff auch ihrer Figur etwas von deren Magerkeit.

»Es täte mir aufrichtig leid um das Geld, wenn ich das Kleid nach der Feier im Interhotel einmotten müßte …« Nun küßte sie ihn, schlängelte ihre Zunge in seinen

Mund. »Wenn ich es nicht noch öfter ausführen dürfte ... Und daß du jetzt mein *Doktor* Lutter geworden bist, wäre doch wirklich eine günstige Gelegenheit. Ach, ich liebe dich, Frank.«

Er fand ihr Ansinnen übertrieben, wieder einmal, wenngleich auf andere Art, ihrer Seeräuberromantik entsprechend. »Eine Feier? In aller Öffentlichkeit und wie zu meiner Huldigung? Ich bitte dich, Schatz ... An jedem Tag werden tausend Leute in diesem Land Doktores. Der Titel jedoch ist zum Arbeiten gemacht, nicht zum Renommieren und Ausruhen.«

»Du siehst das falsch«, drängte sie weiter in ihn, band ihm den Schlips ab, knöpfte sein Hemd auf und streichelte ihm über den Nabel. »Erstens sind es im Schnitt vielleicht nicht einmal tausend Promovenden im Jahr. Zweitens ist damit noch lange nicht bewiesen, ob die anderen dir das Wasser reichen können, die mit dem Pomp der Doktorhüte. Und außerdem: Nach unserem Hochzeitstag war dieser, an dem du deine Verteidigung so glorreich bestanden hast, der glücklichste in meinem Leben. Laß es uns feiern.«

Frank wurde gefügig, nicht zuletzt unter ihren Händen. »Ja, allerdings ... Manchmal denke auch ich daran. Pfingsten dreiundfünfzig, vor elf Jahren. Bei dem Wirt in der Gartenkolonie hinter Schönefeld. Da hatten wir zu fortgeschrittener Stunde – erinnerst du dich? – hochgestapelt, uns die akademischen Grade nur vorgegaukelt. Heute hingegen besitzen die meisten tatsächlich einen. Doch ... Gewiß ... Das würde mir zusagen, die alten Kumpane mal wiederzusehen. Moment ...« Ein Gedanke durchzuckte ihn, und er nahm ihre Finger von seinem Leib. »Ich habe den Plan meiner Sitzordnung noch.«

Er ging ins Arbeitszimmer nach nebenan, und sie

hörte ihn in den Schubladen des Schreibtischs kramen. Ein wenig enttäuscht bereits, das Blatt Papier in der Hand, kam er zurück. »Da bleibt fast keiner mehr übrig.«

»Laß mal sehen«, sagte sie, griff nach der Skizze und betrachtete sie. Fünf Rechtecke waren darauf in Hufeisenform eingezeichnet, die Hochzeitstafel darstellend, um sie herum die Namen der Gäste gruppiert.

»Deine Eltern, meine Eltern – Gott hab sie selig«, kommentierte er in einem für ihn (denn er glaubte ja nicht ans Jenseits) etwas schnoddrigen Ton.

»Frau Blumfeld, die Hätzsches ...«, ergänzte jetzt Ilse. »Selbst wenn sie noch leben sollten, was ich zumindest für die beiden Alten in der Zittauer Straße bezweifle – was hätte es für einen Nutzen. Gestrichen.«

Sie langte zum Gabentisch neben dem Weihnachtsbaum hinüber und angelte sich von dort das Etui mit der Schreibgarnitur für ihren Sohn. Mit dem Drehbleistift daraus begann sie die Namen durchzukreuzen, die für die Feier nicht mehr in Frage kamen.

Er hatte sich wieder an ihre Seite gesetzt und half ihr mit seinen Worten.

»Güldenschmidt, unser Direktor von der ABF, der brave Kerl. Ich habe von ihm seit langem nichts mehr gehört. Ob auch er über den Jordan ist?«

Ilse zog ihr Kreuz. »Hilde und ihr Gatte. Wie nannten wir ihn doch gleich? Kucki, natürlich, Kucki ... Ihr habt ihn damals zum Kammersänger avancieren lassen. Nein. Die beiden fallen weg.«

»Baldur Denneck. Ach, du meine Fresse. Sein Platz blieb ja damals schon leer. Er war nach dem Westen abgehauen ...«

»Hubert Sackritz und Karla ...«

»Ja. Die müßten wir auftreiben. Ebenso Heiner ...«

»Murgalla? Diesen Bauer? Na, mir war er nie sonderlich sympathisch.«

»Doch, doch. Ihm wäre ich es am ehesten schuldig. Immerhin teilten wir jahrelang bei der Witwe Blumfeld dasselbe Zimmer. Wir fangen ihn ein über Greifswald. Dort studierte er Medizin und ging anschließend zur Armee.«

»Lina ... Sie unbedingt. In Leipzig gehörte sie ja fast zu unserem Haushalt.«

»Und sie ist so ziemlich die einzige, zu der wir noch immer Verbindung haben. Ist das nicht ein wenig dürftig und – wenn du mich fragst, Ilschen – auch traurig?«

»Erich und Halka Höllsfahrt?«

»Nein, nein. Die garantiert nicht«, protestierte Frank. »Doch an Stelle von Höllsfahrt wüßte ich jemand anderen. Ebenfalls einen Brigadier aus der Produktion. Stallmeier, Chemische Werke Leuna ... Du weißt schon.«

»Bliebe – ach, Frank, wie stets in deinem Leben – als bitterer Rest noch Achim.«

»Ja. Es ist wirklich beschissen mit ihm. Ich habe bis heute keine Ahnung, warum es zwischen uns beiden so kommen mußte. Ob ich es wagen sollte, ihn einzuladen? Schwamm drüber, Alter, werde ich sagen. Laß uns wieder wie früher sein. Ein Herz und eine Seele ...«

»Wenn du noch mehr Pathos brauchst«, spöttelte sie, »kann ich dir dienen. Wie wäre es damit?« Sie zitierte, was eine Marotte von ihr war, seit er sie kannte, ein paar Verse: »Des rühme der blut'ge Tyrann sich nicht, daß der Freund dem Freunde gebrochen die Pflicht; er schlachte der Opfer zweie und glaube an Liebe und Treue ...«

»Was heißen soll, du bist gegen ihn.«

»Ich werde mich hüten. Diese Entscheidung überlasse ich vollkommen dir. – Und Erstaunen ergreifet das Volk umher, in den Armen liegen sich beide und weinen für Schmerzen und Freude. Da sieht man kein Auge tränenleer, und zum Könige bringt man die Wundermär' ...«

»Hör auf!« fuhr er sie wütend an. »Mir reicht's jetzt mit deinem – Goethe.«

»Schiller, Liebster. Die Bürgschaft.«

Ihr Spott blieb nicht ohne Wirkung. Das Thema Achim beunruhigte ihn, machte ihn unsicher. Er goß aus der Flasche Wein in sein Glas nach und leerte es in einem Zug, als wollte er auch seinen Ärger darüber hinunterspülen. Dann schob er die Skizze beiseite und ging somit sogar dem Namen seines ehemaligen Freundes vorerst aus dem Weg.

»Auf keinen Fall sollten wir Professor Niederhall vergessen«, sagte er, um abzulenken. Doch nicht nur deshalb. »Er war mein Mentor.«

»Und was wird mit Münz?«

»Hm ... Ich weiß nicht. Könnte uns das nicht als Anmaßung ausgelegt werden? Der Erste Sekretär der Bezirksleitung! Und wenn er ablehnt, was dann? Ich fühle lieber erst einmal vor ... Wo aber soll die Feier denn eigentlich stattfinden?«

»Sagte ich's nicht bereits? Im Interhotel. Sein Bau, die termingerechte Übergabe gehörten ja in dein Ressort, und jeder kennt dich dort. Auf dem Silvesterball könnten wir alles klären. Einen passenden Raum bestellen, Speisen, Getränke. Und für unsere auswärtigen Gäste zugleich ein paar Zimmer zum Übernachten.«

Zunächst beließen sie es bei diesem Gespräch. Doch wie Ilse vermutet hatte, war Frank noch in den Tagen bis zum Jahreswechsel damit beschäftigt, und jedesmal, wenn Achim dabei in seinen Gedanken auftauchte, fühlte er sich besonders gereizt. Ja, nun erst recht, rief er sich zu, diesem Träumer zum Trotz, wir feiern! Nein! Er hörte ihn unken, sobald er davon erführe. Großkotzigkeit. Also verzichten wir auf das ganze Brimborium ... Aber warum? War nicht er, Frank, derjenige, der sich nichts vorzuwerfen hatte, der unbeirrt seinen Weg gegangen war und nun den verdienten Lohn dafür erhielt? Hatte er denn damals in Eisenstadt bei der Umprofilierung des Werkes die Partei im Stich gelassen? War es nicht Steinhauer gewesen? Mit seiner Unentschiedenheit, seinem Versöhnlertum, mit seinem – freilich sehr merkwürdigen – *Verständnis*, wie er es rechtfertigend nennen würde, sowohl für die einen als auch die anderen, für die Verfechter genauso wie für die Gegner der Rüst? In der Kirche, ja, dort hätte er seiner Nächstenliebe freien Lauf gewähren können. Aber doch nicht in der Betriebszeitung, der Parteipresse. Woher nahm er die Stirn, ihm, Frank, zu verübeln, daß er dazu offen und ehrlich, wie es Brauch ist unter Genossen, seine Meinung gesagt hatte? Verhält man sich wie eine Mimose, wenn man Kommunist sein will? Sie wohnten in derselben Stadt. Aber sie mieden ängstlich jedes Zusammentreffen. Zugegeben, Achim war nur noch schwer zu erreichen. Er trieb sich seitdem in aller Welt umher. Hatte zunächst in den Braunkohlegruben gearbeitet. War jetzt beim Kraftverkehr. Fuhr nach Polen, Ungarn, in die Tschechoslowakei ...

Nach dem Silvesterball schrieb Frank seine Einladungsbriefe. An Achim Steinhauer schickte er keinen.

Die Empfangshalle des Interhotels schien plötzlich zu beben, als Murgalla endlich Frank Lutter erkannte. Das war ihm nicht auf Anhieb gelungen. Er schob sich, mit prallgefüllter Aktentasche und einem riesigen Koffer in den Händen, durch die Doppeltür von Eingang und Windfang, drückte mit der Schulter ihre Flügel wuchtig beiseite, so daß sie hinter ihm bedrohlich weit ausschlugen und um ihr Glas zu fürchten war. Nach seinem Eintritt war er fürs erste bemüht, sich den Schnee vom Mantel zu klopfen, der ihn, trotz des nur kurzen Weges vom Bahnhof hierher, dick überschüttet hatte. Währenddessen ließ er schon suchend seine Blicke durch den Raum gleiten, da ihm Frank mit der Einladung zugleich geschrieben hatte, er werde seine Gäste im Vestibül des Hotels erwarten. Die Halle war dicht besetzt, doch schließlich glaubte er, die größte Ähnlichkeit mit seinem ehemaligen Studienfreund an einem Mann bemerkt zu haben, der, inmitten einer Reisegruppe mit viel Gepäck, in der Ecke einer mit Lederol überzogenen Bank saß. Der trug zwar einen Schnauzbart, und seine Stirn dehnte sich zu einer halben Glatze, aber er begann ihn dennoch eindringlicher zu mustern. Ein schwaches, fast unsicher wirkendes Winken, mit aufgestütztem Ellenbogen auf der Tischplatte und nur aus dem Handgelenk vorgebracht, antwortete ihm. Als es jedoch wiederholt wurde, nahm es Murgalla als Zeichen, und da dröhnte es aus ihm heraus: »Mensch, Blonder! Sag bloß, du bist es wirklich, hoho!«

Er ließ Tasche und Koffer stehen, wo er sie abgesetzt hatte, und schritt, das Gemurmel ringsum mit dem Knallen seiner eisenbeschlagenen Stiefel laut überhallend, auf Frank zu.

Der aber hatte Heiner Murgalla in Uniform vermutet, und so war er verblüfft, ihn statt dessen in Zivilkleidung zu sehen. Äußerlich jedoch hatte er sich kaum verändert. Stämmig, mit breiten Schultern seine Gestalt, das Gesicht mit den kantigen Backenknochen und dem darin etwas zu klein geratenen, wenngleich vollippigen Mund, das Haar, obwohl vom tauenden Schnee jetzt silbrig überhaucht, wie ehedem dunkel und lockig. Und auch, wie nicht zu überhören, war er noch immer der Polterjan von früher.

»Alle Achtung!« rief er. »Deine Methode ist mal wieder umwerfend, die Überraschung perfekt. Aber du warst ja schon damals bekannt wegen deiner Flitzideeen ...«

Frank wurde der Lärm peinlich. Er mußte den ungezügelten Freudenschwall Heiners bremsen. Denn schon erregten sie Aufsehen. Andere Gäste drehten sich neugierig nach ihnen um, und die Damen an der Rezeption schienen bereits ihre Nasen zu rümpfen.

»Komm, Alter«, keuchte er in Murgallas Umarmung. »Wollen wir erst einmal für Ordnung sorgen und dich anmelden. Dann gehen wir hinüber in die Hallenbar, wo du in aller Ruhe das Formular ausfüllen kannst. Dir muß doch nach dieser Reise nach einem Drink zumute sein, oder nicht? Ja, beinahe hätten wir uns aus den Augen verloren ...«

Er trug ihm den Koffer, ließ sich für ihn am Tresen einen Anmeldeschein aushändigen und bat zugleich die Empfangssekretärin, auch die anderen Herrschaften, für die er Zimmer gebucht hatte, nach nebenan zu schicken: Professor Niederhall, Lina Bonk, Egon Stallmeier.

Der Abend rückte näher. Zwar begann es draußen in der Stadt, vor der gläsernen Fassade des Hotels bereits zu dunkeln, doch der weiße, frischgefallene Schnee mit dem Widerschein fahler Neonlichter auf seinen Kristallen verbreitete im Freien noch lange eine seltsam kalte Helligkeit. In der weiträumigen Hallenbar dagegen herrschte schon eher eine von raffinierter Beleuchtung geschaffene Dämmerung mit anheimelnder Atmosphäre. Über die gesamte Fläche des Parketts verteilt standen niedrige, kniehohe Tische, umgeben von tiefen, dick gepolsterten Klubsesselgarnituren und Kästen und Kübeln mit buschigen Hydrotopfpflanzen zwischen den Sitzgruppen. Gegenüber dem Durchgang vom Vestibül und den Fahrstühlen zum Restaurant befand sich die Bar mit glitzernden Spiegelvitrinen voller Flaschen erlesener Getränke. Eine der Längsseiten war mit einem die ganze Fläche einnehmenden, aus grauen, speckig glänzenden Steinen gehauenen Relief geschmückt.

Frank hatte hier einen Tisch reservieren lassen, an dem seine auswärtigen Gäste sich nach der Reise entspannen und er ihnen Gesellschaft leisten konnte. Ilse war noch mit den Kindern beschäftigt und würde erst mit einem Taxi nachkommen, sobald sie sie zu Bett gebracht hatte. Hoffentlich machte ihr Robert nicht allzuviel Ärger. Er hatte ihm noch kurz vor seiner Abfahrt hierher alle erdenklichen Ermahnungen eingeschärft und, falls er sie nicht befolgen würde, Strafen angedroht. Er sei mit seinen elf Jahren doch immerhin ihr Großer und trage somit schon Verantwortung für seine kleine Schwester, die weit sanftere, aber auch furchtsamere Clara.

Heiner Murgalla zeigte sich beeindruckt von dem Hotel. Er hatte inzwischen sein Zimmer bezogen, sich schnell geduscht und bereits für den Abend gekleidet, steckte in einem festlichen, dunkelgrauen Anzug und weißem Hemd mit vorwiegend rot gemusterter Krawatte. Auch seine bepinnten Offiziersstiefel hatte er gegen Halbschuhe ausgetauscht. »Das Bad, mein lieber Mann«, lobte er, »so eins besitze ich nicht zu Haus. Und sogar Fernsehapparat und Telefon in der Kajüte. Donner und Doria!«

Frank reckte den Arm und schnippte zur Bar hinüber, um eine Bestellung aufzugeben.

Sofort kam ein Kellner an seine Seite, zückte Notizblock und Kugelschreiber.

»Bier, wie ich dich kenne, ja? Wir haben hier Wernesgrüner und Radeberger.«

Heiner nickte. »Wernesgrüner.«

»Und dazu einen Kognak?«

»Auch«

»Zwei doppelstöckige Napoleon. Herr Ober.«

»Mensch, ihr versteht hier tatsächlich zu leben.«

»Es war aber auch höchste Eisenbahn, daß die Stadt ein solches Hotel erhielt. Bisher verfügten wir fast nur über ein paar alte Herbergen, woran du sehen kannst, was uns dieser verdammte Krieg hinterlassen hat. Erst zwanzig Jahre danach können wir uns wieder ein bißchen Luxus erlauben. Und wenn du willst, habe auch ich dafür gesorgt. Jedenfalls war ich seitens der Partei so etwas wie der Antreiber, damit die Termine nicht überschritten wurden. – Apropos: Eisenbahn. Hattest du nicht die Absicht, mit dem Auto zu kommen?«

»Doch nicht bei dem Sauwetter. Bei uns im Norden ist Glatteis auf den Straßen.«

»Und dann, entschuldige, daß ich dich nicht sofort erkannte. Ich hielt immerzu Ausschau nach einer Marineuniform. Bist du nicht Hauptmann?«

»Kapitänleutnant, Frank. Aber das ist so ziemlich das gleiche wie Hauptmann, nur in blau. Und außerdem, seit zwei Jahren bin ich es nur noch in Reserve. Ich mußte den Abschied nehmen. Wegen meiner Schwiegereltern. Eine ebenso lange wie dumme Geschichte. Gisela – so heißt meine Frau ... Ihr Vater ein sturköpfiger Mecklenburger Bauer ...«

»Du kannst dich wohl nie davon trennen, was?« grinste Frank und versuchte einen Witz. »Von Vieh und Feld, meine ich. Und wie es aussieht, bist du jetzt sogar bis ans Ende deiner Tage mit ihnen – verheiratet ...«

Murgalla stockte für Sekunden. Eine gallige Entgegnung lag ihm auf der Zunge. Doch er beherrschte sich und erzählte weiter: »Die Kollektivierung paßte ihm nicht, die Arbeit in der Genossenschaft. Kurz vor dem Bau der Mauer sind sie getürmt, er und seine Frau, ab in den Westen. Tja, und mit ihrem Verwandtschaftsgrad zu mir ließ sich meine Zugehörigkeit zur Volksmarine nicht länger vereinbaren.«

»Aha ... Das wußte ich nicht.«

Woher auch. Er hatte ja nicht einmal die Adresse von Heiner gekannt, seinen Brief auf Verdacht und mit der Bitte um Weiterleitung ans Dekanat der Medizinischen Fakultät in Greifswald gesandt. Und Heiner hatte nach dessen Empfang nur lakonisch mit einem Telegramm geantwortet: Sitze schon halb im Auto und gebe Gas.

»Dadurch hast du natürlich Glück gehabt«, sagte er, »was mein Kommen angeht. Ich glaube nicht, daß ich so mir nichts, dir nichts mitten im Januar bei der Truppe Urlaub hätte herausschinden können. Aber auch für die Universitätsklinik, wo ich jetzt arbeite, trifft es sich gut. Am Montag beginnt in Leipzig ein Chirurgenkongreß, an dem ich teilnehme.«

»Aha ... Daher also mit Sack und Pack, mit einem zentnerschweren Koffer wie für 'ne Weltreise.«

»Ich fahre noch weiter nach Roßwein.«

»Sagte ich's doch. Zu Vieh und Feld.«

»Zu meinen Geschwistern, du Affe.«

»Und ich dachte schon, du wolltest dich hier auf Wochen einnisten.«

»Was so übel nicht wäre«, bekundete Heiner nochmals seine Zufriedenheit.

»Aber dann auf deine Rechnung, mein Alter, ja?«

»Prost!«

Doch mitten in ihrem Geplänkel stellte Frank plötzlich seinen Kognakschwenker zurück auf den Tisch, ohne getrunken zu haben, kaum daß er ihn an den Mund gesetzt hatte. Er stemmte sich aus seinem Sessel, stand auf, blickte über Murgalla hinweg und schien sich für irgend jemanden bemerkbar machen zu wollen.

Heiner folgte erstaunt seinen Gesten, sah, wie sich Frank fast in Verrenkungen erging. Ein seltsames Glimmen, was jedoch auch an der indirekten Beleuchtung im Raum liegen konnte, gewahrte er in den Augen des Freundes und spürte, daß er in diesem Moment für ihn so gut wie nicht existierte.

Er drehte sich um. Eine Frau kam auf sie zu. Nein, Ilse konnte es nicht sein, obwohl er auch sie noch mit ebenso schwarzen Haaren in Erinnerung hatte. Im Gegensatz aber zu ihr besaß diese ein feiner geschnittenes, von weichen Zügen geprägtes Gesicht. Volle, wenn auch für seinen Geschmack ein wenig zu stark mit Schminke nachgezogene Lippen hoben sich darauf ab, und ihre Augen hatten die Form von Mandeln, was ihr etwas asiatisch Fremdes verlieh. Ihren geschmeidigen Körper umfloß ein Kleid aus silbergrauem Kunstfaserstoff, der jede Bewegung durchscheinen ließ und ihre in allem aufeinander abgestimmten Glieder aufreizend nachzeichnete: die straffe Brust, die schmale Taille und runde Hüften, ihre langen Beine. In der Hand hielt sie einen Zimmerschlüssel mit Messinganhänger. Demzufolge hatte sie die Formalitäten an der Rezeption bereits erledigt. Jetzt, nachdem sie Frank entdeckt hatte und an den Tisch trat, ließ sie das Metall gegeneinander scheppern und wie ein Glöckchen ertönen.

»Klingelingeling, da bin ich«, sagte sie mit etwas rauher Stimme. »Hast du vielleicht auch für mich einen Kognak zur Begrüßung?«

»Ihr kennt euch doch, ja?« fragte Frank.

Sie zögerte eine Weile, griff indessen nach seinem

Glas, nahm einen Schluck und wußte dann sogar Heiners Namen.

Aber gewiß. Nun fiel es auch ihm wieder ein. Lina Bonk, der Schmetterling. Zugleich aber dachte er auch an Achim Steinhauer. Der war damals mit ihr gegangen. Und besonders auf ein Wiedersehen mit ihm, womit er stark rechnete, hatte er sich noch im Zug, während der gesamten Fahrt von Greifswald über Pasewalk und Berlin hierher gefreut.

Am Abend jedoch, im helleren, wenig schmeichelnden Licht des Restaurants, wirkte die Schönheit Linas nicht mehr ganz so vollkommen. Trotz allem Make-up hatte sie nicht die Fältchen um ihren Reklamemund und die Lider vertuschen können.

Sie saßen an einer Tafel, mit reichlichem Abstand vom übrigen Saal in einer Nische, wobei Frank seinen Gästen mit Tischkarten wiederum eine gewisse Rangordnung zugewiesen hatte: Er selbst präsidierte an der einen Schmalseite. Ihm zur Rechten hatte Niederhall als sein Doktorvater, ihm zur Linken Ilse Platz genommen. Neben dem Professor saß Heiner, ihm gegenüber, Stuhl an Stuhl mit Ilse, Lina. Ihr schloß sich in der Reihenfolge Gerd Poppe an, der Chefredakteur der »Wahrheit«, und neben Murgalla Egon Stallmeier, der Brigadier aus den Leunawerken. Den Abschluß der Runde bildeten auf der Frank gegenüberliegenden Seite die drei Sektorenleiter aus seiner Abteilung, ein dicker älterer, ein hagerer jüngerer und, im Vergleich zu den beiden, was Gestalt und Alter betraf, ein mittelmäßiger Mann.

Schon bevor sie sich, nach Ankunft der meisten Gäste und Ilses, von der Hallenbar herüber in das Séparée begaben, hatte Heiner nach Achim gefragt. Nein, murmelte Frank, der sei verhindert, in seinem Beruf jetzt als Fernfahrer. Auch einige andere, denen er Einladungen geschickt habe, würden nicht anwesend sein. Hubert und Karla Sackritz. Wie er über sie gehört, wohnten und arbeiteten sie in Dresden. Aber sie hätten nicht einmal geantwortet. Auch der Wirtschaftssekretär, sein unmittelbarer Vorgesetzter, lasse sich entschuldigen, ihn plage die Gicht.

»Gern freilich«, sagte Niederhall mit sichtlichem Bedauern, »hätte ich bei dieser Gelegenheit mal wieder Matthias Münz getroffen.«

»Ach ja ...«, erwiderte an Lutters Stelle der Sektorenleiter mittleren Alters. »Wenn wir das geahnt hätten ... Daß eure Bekanntschaft, Genosse Professor, schon so lange währt, von der Stunde der ersten Aktivisten an ... Bestimmt hätten wir ihn dann um seine Teilnahme gebeten. So aber, leider – wir hielten es für wichtig genug, uns in der Abteilung darüber zu beraten – strichen wir ihn von der Liste. Genosse Münz ist immerhin nicht irgendwer. Seine Pflichten, seine Verantwortung ... Schon ihretwegen fanden wir es vermessen, ihn einzuladen. Frank zuliebe. Es hätte seinem Ruf mehr schaden als nützen können.«

»Aber Steinhauer«, beharrte Murgalla in seiner ihn früher schon kennzeichnenden Hartnäckigkeit auf der vorhin bereits von ihm gestellten Frage. »Er hätte doch gewiß die paar lächerlichen Tage, das Wochenende über Urlaub erhalten. Im Kraftverkehr, mein Gott, das ist doch nicht der Nabel der Welt. Und überhaupt ... Wieso eigentlich befindet er sich dort? War er nicht nach seinem Studium statt Biologe Journalist geworden?« Mit den letzten Worten wandte er sich, da ihn Franks Auskunft schon einmal nicht befriedigt hatte, an den Chefredakteur ihm schräg gegenüber.

»Ja, natürlich. Du kannst ja da oben, wo du herkommst, am Nordpol, nichts über ihn erfahren haben«, beeilte sich trotzdem Frank zu einer Entgegnung. »Er mußte vor zwei Jahren abgelöst werden. Parteistrafe.« Nun versuchte er auch ausführlicher, seinem Freund die Umstände zu erklären. Gefühlsduselei. Versöhnlertum. »Na, das dürfte nicht neu für dich sein. Das hatte er ja schon als Student drauf.«

»Doch am meisten«, ergänzte Poppe, indem er seinen wuchtigen Schädel mit dem wie bei einem Igel kurzgeschnittenen Haar über den Tisch beugte, um sich an Lina Bonk vorbei zwinkernd mit Lutter zu verständigen, »hatte er sich das Ding selber zuzuschreiben.«

Obwohl die Antworten sein Mißtrauen eher stärkten als schwächten, wollte Heiner die Gespräche nicht weiter belasten. Er verfiel in Nachdenken, zog sich, was die Unterhaltung betraf, ein wenig zurück. Im Gegensatz zu ihm waren die anderen ja auch in den letzten Jahren stets mit Frank, wenn nicht gar ebenfalls mit Achim in Verbindung geblieben. Lina indessen bemerkte, daß er plötzlich stiller geworden war. Sie stieß ihn unter dem Tisch mit dem Fuß an und blinzelte ihm, als er den kleinen Schmerz an seinem Schienbein verspürte und aufblickte, aus ihren grün schillernden Augen zu. »Du bist – oder muß man jetzt Sie sagen, Herr Doktor – doch sonst kein Kind von Traurigkeit gewesen. Ich entsinne mich noch deutlich der Hochzeit im Abtnaundorfer Gartenlokal. Da hast du ganz schön für Stimmung gesorgt, am Ende dann in der Küche, zwischen Ölsardinen und Bierflaschen.«

»Na, hör mal, du Katze ...« Erneut lag ihm der Name Achims auf der Zunge. Eigentlich müßtest doch auch du mehr über ihn wissen, wollte er sagen, so verknallt wie du damals in ihn warst ... Doch er griff nach seinem Glas und trank.

Waren während des üppigen Abendessens mit seinen

fünf Gängen, Soljanka, marinierten Heringsröllchen, Rehbraten mit Rosenkohl und Kartoffelbällchen, Pfirsichkompott und einer Fürst-Pückler-Eisschnitte, die Gespräche noch stockend verlaufen, so quollen sie jetzt, als man Erinnerungen austauschte und auch die Getränke schon wirkten, vor Heiterkeit über und wurden von mancher Lachsalve unterbrochen. Besonders Poppe tat sich dabei mit ungenierter Lautstärke hervor. Er schlug sich wiehernd auf die Schenkel und begann fürchterlich zu husten, als er sich am Rauch einer Zigarette verschluckte.

Für Professor Niederhall schien es daraufhin höchste Zeit zu sein, auf Frank Lutter anzustoßen und, was ihm wohl am ehesten oblag, eine kleine Laudatio anzubringen. Solange ihr noch einigermaßen nüchtern seid, teure Genossen, mochte er denken. Und nachdem er sich von seinem Stuhl erhoben hatte, klopfte er mit einem Löffel an sein Sektglas, um sich Gehör zu verschaffen.

Man zollte ihm sofort Respekt, und Ruhe trat ein. Der dicke Sektorenleiter an der anderen Schmalseite der Tafel legte eine Hand an den Kopf und vergrößerte mit ihr seine Ohrmuschel.

»Lieber Frank, nein, *Doktor* Frank muß ich jetzt sagen, denn aus diesem Anlaß, deiner Promotion, sind wir ja hier in fröhlicher Runde zusammengekommen. Mir sei es vergönnt, dich hiermit im Namen aller zu beglückwünschen ...«

Beifall raschelte.

»Du hast es verdient, denn du hast auch ein schönes Stück Arbeit geleistet. Ich kann es beurteilen. Nein, es ist nicht allein deine Dissertation, die ich meine, obwohl sie auf vorbildliche Weise für die Zeitungswissenschaft Neuland beschritt. Es ist noch mehr die Zähigkeit, die

Selbstüberwindung, die du dir freiwillig mit ihr auferlegt hast. Schon einmal hattest du Anlauf genommen und warst dem Ziel recht nahe, die Doktorwürde zu erlangen. Mißliche, wohl von uns allen in unserer damaligen Gläubigkeit überbewertete Zeitereignisse, worauf allerdings wir Journalisten besonders wach zu reagieren haben, machten dir jedoch einen Strich durch die Rechnung – Verzeihung –, soll heißen: durch das Manuskript ...«

An dieser Stelle brummelte Heiner Murgalla vor sich hin: »Rechnung, ja, das trifft wohl eher zu ...« Es war ihm nur leise von den Lippen geschlüpft, aber noch laut genug, daß Niederhall, unmittelbar neben ihm, es vernahm und sich ein wenig irritiert fühlte. Er fuhr sich mit dem Zeigefinger zwischen Hals und Hemdkragen, als sei es ihm zu eng um die Kehle – eine nervöse Geste, die ihm des öfteren anhaftete. Ein paar Sekunden brauchte er dann, um den Faden seiner Rede wiederzufinden.

»Also: Du hast nicht aufgegeben. Du hast dich durchgebissen und wacker geschlagen. Schon das allein gereicht dir zur Ehre, ist eines Doktors sozialistischer Hochschulprägung würdig. Den Blick nach vorne richten, nicht nach hinten. Denn nur so lassen sich die Dinge verändern, und nur so kann sich unsereins mit Anstand korrigieren. Wenn ihr gestattet, liebe Genossen, die ihr alle mit eurem Verständnis unserem Doktor großherzig habt Hilfe angedeihen lassen, möchte ich mit einer Parabel aufwarten. Ich erfuhr sie schon in meiner Jugend in Bremen, als ich, wie ich glaube, noch nicht einmal der Bremer Linken angehörte. Von Kolumbus sagt man, er habe auf seiner Reise ins Ungewisse, zu den unbekannten Gefilden, aus denen dann später Amerika hervortrat, zwei Logbücher geführt. Das eine mit höchster Genauigkeit über den tatsächlich gesteuerten, bedrohlichen Kurs zum allergeheimsten persönlichen Gebrauch, das andere mit kaschierten, die Gefahren herabmildernden Angaben für die Besatzung. Hätte er letzteres nicht getan, wäre er wahrscheinlich kaum einer Meuterei der Mannschaften auf der Santa Maria und den beiden anderen Karavellen entgangen und hätte umkehren müssen. So jedoch hielten sie durch, bis Land in Sicht kam. Lieber Frank, ich bitte dich, ähnlich auch deine zwei Dissertationen zu betrachten: Die eine, die du damals abbrechen mußtest, sozusagen als Täuschung der gelehrten Öffentlichkeit, die andere aber, die heutige, als den Beweis deines wirklichen Könnens.«

»Oh, wie schön er das formuliert hat«, flüsterte Ilse, mit einem Augenaufschlag zu dem Professor, Lina neben sich zu.

Heiner hörte es, blickte auf die beiden Frauen, und zum ersten Mal fiel ihm etwas auf, das ihn sofort mehr interessierte als alle Lobsprüche auf Frank. Ilse und Lina, obwohl im gleichen Alter, schienen dem Aussehen nach um mindestens zehn Jahre voneinander getrennt. Donnerwetter, dachte er, die Bonk hat sich verdammt gut gehalten, auch wenn sie mit ihrem Make-up nicht gerade gespart hat. Dagegen wirkte Ilse, trotz des sie vorteilhaft kleidenden türkisgrünen Brokats, schon etwas verknittert, wie eine Matrone. Doch offenkundig waren sie Freundinnen und verstanden sich. Jedenfalls hockten sie stets beisammen und tuschelten.

Indessen war Niederhall über Heiners Gedanken hinweg beim Schluß seiner Laudatio angelangt. Natürlich vergaß er nicht, die überaus treusorgende Ehefrau an Franks Seite gebührend zu würdigen, zumal er noch rechtzeitig durch ihre Bewunderung für ihn daran erinnert worden war. »Also laßt uns denn anstoßen,

Freunde, auf unseren bravourösen Genossen Doktor Lutter.«

Die Gläser klirrten. Und nachdem man Frank zugetrunken hatte, sah er sich ebenfalls veranlaßt, ein paar Worte zu sagen, um sich zu bedanken. Zunächst revanchierte er sich mit nicht weniger wohlformulierten Sätzen bei Professor Niederhall für dessen höchst freundliche Beurteilung seiner Arbeit. Doch dann wandte er sich, ziemlich unvermittelt für die meisten, Egon Stallmeier zu.

Der Brigadier hatte sich bisher nur zaghaft an der Unterhaltung beteiligt, obgleich sich sowohl Murgalla als auch der hagere Sektorenleiter, zwischen denen er saß, redlich mühten, ihn in ein Gespräch zu verwickeln. Offenbar war ihm in seiner Haut nicht ganz wohl zumute, fühlte er sich in dieser Runde von Funktionären und Studierten ein wenig fehl am Platze. Und so erschrak er auch, als er plötzlich seinen Namen hörte, sich wie aufgerufen vorkam und alle Augen sich auf ihn richteten. Er war von Anfang an beim Radeberger Bier geblieben, hatte es still und genüßlich in sich hineingenuckelt und hielt auch jetzt wieder ein bis zum Rand gefülltes Glas in der Hand. Doch als Frank ihn ansprach, stellte er es aufgestört ab, und zwar so heftig, daß die Flüssigkeit überschwappte und sich eine Pfütze über die Tischdecke ergoß. Verwirrt suchte er in Jacke und Hose nach einem Taschentuch, und nachdem er es gefunden, wollte er mit ihm die Bierlache aufwischen.

»Aber Egon«, half ihm Frank sofort aus der Klemme. »Macht doch nichts, macht nichts. Wozu sind die Kellner da? Du bist die herrschende Klasse, und die kann sich hierzulande auch im vornehmsten Hotel alles erlauben.«

Auf diese eine Behauptung, die von der herrschenden

Klasse, wenngleich nicht auf Umgangsformen, sondern auf die Frage der Machtausübung bezogen, lief denn auch alles hinaus, was er, wobei er immerzu Stallmeier im Blick behielt, weiterhin vortrug. Mit einem Mal wurde auch klar, warum er stets darauf bestanden hatte, den Brigadier einzuladen. Er benutzte ihn symbolisch, stellvertretend sozusagen für die gesamte Arbeiterklasse der Republik, die er nun beinahe rührend mit aller Dankbarkeit überschüttete, deren er fähig war. Ohne solche wie ihn, erklärte er, würde kein Stein im Lande bewegt, keine Chemie – da Egon ja Leunakumpel sei – aus Retorten und Kesseln fließen, hätte nicht einmal er, Frank, seine Dissertation schreiben können, wäre er niemals Doktor geworden. »Auch darauf laßt uns anstoßen, Genossen, auf die vielen fleißigen Männer und Frauen an der Basis, in der Sphäre der Produktion, wo zuallererst der Sozialismus aufgebaut und Tag für Tag zu unser aller Wohl gearbeitet wird.«

Später, nachdem sie vom Restaurant wieder zurück in die gemütlichere Hallenbar gewechselt waren, maulte der hagere Sektorenleiter mit ihm: »War das denn nötig? Mußtest du Egon Stallmeier so in Verlegenheit bringen? Du hast mal wieder mächtig auf die Pauke gehauen, und er wußte weder ein noch aus, hätte sich am liebsten verkrochen. Sogar rot geworden isser.«

»Na bitte, dann war es doch nicht zu seinem Schaden. Rot ist immer die richtige Farbe.«

Murgalla, der ungewollt Zeuge dieser kleinen Auseinandersetzung wurde, gab bei sich dem Hageren recht und forschte daraufhin erneut in Franks Gesicht. Nein, der hatte sich nicht geändert, seit sie sich in Leipzig zum letzten Mal gesehen hatten. Sein um die Oberlippe bis ans Kinn gezogener Schnauzbart und die Spielwiese über der Stirn, das waren nur Äußerlichkeiten. Aber da drinnen, in seiner Seele, seinem Charakter, was hatte sich da getan? Und wiederum begann er zu bohren: »Ich werd' den Verdacht nicht los, Blonder, daß ihr beide euch, du und Achim, zerstritten habt ...«

»Mensch!« schrie Frank ihn an. »Du fällst einem langsam auf die Nerven mit deiner Quengelei. Wenn du mir nicht glaubst, so frag ihn doch selber.«

»Wie aber, wie? Er ist nicht hier.«

»Wenn mich nicht alles täuscht«, sagte Poppe, »besitzt er seit kurzem ein Telefon. Jedenfalls seine Frau. Als stellvertretende Schuldirektorin. Ulrike Steinhauer.«

Es ging auf Mitternacht zu. Professor Niederhall hatte sich bereits verabschiedet, als sie dem Restaurant den Rücken gekehrt hatten. Nein, er könne nicht länger bleiben, obwohl es ein herrlicher Abend gewesen sei und er sich dafür noch einmal bedanken möchte. Das Zimmer sei noch immer reserviert, versuchte Frank ihn umzustimmen. Irrtum, er sei schon zwischen den Gängen, Rehbraten und Pfirsichkompott, bei der Rezeption gewesen und habe es abgemeldet. Wie käme er auch dazu, ihn mit einer gepfefferten Rechnung für nichts und wieder nichts zu belasten. Er sei ohnehin in der Absicht hierhergefahren, nicht zu übernachten – denn bis Leipzig sei es doch nur ein Katzensprung.

Vielleicht lag es daran, daß Frank gereizt war. Schon hegte er Zweifel, ob die Feier gelungen war, sie ihm rundum das, was er sich von ihr erhofft, gegeben hatte. Egon Stallmeier folgte bald dem Beispiel des Professors, und schließlich brachen in nur geringen Abständen zueinander auch seine Sektorenleiter auf, als erster der Hagere, der offenbar nach der Antwort Franks den Beleidigten mimte.

So blieben sie noch zu fünft.

Aber nein! Auch Heiner Murgalla war plötzlich verschwunden.

»Reg dich nicht auf«, tröstete ihn Lina. »Vielleicht ist er nur mal kurz auf sein Zimmer gegangen oder pipi machen.«

Heiner jedoch hatte Poppes nebenhin erteilte Auskunft geradezu elektrisiert. Ulrike, ja, so hieß das Mädchen, an das Achim noch bis zum letzten Tag ihrer Wohngemeinschaft bei der Witwe Blumfeld immer wieder gedacht hatte, manchmal sogar mit einer Schweigeminute pünktlich um neun Uhr abends. Also hatten sie sich wiedergefunden. Mein Gott, das war wirklich eine erfreuliche Nachricht. Und jetzt waren sie gar verheiratet.

Er schlich sich heimlich davon und suchte am Postschalter in der Empfangshalle die Telefonzellen auf. Nein, im Fernsprechbuch war der Name nicht verzeichnet. Er erkundigte sich beim Amt, erhielt die Nummer, wählte.

Auf der anderen Seite meldete sich eine Frauenstimme. Hell und angenehm klingend.

»Entschuldigen Sie bitte. Die Störung, meine ich ... Daß ich Sie so spät noch anrufe ...« Verflucht, er begann tatsächlich zu stottern. Diese Ulrike aber auch, stets war sie ihm nach den Schilderungen Achims wie ein Wesen von anderen Sternen vorgekommen. »Ich heiße Murgalla, Heiner Murgalla. Ich habe mit Ihrem Mann das Zimmer geteilt. In Leipzig, während des Studiums. Jetzt sitze ich hier im Interhotel. Und ich wollte nur fragen, ob Maxim – nein, Verzeihung –, ob Achim zu sprechen ist.«

Eine kleine Pause trat ein.

»Und – Murgalla?«

»Ja.«

»Stimmt. Er hat mir von Ihnen erzählt. Doch es tut

mir schrecklich leid. Er befindet sich unterwegs, auf Fernfahrt nach Prag. Ich dachte schon, er ist es, der mich anruft. Wie wird er sich ärgern, daß er Sie nicht treffen kann. Oder – sind Sie noch länger hier?«

»Nein. Nur bis morgen.« Er hatte sich wieder gefaßt, so daß ihm noch rechtzeitig einfiel, wonach er sich erkundigen wollte. »Sagen Sie ... Wir feiern hier die Promotion von Frank Lutter. Und Achim, hörte ich, war ebenfalls eingeladen ...«

Da jedoch drang ein ungemein heiteres – er würde es nennen: silbriges Lachen an sein Ohr. »Das wäre das Allerneuste für mich, Herr Murgalla. Nein. Bestimmt ist es eine Verwechslung. Wir wissen nicht einmal, daß Lutter Doktor geworden ist.«

Er bestellte noch Grüße an Achim und legte auf.

In der Hallenbar, nun einmal auf Poppes Rechnung bei einer Runde Stolitschnaja, wobei Ilse nicht trank und das Glas für Heiner noch unberührt stand, drehte sich das Gespräch inzwischen um eine Teilnahme Franks an einem der Ostermärsche in der Bundesrepublik. Der Chefredakteur hatte gesagt: »Heul doch nicht immer Murgalla nach. Bist du in ihn verliebt? Mein Gott, er wird sich schon wieder einfinden. Doch wenn es dich etwas aufmuntern kann, Bruderherz ... Ich überlege bereits eine ganze Weile, ob nicht du im Auftrag unserer Zeitung nach drüben fahren solltest. Du als altgedienter, mit allen Wassern gewaschener Journalist.«

»Du hast doch genug Reporter in deiner Redaktion«, wehrte Frank ab.

»Schon, schon ... Doch für solch einen Fall auch genug clevere?«

»Dann mach dich doch selber auf und schreib über diese bunt zusammengewürfelten Haufen von Atomwaffengegnern.«

»Geht nicht. Bin schon besetzt. Über Ostern bin ich in Moskau. Und von dort fliege ich nach Sibirien, nach Irkutsk.«

»Dorthin würde ich auch lieber reisen. Laß uns tauschen, Alter.«

Franks Laune besserte sich zusehends. Gerd Poppe bemerkte es. Zufrieden mit seinem Erfolg, leerte er Ilses Glas darauf und leckte sich die wulstigen Lippen. Nur noch der Form halber fragte er sie anschließend, ob sie etwas dagegen habe, lehnte sich in den Sessel zurück, streckte die Beine aus und legte die gefalteten Hände hinter seinen Igelkopf.

»Solch ein Angebot«, schwärmte Lina. »Und das willst du ausschlagen? Wenn du einen Gepäckträger brauchst, ich stelle mich gern zur Verfügung. Nimm mich mit.«

Ilse lächelte zu allem müde.

»Auch bin ich mir gar nicht sicher«, gab Frank weiterhin zu bedenken, »ob Matthias Münz damit einverstanden wäre.«

»Na, hör mal. Den Vorschlag haben die Genossen von drüben an uns gerichtet. Die Kommunistische Partei ist zwar verboten, aber sie beteiligen sich natürlich am Widerstand gegen die Atomrüstungspläne Washingtons und Bonns.«

Weiter jedoch kamen sie in ihren Erwägungen nicht. Heiner Murgalla platzte dazwischen.

Hochrot vor Zorn im Gesicht und gewiß auch vom Alkohol angeheizt, stürmte er mit seinen Riesenschritten durch die Halle und rief schon aus etlicher Entfernung: »Ich habe dich erwischt, Blonder! Habe mit Achims Frau telefoniert. Von wegen, du hast ihn eingeladen. Alles Humbug, Lüge. Eine einzige Sauerei!«

Frank war völlig verdattert, fand kein Wort zu seiner Verteidigung.

Poppe sprang für ihn ein. Er wühlte sich aus seinem Sessel, richtete sich auf und sagte, nicht ohne Spott: »Nun halt mal die Luft an, Genosse Medizinmann. Du müßtest es doch am besten wissen. Wenn du dich weiter so aufregst, kriegste noch einen Schlaganfall.«

Auch Lina versuchte zu beschwichtigen. »Setz dich erst einmal hin und beruhige dich. Hier steht ein Wodka für dich.«

»Ich?« tobte Heiner mit unverminderter Lautstärke und schüttelte wild seine Locken. »Mit diesem Affen noch saufen? Keine Spur. Schon als ich ankam, wollte er mich verscheißern. Vieh und Feld ... Erinnerst du dich? Fehlte nur noch, du hättest es ausposaunt. Gedacht hast du es bestimmt: ich sei mit einer Kuh verheiratet, und meine Verwandten sind alle Blödhammel ...«

»Das aber verbitte ich mir!« wagte Frank nun doch einen Protest. Man kannte ihn hier, und in welches Licht würde ihn eine solche Beschuldigung rücken.

»Du kannst mich mal sonstwo ... Das Zimmer für mich habe ich an der Rezeption schon bezahlt. Und hier ...« Er griff in seine Tasche und knallte einen Hundertmarkschein auf den Tisch. »Das ist für das, was ich verzehrt habe. Von dir nehme ich keinen Pfennig geschenkt.«

Wie er gekommen war, voller Verachtung und Wut, so stapfte er wieder davon.

Diesmal sagte Ilse: »Ich hab's doch geahnt. Er ist der Trampel von Leipzig geblieben.«

Danach aber war alle Fröhlichkeit verdorben, und besonders Frank drängte jetzt zum Aufbruch. An der Rezeption erfuhr er noch, daß Murgalla sich nach dem nächsten Zug nach Leipzig erkundigt und sein Zimmer geräumt habe.

DRITTES KAPITEL

Familiensache

Für Frank Lutter wurde es ein Erwachen mit Schrecken. Wie aus einem tiefen, an Bewußtlosigkeit grenzenden Schlaf gerüttelt kam er sich vor, so daß er auch nicht sofort verstand, was ihm plötzlich so gewaltsam die Augen öffnete und mit einem Lärm in den Ohren lag, als würde er ausgepfiffen und niedergeschrien. Ihm schien, er habe eine Ewigkeit lang in einem dunklen, verriegelten Raum verbracht und die Schatten seiner Vergangenheit umgäben ihn immer noch. Erst allmählich begann es in seinem Kopf zu dämmern. Da wurde er von Tag zu Tag sehender, gewahrte deutlicher Umrisse, die er von irgendwoher zu kennen glaubte. Und als sich dann endlich aus unzähligen Mosaikscherben sein eigenes Spiegelbild zusammenfügte und mit Riesengestalt vor ihn hintrat, sah er sich kleiner und kleiner werden und spürte eine gähnende Leere in sich, so als hätten sich all seine Gefühle auf dieses scheußliche Etwas vor ihm übertragen, auf dieses Phantom, das er selbst sein sollte. Es grinste ihn an, und jedesmal, wenn er den Blick von ihm abwenden wollte, zwang es ihn, es sich näher zu betrachten. Er tat es schon wie ein Außenstehender sich selbst gegenüber. Du bist der Teufel, dachte er exaltiert, doch ich bin Perseus, den dein Medusengesicht nicht versteinern wird.

Zweifellos hatte Murgalla ihm den ersten Schreck eingejagt. Doch wenn es dabei nicht blieb, Heiners Zornausbruch und seine Verachtung für ihn nur den letzten Anstoß gegeben hatten, daß Frank sich mit Vorwürfen überhäufte, mußten die Ursachen tiefer liegen und ihm noch andere, vielleicht über Jahr und Tag im Unterbewußtsein mitgeschleppte und stets verdrängte Komplexe zu schaffen machen.

Klar wurde ihm jetzt, daß er im Laufe der Zeit einen seiner Weggefährten nach dem anderen verloren hatte. Die Liste war lang, und er fragte sich, ob er es nicht selber gewesen sei, der sie vergrault, von sich fortgetrieben, ihnen die Freundschaft gekündigt hatte: Achim Steinhauer vor allem, der ihm von Jugend an wie sein zweites Ich vorgekommen war und dem er einmal sogar, nach der Schlacht an der Panzersperre, die Pistole aus der Hand geschlagen. Erich Höllsfahrt, der treue Kumpel. Kühnau, Parteisekretär im Eisenwerk. Nun Heiner Murgalla, mit dem er als Student in Leipzig dieselbe Schulbank gedrückt und bis zum Tausch mit Achim von der Clara-Wieck-Straße in die Zittauer auch das Zimmer geteilt hatte. Nicht einmal Hubert und Karla Sackritz hielten es noch für nötig, ihm zu antworten, und er wußte doch genau, konnte es jederzeit im Impressum der Dresdener Bezirkszeitung nachlesen, daß Sackritz dem dortigen Redaktionskollegium angehörte. Ja, sagte ihm jetzt das Phantom, sein Spiegelbild, nicht sie haben dich verlassen, sondern du sie. Auf deinem Weg nach oben hast du weder nach links noch nach rechts geschaut, bist über Menschen hinweggestiegen wie über Dreckhaufen. Also wundere dich nicht, wenn sie sich von dir abwandten, dir ihren Hintern zeigen.

Doch bedurfte es wirklich erst der Feier, um ihn zu einer solchen Beichte zu bewegen? Trug nicht noch mehr dazu bei, daß er wie vom Donner gerührt aus seiner Verschlafenheit auffuhr, nein, aus seiner Erstarrung, seiner schon fast zum Dauerzustand gewordenen Selbstgefälligkeit, und sich nun sein auch selbstkritisches Bewußtsein wieder meldete?

Er war alles andere als glücklich über die Vorstellung – ja, so empfand er es heute –, über die Theaterveranstaltung im Interhotel, die Ilse für ihn inszeniert hatte. Er verschwieg ihr seinen Unwillen nicht.

Sie jedoch fand, es sei, abgesehen vom Aufritt des Trampels Murgalla zum Schluß, ein voller Erfolg gewesen. Sie tat noch immer verzückt, wenn sie nur an die Laudatio von Professor Niederhall dachte.

Er fiel ihr barsch ins Wort. Alles Schmus. Denn hätte er mit seiner Dissertation, wie behauptet, gleich dem Kolumbus ein neues Amerika entdeckt, wäre das Urteil über sie wohl nicht nur *magna* cum laude ausgefallen, sondern, was es noch nie gegeben, um drei Stufen höher: *summa summarum summissima.* Höflichkeitsfloskeln, weiter nichts, Gerede nach dem Mund. Dergleichen habe ihn schon immer benebelt und lediglich erreicht, daß er sich überschätzt und nie die wirklichen Relationen seines Platzes im Leben erkannt habe.

Ilse blieb bei ihrer Auffassung, tadelte bissig noch nebenbei sein schlechtes, verballhorntes Latein und zog tagelang einen Flunsch, da sie ihre Mühe von ihm nicht belohnt sah. Der Haussegen hing schief.

Und da kam ihm zum erstenmal der Gedanke, ob er nicht die falsche Frau geheiratet hatte.

Ihm waren andere über den Weg gelaufen, wenngleich er sich wegen keiner von Ilse je hätte trennen wollen. Meist war es wohl auch seine Schüchternheit gewesen (oder nicht doch selbst in dieser Beziehung sein mit Komplexen beladenes Naturell?), die ihn hinderte, sich der einen und anderen bis aufs Hemd zu nähern. So hatte er es auch nie zum Weiberhelden gebracht, und gelegentlich, sobald ihm wieder einmal sein nicht gerade von Stattlichkeit gesegnetes Äußeres mißfiel, haßte er sich sogar deswegen. An jenem Abend im Interhotel entging ihm nicht, welcher von beiden Frauen die Männer am Tisch den Vorzug gaben. Er war ihren Blicken gefolgt, hatte ihre Begierden darin gelesen und daraufhin selbst probiert, mit dem Abstand wie sie, wie mit ausgeliehenen Augen Ilse zu begutachten. Wie schmerzlich berührte es ihn da, als er sich eingestehen mußte, daß sie neben ihrer Freundin unheimlich gealtert, fast hinfällig erschien. Sie in einem türkisgrünen, trotz des gewagten Dekolletés über dem Rücken all ihre Glieder vermummenden schweren Brokat, Lina hingegen in einem silbergrauen engansitzenden Kleid, das ihren Körper eher enthüllte als bedeckte. Doch daran allein lag es nicht, daß ihn der Unterschied zwischen beiden so sehr frappierte. Woran aber sonst? Ilse mit ihrem gezierten, gekünstelten Getue, Augenaufschlägen und dem stets wie vor Spiegeln eingeübten Lächeln, andererseits Lina mit einer ungezwungenen, beinahe schamlosen Art, sich zu geben, die ihr jedoch niemand, zu dieser fortgeschrittenen Stunde schon gar nicht, abzuschminken empfehlen wollte.

Einmal ins Abwägen der Vorteile von einer zur anderen geraten, vermochte Frank sich weiteren Vergleichen nicht zu entziehen und begann zu grübeln. Wenn er es recht bedachte, so hatte seine Frau ihm stets sein Verhalten vorgeschrieben, ihm, ja – so hart es auch klang – Fesseln angelegt. Obwohl in jeder anderen Hinsicht weltanschaulich weit von christlicher Religion entfernt, betrachtete sie die Ehe als eine Gnade, als ein geheiligtes Sakrament, war auf sie eingeschworen wie eine allerstrengst katholische Gläubige: Und was Gott zusammengefügt, das soll, bis daß der Tod euch scheide, nie mehr gebrochen werden. So richtete sie ihr Leben mit ihm ein. Die Frau soll dem Manne *untertan* sein. Bei ihrer Denkweise würde sie auch diese Maxime voll für sich in Anspruch nehmen. Immer nur galt ihr Sinnen und Trachten ihm. Aber ... Bei der Befragung seiner Vergangenheit jetzt stieß Frank an dieses Aber: Hatte sie unter solcher Manie sich nicht zur Herrin aufgeschwungen, zum *Obertan* über ihn? Dagegen Lina ... Er wußte, sie hatte es in den Jahren von ihrem gemeinsamen Studium bis heute mit einer Reihe von Männern getrieben. Sie war auch nicht auf die Ehe erpicht, obwohl sie sie manchmal für sich gewünscht hatte, besonders dann, wenn sie wieder nach einer großen Enttäuschung (und kleine gab es für sie nicht) zu Ilse gekommen war, um sich in ihren Armen auszuweinen. Sie suchte und suchte. Trotz ihrer Attraktivität, sie wurde dabei nicht jünger. Jetzt bin ich schon vierunddreißig, klagte sie in einem Anflug von Melancholie an jenem Abend, und irgendwann möchte ich mich noch bestätigt fühlen, als Frau, als Mutter. Ich möchte ein Kind zur Welt bringen ...

Vielleicht, antwortete ihr daraufhin Poppe, der selten ein guter Tröster war und – zu seiner Rechtfertigung muß man es sagen – schon etwas lallte, vielleicht klappt es damit bei uns, das heißt, wenn du nicht allzu wählerisch geworden bist ... Soeben hatte er sie gerade zu überzeugen versucht, vom Rundfunk in Leipzig in das hiesige Fernsehstudio überzuwechseln, das, einer Idee von Münz zufolge, demnächst eingerichtet werden sollte und Redakteure brauchte. Bei uns, so sprach immer noch Poppe, pimpern die Männer nicht schlechter als anderswo.

Lina schüttete ihm den Rest aus ihrem Sektglas ins Gesicht. Wie abscheulich du bist ...

Frank nahm sie sofort in Schutz. Poppe habe mal wieder in seiner bekannt rotzigen, Porzellan zertrümmernden Elefantenart über die Stränge geschlagen. Er verlangte von ihm, sich umgehend zu entschuldigen. Doch Lina winkte ab. Er hat sein Fett, und sie werde sich nie wieder eine solche Blöße geben.

Was blieb, das war: Er hatte seine Freunde verloren. Doch hätten sie ebenfalls ihm den Rücken gekehrt, wenn er ein solch glitzerndes Juwel an seiner Seite gehabt hätte wie Lina Bonk? Ilses Schuld war es, dachte er, nicht die seine. Sie hatte weder Murgalla gemocht noch Steinhauer. Professoren und Staatsfunktionäre, Männer mit Titeln himmelte sie an, so daß er sich sogar als vollwertiger Mensch in ihren Augen erst wiederzufinden glaubte, nachdem er sich Doktor nennen durfte. Das mußte er ändern. Er mußte ihr austreiben, ihn länger zu gängeln und ihm vorschreiben zu wollen, was er zu tun und zu lassen hatte.

Ilse, durch zahllose Krankheiten sensibel geworden und, was die Stimmungen Franks betraf, empfindsam wie auf Wetterumstürze reagierend, bemerkte sofort seine – wie sie es bezeichnete – Seelenwanderung. Ihr blieb nicht verborgen, daß er sich von ihr entfernte, und sie beobachtete ihn. Nein, sie war weder prüde noch nachtragend. Sie würde Verständnis haben, wenn er sich anderwärts vergnügte. Eine Liebschaft mal hin und wieder, was wäre das schon. Nicht mehr als das Kratzen bei einem Juckreiz. Nur sollte er dann soviel Diskretion aufbringen, damit sie nichts erführe, mit Wissen davon verschont würde. Sie fühlte sich nicht mehr so jugendfrisch, als daß sie ihm alles hätte abnehmen können, vor allem nicht die Erfüllung gewisser Bedürfnisse. Manchmal überließ sie sich ihrer Schwäche, manchmal sehnte sie sich auch wieder nach Stärken, die sie früher nicht die geringste Überwindung gekostet hatten. Ihn umgarnen, mit ihrem Haar. Ihm mit den Händen die Haut streicheln, bis er sich in sie drängte und ergoß. Welche Opfer aber verlangte er jetzt von ihr? Und manchmal war sie verzweifelt, weil er nicht all das Gute, das sie ihm zukommen lassen wollte, mit wenigstens jenem Grad von Dankbarkeit vergalt, der für sie so wichtig gewesen wäre.

Wenn es für sie überhaupt noch ein Ziel gab, für das zu leben sich lohnte, so war es ihre Ehe. Sie hatte ihn geheiratet aus Liebe. Schon als blutjunges Mädchen hatte sie gewußt, fortgesetzt sich in Spiegeln betrachtend, die sie daraufhin am liebsten zertrümmert hätte, daß sie keine Schönheit par excellence war. Aber nahmen sie beide sich darin denn etwas? Er und sie – ergänzten sie sich nicht in dieser Beziehung und bildeten eine Schicksalsgemeinschaft? Sie gebar ihm zwei Kinder, unter Qualen und Komplikationen. Was sie angesichts ihrer Leiden jedoch am meisten gefürchtet hatte, blieb Gott sei Dank aus. Im Gegensatz zu ihr strotzten sowohl der Sohn als auch die Tochter vor Gesundheit.

So, dachte sie, hatte sich glücklicherweise ihr Erbanteil bei beiden Zurückhaltung auferlegt. Sie schlugen nach dem Vater. Und so war es für sie geradezu eine Selbstverständlichkeit, daß sie nicht nur in ihrer körperlichen, sondern auch in ihrer geistigen Beschaffenheit Frank sehr ähnlich werden sollten, daß besonders Robert nach dem Bild seines Vaters geformt würde. Denn ist eine bestimmte Intelligenzvorgabe im Keim erst einmal vorhanden, lassen sich überdurchschnittliche Fähigkeiten durch entsprechende Hilfsmaßnahmen leicht anerziehen.

Mit einem Mal aber (oder hatte es sich nicht seit langem schon angedeutet?) durchkreuzte die Schule all ihre Vorsätze, ihre Pläne, die sie für den Jungen hegte.

Ein Brief kam mit der Post, und wie es klang, mußte er schon der zweite seiner Art sein, denn im Text stand zu lesen: Verehrte Eltern Herr und Frau Dr. Lutter! Nachdem Sie leider unserer ersten diesbezüglichen Aufforderung nicht gefolgt sind, bitten wir Sie hiermit erneut – und zwar unsererseits nachdrücklichst mit dem Hinweis auf den Ernst der zu klärenden Angelegenheit – um eine Aussprache über das Verhalten Ihres Sohnes, welches zu der berechtigten Sorge Anlaß bietet, daß seine Versetzung gefährdet erscheint ... Das Ganze wie ultimativ mit einem Termin versehen, Datum und Uhrzeit. Stempel und Unterschrift. Der Direktor. Gegengezeichnet von der Klassenlehrerin Roberts.

Als Ilse den Umschlag aufriß, kaum daß sie ihn dem Briefkasten im Treppenhaus entnommen hatte, und die Zeilen las, glaubte sie, etwas Glühendes in den Händen zu halten und sich an jedem Wort die Finger zu verbrennen. So heiß wurde ihr plötzlich, und sofort fühlte sie sich auch an die äußerst peinliche Situation erinnert, die sie erst im Herbst letzten Jahres nach einem ähnlichen Schreiben im Zimmer des Direktors hatte durchstehen müssen. Was aber war denn jetzt wieder geschehen? Ja, der Junge bereitete ihr Kummer. Und obwohl sie sich noch immer nicht an den Gedanken gewöhnen wollte, daß es wohl doch schwerer fiel als von ihr stets bestritten, Robert auf einen von seines Vaters Strebsamkeit schon vorgezeichneten Weg zu führen, konnte sie ihn nicht länger verdrängen. In der Unterstufe, den ersten Jahren der Schule, war aber auch davon noch nichts zu ahnen gewesen. Seine Zeugnisse, obwohl sie nicht gerade mit Bestnoten und Lobsprüchen auf sein Betragen glänzten, hatten da jedenfalls noch keine ihrer Hoffnungen enttäuscht. Das, war sie fest überzeugt, was ihm noch fehlte, um in der jeweiligen Klasse zur Spitze zu gehören, könnte fortan mit höherer Lernbereitschaft und größerem Fleiß aufgewogen und nachgereicht werden. Täglich nahm sie ihn daraufhin unter ihre Fittiche, überwachte seinen Eifer, bimste mit ihm die Hausaufgaben und zeigte sich erst zufrieden und ihm gegenüber gnädig, sobald er, ob es das Einmaleins betraf, lautes Lesen oder die Orthographie in zusätzlich von ihr zusammengestellten Diktaten, jede Übung fehlerfrei bewältigt hatte. Der Erfolg rechtfertigte ihre Methode, auch ihre Strenge. Seine Zensuren besserten sich.

Am Ende der vierten Klasse jedoch ließen seine Leistungen wieder zu wünschen übrig, sanken sogar bedrohlich ab. Ja, sie hatte es genau registriert. Roberts Tief in der Schule deckte sich auffallend scharf mit jener Zeit, den Monaten vom Winter zum Sommer, als sie sich mit aller Konzentration und Anspannung Franks Dissertation widmete. Obzwar zunehmend von Kreislaufattakken geplagt, die sie – zugleich heimlich und unbemerkt von der Familie – mit Überdosen von Medikamenten zu bekämpfen versuchte, übertrug sie die erste, handschriftliche Fassung des Manuskripts bis in die Nachtstunden oft hinein in die Maschine. Vielleicht hatte sie dabei ihre Kräfte überschätzt, beides, sowohl dem Mann als auch dem Sohn eine gleichwertige Stütze sein zu wollen, nicht vereinbaren können?

Robert hatte das Klassenziel noch erreicht, mit einem Zensurendurchschnitt für die Lernfächer von knapp über drei, was zwar vollauf genügte, um versetzt zu werden, seine Eltern jedoch schon arg beschämte. Um wieviel fataler erst mußten sie da die Beurteilung finden, die ihr Sprößling für sein Gesamtverhalten mit dem Zeugnis nach Haus brachte. Es war ein einziges Bündel von bitterbösen Sätzen und würde nun für alle künftigen Schuljahre den Lehrern als Abschreckung dienen. Er sei ein Faulpelz, andererseits störrisch und aufmüpfig, und was seinen Einfluß auf das Kollektiv angehe, so sei dieser das Schäbigste vom Schäbigen. Wenngleich die Beurteilung mit weniger derben, der Urkunde gemäß mit geziemenderen Worten formuliert war, für Frank lief es auf solche Ausdrücke hinaus, und er nahm sich das Bürschchen vor und verabreichte ihm eine tüchtige Tracht Prügel. Ja, stimmte Ilse ihm insgeheim bei, ich kann es ihm nicht verdenken, er in seiner Funktion, kurz vor dem Erwerb des Doktortitels, und der Junge bereitet ihm derart viel Schande. Um so härter traf es sie daher beide, als sie nur wenig später, nach den Herbstferien, vom Direktor zu einem Gespräch in die Schule bestellt wurden. Robbi, wie man Robert hier allgemein, was Ilse jedoch verdroß, nach Sitte seiner Klassenkameraden nannte, war beim Rauchen ertappt worden, während einer Freistunde, vom Hausmeister auf der Toilette. Was aber weit schlimmer war, er hatte auch zwei Mitschüler dazu verführt, woran kein Zweifel bestand, da eine sofortige Ranzenkontrolle ergab, daß er die Zigaretten besaß. Also hatten weder die Moralpredigt noch die Schläge vom Sommer bei ihm gefruchtet.

Ilse war allein zu der Aussprache gegangen. Während der Vorhaltungen des Direktors fühlte sie sich die ganze Zeit über selber schuldig, wie ein gescholtenes Kind schlich sie ziemlich bedrückt und ratlos wieder davon. Daß Robert geraucht hatte, war ihr vorher bekannt gewesen, nicht aber, daß er sich gegen den Hausmeister tätlich zur Wehr gesetzt hatte. Wie bloß konnte sie ihm noch so viel Anstand und Respekt anerziehen, daß er sich des Namens seines Vaters würdig erwies? Natürlich schilderte sie Frank am Abend die Einzelheiten, die für sie so erniedrigend gewesen waren. Er aber, entgegen seiner Gewohnheit, züchtigte diesmal den Jungen nicht. »Wenn Prügel nicht helfen«, sann er eines Tages, »müssen wir uns etwas anderes einfallen lassen. Vielleicht ist es nur unerfüllte Abenteuerlust, die er zu kompensieren versucht, indem er ein um das andere Mal zu Streichen neigt. Es wäre doch gelacht, sollten wir beide ihm nicht mit vereinten Kräften auf die Schliche kommen.«

Was sie allerdings nicht wissen konnte, er hatte bei einer zufälligen Begegnung auch mit Lina Bonk über seinen Sohn gesprochen. Ich verliere ihn aus der Hand. Vielleicht bin ich zu selten zu Haus, und Ilschen ist mit seiner Erziehung überfordert. Je älter er wird, desto mehr tanzt er ihr auf dem Kopf herum ...

Lina tippte nur mit dem Finger an die Stirn, verzog spöttisch ihre Lippen. Du machst ein Wesen um nichts und wieder nichts. Mir gefällt dein Knabe. Mich jedenfalls knutschte er schon in Leipzig jedesmal ab, wenn ich kam. Also ist er doch lieb, oder? Frank! Erinnere dich bitte! Wann hast denn du zum erstenmal zur Zigarette gegriffen?

Ja, im selben Alter wohl, glaube ich. Aber – es war eine andere Zeit. Hitlerjugend. Er jedoch ist ein Junger Pionier. Ist unser – nein, nicht nur mein – *unser* Nachwuchs ...

Kaderreserve, ich weiß. Und jetzt, nachdem er heimlich geraucht hat, ist es für dich, als sei die Konterrevolution am Werke. Sein Gestrampel, womit er sich gegen den Hausmeister wehrte, als der ihn erwischte – sozusagen ein Bombenattentat auf die Schule, ja?

Kleinlaut trat er den Rückzug an.

Doch nun dieser erneute Brief. Und wo war dessen Vorgänger geblieben?

Ilse und Frank verhörten den Jungen. Er jammerte

und bestritt jede Schuld. Clara jedoch, die sie längst im Bett wähnten, lauschte indessen an der Tür. Plötzlich vernahmen sie vom Korridor her ihr Prusten und Kichern, dann ihre Rufe: »Ich weiß es, ich weiß es ...«

Ilse sprang auf, riß die Klinke nieder, packte die Tochter am Arm und zog sie ins Wohnzimmer. »Nun aber mal Farbe bekennen, ihr beiden, und zwar dalli!«

Das pausbäckige, auch sonst recht rundlich wirkende Mädchen schrie erschrocken: »Ich kann nichts dafür, ich nicht. Ich war artig.«

Robert aber half nun kein Leugnen mehr. Er mußte gestehen. Da ihm der Brief bereits vorher von seiner Klassenlehrerin angedroht worden war, hatte er ihn täglich mit der Post erwartet. Aus Claras aufgesteckten Zöpfen ließ er sich eine Haarnadel geben, formte sie zu einem Dietrich und öffnete damit den Kasten. Den Brief hatte er vernichtet. »Du alte Petze«, beschimpfte er seine Schwester.

»Und warum hast du nicht gleich die Wahrheit gesagt?« fragte ihn Frank.

»Ich hatte Angst.«

»Wovor?«

»Daß du mich wieder verhaust, Papa.«

»Aber ich hab dich doch auch nicht geschlagen, als du geraucht hast.«

»Ja. Danke, danke.« Plötzlich fiel der Junge vor ihm nieder, umklammerte seine Knie und weinte.

In der Aussprache mit dem Direktor allerdings verrieten sie nichts von alledem. Wozu auch? Es ging niemanden etwas an, wie sie zu Haus ihre Kinder erzogen! Das war und blieb ihre Internität, *Familiensache*.

Diesmal waren sie gemeinsam der Vorladung gefolgt. Franks Gegenwart, wie sich dann zeigte, war auch höchst vonnöten. Sein Auftreten, von vornherein weit bestimmter als das von Ilse, verlieh ihr Halt, und ohne ihn hätte sie in der erneuten Verhandlung über ihren Sohn noch kläglicher abgeschnitten als im Herbst. Die Klassenlehrerin, eine nicht mehr allzu junge Frau, war ebenfalls wieder anwesend. Hinzu kamen diesmal der Vorsitzende des Elternaktivs, ein Meister aus der Maschinenfabrik, und – zu ihrer beider Verwunderung – die Leiterin des Kindergartens, der unmittelbar neben der Schule lag, von ihr nur getrennt durch einen längst löchrig gewordenen Maschendrahtzaun zwischen den Höfen. Im Vorzimmer des Direktors wartete unter Obhut der Sekretärin auf Abruf Robert.

Was nun den ersten Brief betreffe, sagte Frank, so sei dessen Schicksal ihm selber ein Rätsel. Er könne sich sein Verschwinden nur folgendermaßen erklären: Er und seine Frau hätten sich auf einer Dienstreise im Ausland befunden. Bis zu ihrer Rückkehr habe sich alle Post für sie im Hausflur gestapelt, überdies in einem Wust von Zeitungen und Zeitschriften, und so könne es sehr leicht möglich sein, daß manches dabei verlorenging. Die Schule aber, bitte sehr, solle doch daraus keine Staatsaktion machen, zumal sie beide ja von Staats wegen außer Landes gewesen. Im Gegenteil. Vielleicht nehme sie einmal darauf mehr Rücksicht, auf ihrer beider gesellschaftliche Tätigkeit, meinte er, ihr politisches Engagement.

Na schön, entgegnete der Direktor, wir wollen es versuchen. Trotzdem bleibt, daß Robbi mittlerweile Kleinkinder an Bäume fesselt, ihnen solange zusetzt, bis sie sich ihm mit Haut und Haar unterwerfen, und sie erst laufen läßt, wenn sie sich von ihm freikaufen, mit allerhand Tingeltangel, aber auch mit klingender Münze, Beträgen bis zu einer Mark …

»Halten Sie ihn zu kurz, Herr Doktor?« fragte mit nur

schwer unterdrückter Entrüstung die Kindergärtnerin, »geben Sie ihm nicht genug Taschengeld?«

Die Klassenlehrerin pflichtete ihr bei. »Wer bindet schon Vier- und Fünfjährige an die Kastanien auf unseren Höfen wie an Marterpfähle und quält die Kleinen! Das ist mir während meiner gesamten Praxis noch nicht vorgekommen ... Hat er vielleicht Komplexe? Stimmt etwas zu Hause nicht?«

»Ich verbitte mir eine solche Unterstellung!« fuhr Frank sie an.

Ilse schwieg. Sie dachte an den Abend, als sie im Interhotel den Doktortitel gefeiert hatten. Am nächsten Morgen klingelte die Nachbarin sie aus dem Bett und berichtete ihr, daß sie noch spät in der Wohnung Lärm gehört habe, ein gottserbärmliches Geschrei von Clara, das sogar durch die Fernsehsendung gedrungen sei. Erst nach längerem Läuten und immer lauterem Klopfen gegen die Tür habe ihr Robert geöffnet. Da habe sie die Bescherung gesehen, und hier, das sei der Beweis ... Sie zeigte Ilse die Strippenreste einer zerschnittenen Plastwäscheleine. Mit ihr sei das Mädchen an einen Stuhl gefesselt gewesen. Aus seinen Händchen sei schon das Blut gewichen, und sie habe die Schere holen müssen, um das arme Kind zu befreien ... Ilse war froh, daß Frank nicht geweckt worden war, daß er noch tief seinen Rausch ausschlief, und nein, sie hatte ihm auch nichts davon erzählt. Sie fürchtete, Frank würde seine Vorsätze vergessen, und wollte nicht, daß der Junge, nur weil er wieder einmal zuviel Phantasie entwickelt und Indianer gespielt hatte, Prügel erhielt.

»Entschuldigen Sie«, erwiderte, ohne eingeschüchtert zu sein, die Lehrerin, reckte energisch ihr Kinn und durchstach um ein paar Zentimeter höher mit ihrer spitzen Nase die Luft. »Um Ihren Sohn richtig einschätzen zu können, muß ich auch danach fragen. Roberts Intelligenzquotient ist durchaus nicht so schlecht, als daß seine Versetzung gefährdet wäre. Doch – ich warne Sie – sein Verhalten ist es. Das ist der springende Punkt.«

Schließlich bat der Meister den Direktor, den Jungen, da er sich selber von ihm ein Bild machen wolle, hereinzurufen. Robert, der offenbar wußte, was auf ihn zukam, betrat das Zimmer mit gesenktem Kopf, zuckendem Mund, als wollte er in jedem Moment losheulen, und ängstlichen Blicken von einem zum anderen. So, wie er jetzt vor ihnen stand, hinterließ er eher den Eindruck eines Unschuldsengels. Sein breites, vor Erregung von roten Flecken besprenkeltes Gesicht strahlte sogar Gutmütigkeit aus. Und er war auch voller Reue. Nie wieder, schwor er, würde er dergleichen tun, den großen Häuptling spielen oder den Banditenchef, auch keine Friedenspfeife mehr rauchen wie nach den Herbstferien auf dem Klo. Der Vorsitzende des Elternaktivs nickte zufrieden. Und Frank, sich durch ihn bestätigt fühlend, sagte: »Da haben wir's. Abenteuerlust. Doch wollen wir diese der Jugend verbieten? Nein, mein Prinzip ist, wir müssen sie nur in die richtigen Bahnen lenken ...«

Was er mit seinen Worten meinte, erklärte er noch auf dem Heimweg Ilse. »Ich glaube, ich weiß jetzt, wie wir unseren Sohnematz zu packen kriegen. Mit elf Jahren, da ist er bereits im passenden Alter. Für Ostrowskis Roman. Wie der Stahl gehärtet wurde. Den geben wir ihm zu lesen. Da wird er lernen, daß man als junger Kommunist nicht raucht ... Und auch sonst ... Ist nicht unsere gesamte Generation durch dieses Buch entscheidend beeinflußt und erzogen worden?«

Für sie kam der Vorschlag völlig unerwartet. Noch mehr aber überraschte sie der Gedankengang, der dahintersteckte. Wenn Prügel nicht mehr helfen, hatte Frank bereits vor einem halben Jahr gesagt, müssen wir uns etwas anderes einfallen lassen ... Das also war das Ergebnis. Wie der Stahl gehärtet wurde ... Sie mußte sich erst daran gewöhnen. Doch je öfter sie darüber nachdachte, desto mehr fand auch sie Gefallen daran. Sie würde selbst noch einmal den Roman lesen, sich mit Robert hinsetzen und, statt Grammatik zu pauken, Seite für Seite die Handlung mit ihm auswerten.

Ja, Ilse vertraute noch fester als Frank der erzieherischen Kraft von Büchern, der Vorbildwirkung ihrer Helden. Aus keinem anderen Grund als diesem hatte sie Germanistik studiert, jedenfalls über einige Semester, und hatte nur deshalb nicht das Staatsexamen ablegen können, weil sie von Schwangerschaften und Krankheiten daran gehindert worden war. Ihre Liebe zur Literatur jedoch war geblieben. Inzwischen gab es ja schon von ihr selbst ein paar diesbezügliche Versuche, Feuilletons, Reportagen und Porträts für die Frauenzeitschrift. Vielleicht gelänge ihr bald auch ein großer Wurf. Sie überlegte bereits, ob sie nicht über das Leben solcher Persönlichkeiten ihres Geschlechts schreiben sollte, Frauen, die – wie es sonst nur von Männern hieß – Geschichte gemacht hatten. Clara Wieck? O nein, das war etwas anderes, gehörte zu Schumanns Musik, die sie verehrte, und es hatte genügt, ihre Tochter nach ihr zu benennen. Aber Clara Zetkin! Und Rosa Luxemburg! In ihren Träumen sah sie bereits ihre Beiträge als Fortsetzungsreihen gedruckt, auf Glanzpapier, illustriert mit den schönsten Photos. Alle Welt würde auch ihren Namen kennen. Sie hätte nachgeholt, was ihr durch den Abbruch ihres Studiums verwehrt worden war. Sie wäre ein Licht, das nicht nur im verborgenen leuchtete, innerhalb ihrer vier Wände, dem engen Kreis der Familie, sondern auch draußen in aller Öffentlichkeit. Sie wäre nicht länger nur ein Schatten, den der strahlende Ruhm ihres Mannes warf. Sie hätte dann nicht nur Kinder gezeugt, sondern – wie eben Ostrowski mit seinem Pawel Kortschagin – Vorbilder für die Jugend.

Im Umfeld der Redaktion begegnete sie manchmal auch Schriftstellerinnen und kam auf ihre Ambitionen zu sprechen. Die eine und andere ermutigte sie. Es gäbe Zirkel, Arbeitsgemeinschaften, in denen sich jüngere Autoren versammelten. Die sozialistische Literatur brauche und fördere jedes Talent. Der Bitterfelder Weg ... Na, sie wisse schon ...

Wollte sie sich aber Frank anvertrauen, und einige Male hatte sie es zumindest in Andeutungen gewagt, schüttelte er den Kopf, versteckte nur schlecht ein süffisantes Lächeln in seinem Bart, betrachtete sie mit merkwürdig fremden, belustigten Blicken, und einmal, da brach er sogar in ein schallendes Gelächter aus.

»Was?« rief er. »Du eine Dichterin? Nein, nein. Schuster, bleib bei deinem Leisten. Für die Zeitungen, ja, da reicht es. Doch darüber hinaus ... Ach, Ilschen, mein seutes Mädchen, glaub mir. Dein Stil ist viel zu sentimental. Du würdest dich nur – und natürlich auch mich – dem Gespött preisgeben. Also, wenn ich dir raten darf ... Schlag dir diesen Unsinn aus dem Kopf. Deine romantische Ader ... Bind sie ab.«

Auch darüber sprach er mit Lina Bonk. Allerdings, große Neuigkeiten verriet er ihr damit nicht. Sie wußte bereits von Ilse, daß sie sich mit dem Gedanken trug, ein Porträt, vielleicht gar eine Erzählung über Clara Zetkin zu schreiben.

Seit September hatten sie beide wieder zu jenem Verhältnis gefunden, wie es schon früher einmal, während des Studiums und noch lange danach, zwischen ihnen bestanden hatte. Lina gehörte erneut schon fast zur Familie. Selbst die Kinder nannten sie bei ihrem Vornamen, da sie sich die Anrede Tante, unter der sie sich alt und schrullig vorkam, strikt verbeten hatte. Nach einigem Zögern zwar, was vor allem auf Poppes gemeine Art sich zu äußern zurückzuführen war, hatte sie dennoch das Angebot des Chefredakteurs angenommen, war mit dessen Hilfe, was zugleich bedeutete: im gegenseitigen Einverständnis von Bezirksleitung zu Bezirksleitung, aus dem Leipziger Sender geschieden und in das hiesige Fernsehstudio übergewechselt. Da sie jedoch in Halle zunächst keine Wohnung erhielt, war sie den gesamten Winter über auf die Züge zwischen den beiden Städten angewiesen. Nicht selten aber, sobald ihre neue Tätigkeit sie bis spät in die Abendstunden forderte und die Witterung mit ihren Unbilden, Schneetreiben, Nebel und Eis, das Warten auf den Bahnhöfen zur Strapaze werden ließ, quartierte sie sich bei den Lutters ein, schlief auf der Couch im Arbeitszimmer. Nun hockten Ilse und sie, besonders wenn Frank noch im Parteiauftrag unterwegs war, oft bis in die Nacht hinein einträchtig zusammen, und tatsächlich, alles war wieder wie in früheren Tagen. Die Freundinnen vertrauten sich ihre geheimsten Wünsche und Hoffnungen an.

Gewiß hechelten sie dabei auch die Mannsbilder durch.

Hast du im Augenblick keinen Liebhaber? fragte Ilse.

Um Gottes willen, erwiderte Lina. Finde mal in meinem Alter noch einen, der nicht verheiratet ist.

Denkst du noch manchmal an Achim Steinhauer?

Ehrlich. Ich habe Angst, ihm hier zu begegnen.

So vergingen Monate, in denen Lina vergeblich nach einer Wohnung suchte, ein Tauschinserat nach dem anderen aufgab, doch ebenfalls ohne Erfolg, und gezwungen war, sich ab und an der Gastlichkeit des ihr befreundeten Ehepaares zu bedienen. Eines Tages aber erklärte sie, daß sie ihnen nicht länger zur Last fallen wolle und, um vorerst wenigstens ein eigenes Zimmer zu besitzen, zu einer Sekretärin des Studios in Untermiete gezogen sei. Das geschah im Februar, etwa zur selben Zeit, als Frank die Nachricht erhielt, er solle nun doch, mit einjähriger Verspätung, nach Westdeutschland reisen, und zwar Anfang April, und für die Bezirkszeitung über die Ostermärsche der Atomwaffengegner berichten.

Linas Entschluß traf Ilse ziemlich unvorbereitet. Ein wenig tat er ihr sogar weh, sie war verärgert darüber. An den langen Abenden ohne Frank, sagte sie, würde sie ihre Gesellschaft vermissen, und ob sie sie nicht noch umstimmen könnte. Doch schließlich fand sie sich damit ab und fragte mit einem verschmitzten Zwinkern ihrer blaßblauen, stets etwas verträumten und noch wie in ihrer Jugend schönen Augen: »Oder bahnt sich bei dir wieder eine Romanze an?«

»Ach, was du dir bloß immerzu ausmalst. Natürlich nicht.« Aber es schien, als sei Lina verunsichert und erröte bei ihrer Antwort.

Nein, Frank hielt nicht das geringste von Ilses literarischen Zukunftsplänen. Für ihn waren es Flausen.

»Also hat sie auch dich damit genervt«, sagte er zu Lina. »Schon wenn ich ihre Artikel lese, kommt sie mir einerseits vor wie eine Emanze, und andererseits werde ich das Gefühl nicht los, sie sei bei der Courths-Mahler in die Schule gegangen.«

»Du bist ungerecht«, verteidigte sie die Freundin. »In dem halben Jahr, das ich bei euch verbrachte, war sie, obwohl sie nie darüber spricht oder gar klagt, mindestens doppelt so oft beim Arzt als in der Redaktion. Bitte, versteh sie doch mal. Sie braucht eine Selbstbestätigung. Wie wir alle, wie jeder Mensch. Und dann auch wieder das Theater mit eurem Sohn. Die Sorge um ihn macht sie ebenfalls krank. Und du? Was hast du darauf parat?«

»Sei still«, unterbrach er sie grob. »Denn wenn du ständig an mir herummäkelst, ist es, als läge mir meine Frau in den Ohren. Seid ihr Weiber denn alle gleich? Das kann ja ein herrlicher Ausflug nach Essen und Dortmund werden ...«

Ja, er war gereizt. Immer weniger vermochte er zu sagen, wohin seine Ehe trieb, auch ob Ilse wirklich von Krankheiten geplagt wurde oder sich nur in alle erdenklichen Leiden flüchtete, weil sie ihre Träume, ihre Spintisierereien nicht erfüllt sah, und wieder stand das Gespenst vor ihm, sein Spiegelbild, und grinste ihn hämisch an. Wann hatte das alles begonnen? Lag es nicht auch an den Kindern, richtiger: an den Methoden zu ihrer Erziehung, über die er sich und seine Frau nur selten noch einigen konnten? Jedenfalls – war daran nicht zum erstenmal der Bruch zwischen ihnen sichtbar geworden? Sein hoch und heilig beschworener Vorsatz, Robert nicht mehr mit Schlägen zu bestrafen, hatte sich aufgelöst in nichts, war im Jähzorn, mit der plötzlichen Blutleere in seinem Gehirn, zerstiebt. Ilse hatte sich zwischen ihn und den Jungen geworfen, selbst ein paar blaue Flecke davongetragen und noch tagelang kein Wort mit ihm geredet.

Das war, bevor Lina um ein gelegentliches Nachtasyl bei ihnen gebeten hatte. Aber von Ilse, nachdem schon Gras über die Sache gewachsen schien, erfuhr sie es dann wohl doch.

Nach den Sommerferien im vergangenen Jahr fragte Frank seinen Sohn: »Na, Junior, wie steht's? Hast du das Buch schon gelesen, oder bist du noch fleißig dabei? Komm, wir unterhalten uns mal darüber.«

Er ließ sich von ihm Ostrowskis Roman geben, den er einst als Student gekauft hatte und der seither, neben der älteren, schon etwas lädierten SMAD-Ausgabe, gleich in doppelter Ausführung zu seiner Bibliothek gehörte, ein Prachtband in taubenblauem Leinen, auf holzfreiem Papier gedruckt und reichlich mit ganzseitigen Zeichnungen bebildert. WIE DER STAHL GEHÄRTET WURDE.

»Pawel Kortschagin ... Ein großer Mensch, nicht wahr? Ein Held. Ein glühender Kommunist. Nun erzähl mir mal, was du von ihm gelernt hast ...«

Der Junge jedoch druckste. Er senkte die Stirn, so daß ihm sein strohblondes Haar ins Gesicht fiel, und flüsterte irgend etwas vor sich hin.

»Ich versteh dich nicht. Sprich bitte lauter.«

Roberts Lippen zuckten. »Ich ... Ich hab es noch nicht gelesen«, hauchte er, »bloß den Anfang, die ersten vier Seiten ...«

»Waaas? Und das in mehr als drei Monaten? Soviel Faulheit – deine Lehrer haben recht – ist mir mein Lebtag noch nicht unter die Augen gekommen ... Aber die Mama! Wollte sie nicht ebenfalls mit dir darüber sprechen? Was sagt denn sie dazu?«

»Daß es wohl doch noch zu schwer für mich ist ...«

Dachte Frank heute darüber nach, begriff er sich selber nicht. Vielleicht war es die Enttäuschung, da er nun wiederum, obwohl er seinen Einfall als überaus glücklich und höchst pädagogisch empfunden, nichts bei seinem Sohn erreicht hatte. Oder ihn würgte der Zorn, weil er sich in diesem Moment von Ilse, die ihm bis zur Stunde die Renitenz des Burschen verschwieg, hintergangen fühlte. Vielleicht aber lag es auch nur an der Nervosität, die sich schon lange, seit er das Ekel von Spiegelbild vor sich sah, in ihm angestaut hatte. Er hielt noch das Buch in der Hand, und plötzlich schlug er zu, hieb es Robert links und rechts um die Ohren. »Da, da … Zu schwer, ja … Ich werd dir beweisen, *wie* schwer es ist … Das ist für's Rauchen. Das für die Kinder, die von dir an die Bäume gefesselt und gemartert wurden … Und das dafür, daß du wie ein Ganove den Briefkasten geknackt hast …«

Ilse stürzte ins Zimmer und stellte sich mit ausgebreiteten Armen ihrem tobenden Mann entgegen. Der Band geriet aus dem Leim, als er auch sie traf und sie ihn Frank entreißen wollte. Ein paar Blätter flatterten durch den Raum, schwebten zu Boden. Obenauf lag ein Bild, das einen Jungen zeigte, der an den Gitterstäben eines Gefängnisfensters rüttelte.

VIERTES KAPITEL

Neue Aussicht

Die Republik experimentierte weiterhin. Vielleicht war es sogar eine ihrer größten Stärken, daß sie die Stagnation haßte und sich, nach jahrhundertelangen Sehnsüchten und Kämpfen in einem Umwälzungsprozeß von einmaliger Bedeutung geboren, noch immer als eine Gesellschaftsordnung verstand, die Experimente, das Suchen nach neuen Wegen zur Festigung ihrer Existenz, für lebensnotwendig hielt. Den Sozialismus als Staatsmacht hatte es in Deutschland nie zuvor gegeben, also konnte er sich auch nicht auf Erfahrungen aus eigener Geschichte stützen und mußte sich selber vertrauen, erst recht unter den Bedingungen der sich zunehmend tiefer in zwei Teile spaltenden Nation. Der letzte Parteitag der SED vom April 1967 ließ es dabei erneut nicht an Ideen und hochfliegenden Plänen fehlen. Manches davon, gewiß, veräußerlichte sich später zu Schlagwörtern, doch selbst sie waren ein Zeugnis nur dafür, daß Unzufriedenheit herrschte mit dem Bestehenden, Gegenwärtigen und alle Kraft darauf gelenkt werden sollte, schneller das Land nach dem Bild seiner Zukunft zu formen.

Matthias Münz war zum Kandidaten des Politbüros gewählt worden. Jede Woche fuhr er nach Berlin zu den Beratungen unter Vorsitz von Walter Ulbricht, und was dabei auf ihn zukam, als Bezirkssekretär, hatte er nicht nur vor dem höchsten Führungsgremium der Partei, sondern auch vor sich selber zu verantworten. Großforschung war geplant, mit den ihr entsprechenden Zentren in der Chemieindustrie – Leuna, Buna und Bitterfeld – und einer neu zu errichtenden Technischen Hochschule in Merseburg. Erdöl, hieß es, statt Braunkohle als künftige Basis sowohl der Energieversorgung als auch der Produktion von Plaststoffen. Das bedeutete zugleich, die Karbidchemie abzulösen und die Gruben des Geiseltals nach und nach stillzulegen. Eine riesige Wohnstadt sollte erbaut werden, für Zehntausende von Arbeiterfamilien, die Neustadt im Westen von Halle. Hundert andere ökonomische Forderungen stellten sich ein ...

Was ihn in dieser angespannten Situation jedoch am meisten schmerzte, war, daß er sich ausgerechnet von seinem Wirtschaftssekretär trennen sollte, einem Mann, einem Gefährten an seiner Seite, auf dessen Erfahrungen und Wissen er sich jederzeit hatte verlassen können und der nur schwer zu ersetzen sein würde. Temperamentvoll, nahezu wütend rang er um dessen Verbleiben, doch die Ärzte zeigten sich nicht weniger verbissen und stemmten sich gegen ihn. Der Genosse sei in ihre Hand gegeben, ihrer Kunst anvertraut worden, und sie fürchteten um sein Leben, bezweifelten, daß er dem Streß, den Belastungen seiner Funktion länger gewachsen sei. Matthias mußte wohl oder übel ein Einsehen haben und sich ihren Argumenten beugen, die im Gegensatz zu den seinen von keiner Sentimentalität geprägt und unbestechlich waren, denn es handelte sich um Elektrokardiogramme und Blutspiegelwerte.

Der Sekretär ging zurück in die Chemie, woher er vor Jahren gekommen war, wurde zum Professor berufen und übernahm an der Technischen Hochschule die Organisation der Forschung. Wer aber sollte sein Nachfolger werden?

Auf Anweisung des Politbüros war die Bezirksleitung bereits im Frühjahr, zu den Neuwahlen, mit Kadern verstärkt worden, die sämtlich der ersten FDJ-Generation entstammten, im Jugendverband höhere Funktionen bekleidet hatten und noch über genügend Avantgardismus verfügten. Im roten Herzen der Republik, Matti, hatte Ulbricht in der Debatte darüber gesagt, soll es nicht daran scheitern, daß du uns eines Tages vorwerfen kannst, wir hätten dich im Stich gelassen. Wie viele Genossen brauchst du? Du sollst sie kriegen ... Wachablösung nannte man das. Sie aber war schon vor dem Parteitag erfolgt. Und das hieß, wie er sich denken konnte, von Berlin wäre eine erneute Hilfe, *Kaderspritze*, nicht zu erwarten.

Er mußte die eigenen Reihen sichten. Es gab befähigte Leute in den Kreisen, in den Großbetrieben, mit denen der Bezirk reichlich gesegnet war, den Kombinaten, so daß auch Klute Bartuschek vom Metalleichtbau in Eisenstadt sich in seinen Überlegungen wieder zu Wort meldete, doch als das Nächstliegende bot sich an, den Abteilungsleiter für Wirtschaft zum Sekretär aufrükken zu lassen, und der war Frank Lutter.

Matthias grübelte, wollte nichts überstürzen, bevor er seinen Vorschlag dem Sekretariat unterbreitete. Er beriet sich mit seinem Stellvertreter, versteht sich, Günter Webes, der ebenfalls aus Honeckers Truppe gekommen war, und sprach auch mit Lissy darüber, an einem ihrer selten gewordenen gemeinsamen Abende in der Wohnung, die sie, zurück in der Stadt, diesmal gegenüber den Kröllwitzer Höhen am Saaleufer unterhalb der Burg Giebichenstein bezogen hatten.

»Du kennst ihn. Was glaubst du … Wird er der Richtige sein?«

»Nee, mein Lieber, die Verantwortung übernehme ich nicht. Ich habe ihn hundert Jahre schon nicht mehr gesehen.« Lissy übertrieb natürlich. Aber tatsächlich, er rechnete nach, vierzehn Jahre waren es her. »Lade ihn doch einfach ein«, sagte sie. »Wie damals, als er und sein Freund, Achim Steinhauer, noch Studenten waren. Ein paar prima Jungs übrigens und unzertrennlich, wie es schien.«

»Wenn du meinst …« Er erinnerte sich genau. Kamtschatkakrebs. Die beiden waren auf die Junge Gemeinde in Leipzig mit KK-Gewehren losgegangen. Dann die Nachricht von Stalins Tod.

Frank also zu einem Kadergespräch bitten, hierher zu ihm ins Haus … Könnte das aber nicht schon wie eine Begünstigung seinerseits wirken? Fragend setzte er hinzu: »Mit oder ohne Frau?«

Auch diese Entscheidung überließ Lissy ihm.

Im selben Herbst sollte das Dorf Roßbach geschleift werden. Jedenfalls sahen es so die Pläne vor, die nach der alten ökonomischen Strategie entworfen waren, und bisher hatte es niemand für nötig gefunden, sie zu ändern.

Die Braunkohlegruben entlang der Geisel, einem Flüßchen, das vor Mücheln entspringt und hinter Merseburg in die Saale mündet, tasteten sich immer weiter in den Norden und Süden hinein, hatten längst die gestreckten Höhen beiderseits über dem Tal durchschnitten und beschworen, was allerdings üblich war, seit die mächtigen Flöze hier freigeschaufelt und abgetragen wurden, den Abriß einer Gemeinde nach der anderen herauf. So mancher Ort, vor urlanger Zeit schon in Chroniken erwähnt, war inzwischen verschwunden, von den

Landkarten getilgt, dem Erdboden gleichgemacht. Nun sollte es Roßbach treffen, das Dorf mit der ruhmreichen preußischen Vergangenheit, weil unter ihm, wie in der ganzen Gegend ringsum – prosaisch und völlig unheldisch –, Kohle lagerte. Schon gähnten in seinen Fluren die Schluchten der Tagebaue. Riesige Bagger, Absetzer und Förderbrücken, höher als die hiesigen Kirchtürme, scharrten und schabten vor den Türen des eingemeindeten Lunstädt, und das Geschepper der Eimerketten, Schaufelräder und Bänder, das Rattern der Grubenzüge drang Tag und Nacht übers Land. Die Einwohner Roßbachs waren bereits darauf vorbereitet, daß sie demnächst ihre Häuser, wobei sie der Staat selbstverständlich für alle Unbill entschädigen würde, verlassen und sich eine neue Heimat suchen müßten. Vielleicht, versprach man ihnen, könnten sie gar, wie beim ähnlichen Schicksal von Braunsdorf und Bedra geschehen, in eine Ortschaft umsiedeln, die neu erbaut und wenigstens auf einen Namen mit dem Anklang zu Roßbach getauft würde. Selbst die Toten würden dann aus ihren Gräbern geborgen, sorgfältig umgebettet und, auch dafür scheue die Regierung keine Mittel, einen neuen Friedhof beziehen, schöner als jemals der alte.

Roßbach jedoch besaß gegenüber den anderen Dörfern in der Umgebung einen Ruf, der von deutscher Geschichte kündete und weit über die Grenzen Deutschlands hinausreichte. Im Siebenjährigen Krieg hatte Friedrich II. von Preußen hier die Franzosen und die Reichsarmee besiegt, nach einer taktischen Meisterleistung vor allem seiner Generale, mit nur zweiundzwanzigtausend Mann und zweiundsiebzig Geschützen gegen eine Übermacht kämpfend von fast fünfundvierzigtausend Soldaten und einhundertundneun Stücken schwerer Artillerie. Ruhmreich, hieß es seitdem, sei die

Vergangenheit Roßbachs. Ja, Preußens Gloria war hier erstrahlt wie selten zuvor. Die deutschen Lande gerieten damals, 1757, in einen patriotischen Taumel ohnegleichen. Diese gewonnene Schlacht ließ zum erstenmal daran denken, Friedrich II. den Großen zu nennen.

Doch jetzt kam fast auf den Tag genau mit zweihundertundzehnjähriger Verspätung auf Roßbach zu, was dem Heerhaufen der Franzosen und Österreicher damals nicht gelungen war: Es sollte geschleift werden – von der Braunkohle.

Frank interessierte die Geschichte des Ortes nicht, und wenn doch, dann allein in dem Sinne, daß er selbst den Namen Roßbach ein für allemal aus dem Bewußtsein der Deutschen hätte streichen wollen. Nicht nur Preußens, sondern Nazis Gloria war es geworden. Abschaffen dieses Nest, überbaggern, damit es nicht noch einmal als Symbol stehen kann für deutsche Unschlagbarkeit, wohl gar Überlegenheit der nordischen, arischen Rasse über alle anderen in der Welt ... Prätentiöse Schuldoktrinen aus seiner Jugend, gewiß. Doch er erinnerte sich bitter daran.

Als erster überbrachte ihm sein Sektorenleiter Ossi, jener vom mittleren Jahrgang, der als besonnen galt und eher zur Vorsicht neigte, wenn er etwas von sich gab, die Neuigkeit. Roßbach wird abgerissen. Selbst der Pfarrer ordne bereits sein Kirchenregister.

Frank, hinter seinem Schreibtisch sitzend und in eine Vorlage für das Sekretariat vertieft, so daß er sich nur unwillig hatte stören lassen, sprang bei diesen Worten sofort auf. »Wie? Ich hör wohl nicht recht. Nie und nimmer! Erdöl ist gefragt. Die Braunkohle hat ausgedient, geht ihrem Ende entgegen. Weshalb also noch Roßbach abräumen?«

»Und trotzdem, es ist so. Ich komme gerade von dort.«

Es war ihm anzusehen. Ossi steckte in einer Wattejacke und in schmutzverkrusteten, über die Hosenbeine gestülpten und an den Sohlen von Eis und Schnee beklumpten Gummistiefeln, mit denen er sich nicht weiter ins Zimmer als bis kurz hinter die Türschwelle getraute. Um seine Information zu überbringen, hatte er sich nicht einmal Zeit genommen, die Kleidung zu wechseln.

Sechs Jahre übte Frank jetzt seine Funktion aus, und immer öfter trat er auch schon an den Platz des Wirtschaftssekretärs, da dieser auf Grund seiner Krankheit mehr in Kliniken und Kurorten weilte als im Haus der Bezirksleitung. Seit dem Parteitag hatte er sich so ziemlich um alles in der Abteilung zu kümmern, und täglich wurde er vor Entscheidungen gestellt, die entschlossenes Handeln erforderten. In der Chemie, den Maschinenfabriken, im Bauwesen und in der Braunkohle – die Probleme nahmen eher zu als ab, und dennoch glaubte er von sich sagen zu können, er stehe über den Dingen, verliere den Überblick nicht. Wer sonst, wenn nicht er ... Dieser Ossi vielleicht, den nie ein besonderer Wagemut ausgezeichnet hatte? Nein, er wollte, er durfte sich nicht so einfach mit der Tatsache abfinden, daß Roßbach noch einer längst überholten Strategie zum Opfer fallen sollte.

»Pack aus.« Er starrte mit wachsendem Unbehagen auf die Pfütze, die sich auf dem Parkett um Ossis Stiefel bildete, zwar vom tauenden Schnee herrührte, in seinen Augen jedoch wirkte, als laufe der ganze Mann auseinander.

Der Sektorenleiter schien seine Blicke zu bemerken. »Soll ich mich nicht erst umziehen?« fragte er.

»Nein, verdammt. Es eilt.«

»Der Beschluß ist von allen gefaßt worden. Einstimmig. Von der Betriebsdirektion, der Parteileitung, den staatlichen Organen ... Der Bürgermeister will noch heute den Alarm zum Verlassen des Ortes auslösen. Der Pfarrer, wie gesagt, der sich bisher am meisten dagegen sträubte, hat sich gefügt, unter der Bedingung, daß ihm und seinen Schäfchen eine neue Kirche zugewiesen wird ...«

»Und du? Was hast du dagegen unternommen?«

»Ich?« Ossi erschrak bei der Schärfe des Tons. Er senkte die Lider, sah auf seine Füße. Dort breitete sich die Pfütze immer mehr aus und drohte bereits den Teppich zu nässen. »Soll ich nicht doch lieber die Stiefel ...«

»Mensch! Wir haben dich hingeschickt, damit du einen solchen Beschluß verhinderst.«

»Aber die alten Pläne hat noch niemand korrigiert. Sie sind nach wie vor Gesetz. Wir besitzen gegen sie keine Handhabe ...«

»So ...«, fauchte Frank. »Dann werden wir sie uns schaffen. Ich fahre selber hin ... Und du, mein Gott, läßt dich breitschlagen. Aber das korrigierst *du*. Klemm dich sofort an die Telefone und trommle die Herrschaften noch einmal zusammen.« Er blätterte in seinem Terminkalender. »Morgen ist Sekretariatssitzung ...«, sann er. »Also übermorgen. In der Frühe. Und nun zisch ab!«

Es glich einem Hinausschmiß. Ehe er noch ganz zerläuft, dachte er, und aus lauter Trägheit verdampft.

Zwei Tage später saß Frank in seinem Dienstwagen und ließ sich von ihm, indem er wie stets den geräumigen Fond des Wolgas zum Arbeitsplatz machte, Beschlüsse und Akten wälzte, über die Landstraßen ins Geiseltal tragen. Ja, die Genossen dort sollten ihn kennenlernen! Vom Sekretariat hatte er sich gestern noch alle Vollmachten eingeholt.

Es war ein vom Nebel verhangener, nach einem plötzlich hereingebrochenen Temperaturanstieg feuchter und trüber Novembermorgen, der zusätzlich dadurch verfinstert wurde, daß der Rauch und die Dämpfe, ausgespien von den Werken an der Strecke, Buna und Leuna vor allem, bei dieser Witterung nicht hoch genug in die Luft geblasen werden konnten, flach über die Schlünde von Schornsteinen und Kühltürmen quollen und sich mit süßlichem hier und fauligem Gestank dort auf die Erde drückten. Der Fahrer fluchte, da er sich fortwährend in der Sicht behindert fühlte, Frank aber kümmerte es kaum. Für Landschaften, selbst wenn sie sich wie an klaren Sonnentagen offen und weit vor ihm ausstreckten, hatte er ohnehin keinen Sinn, und außerdem, ihm war die Gegend so sehr vertraut, daß er sie zu jeder Jahreszeit mit geschlossenen Augen hätte beschreiben können. Wie seine eigene Westentasche kannte er sie, nein, besser, denn er hatte noch nie in seinem Leben ein solch urgroßväterliches Relikt getragen und würde es auch in Zukunft nicht tun, weil ihn Westen, im Rücken mit Seidenfutter und über dem Bauch womöglich noch behängt mit protziger Uhrkette, an Spießer und kaiserliche Untertanen erinnerten, an Figuren aus Romanen von Heinrich Mann. Ihn störte bereits, daß es für Funktionäre wieder gebräuchlich geworden war, sozusagen zum guten Ton gehörte, in weißen und beschlipsten Hemden herumzulaufen. Er lockerte den Knoten seiner Krawatte, öffnete den Knopf am Kragen, der, wie er wußte, schon gegen Mittag nicht mehr blütenrein sein würde und wäschereif.

Bevor er das Direktionsgebäude des Braunkohlenwerkes beträte, so hatte er sich gestern noch vorgenommen, inspiriert durch den Namen Roßbach, den Ort, den er nun retten sollte, wollte er es wenigstens einmal dem Alten Fritz gleichtun, sich auf den berühmten Janushügel stellen und wie der Preußenkönig mit Feldherrenblick das Schlachtengelände überschauen, nachvollziehen die Bataille, in der sich im entscheidenden Moment die Husaren des Reitergenerals Seydlitz auf die rechte Flanke der Franzosen gestürzt hatten. Bei diesem Nebel jedoch würde er keine hundert Meter weiter die nächsten Chausseebäume erkennen, und übrigens: Waren denn nicht auch schon das Denkmal dort und das Wirtshaus, einst von Kriegervereinen und hurrapatriotischen Leuten wie Diederich Heßling erbaut, ein Raub der Gruben geworden? Ein Abstecher in die Geschichte also blieb ihm verwehrt. Um so merkwürdiger fand er, daß ihm auch einige Male, obwohl doch das eine mit dem anderen nicht im geringsten korrespondierte, der Gedanke kam, sich nach einer gewissen Gabi Grimm zu erkundigen, der Titelgestalt von Achims Erzählung, die soeben erschienen war. Er hatte das Buch sofort verschlungen, kein Wunder bei dem Geschrei, mit dem es umgeben wurde. Die Handlung war hier in der Braunkohle angesiedelt, und vielleicht existierte tatsächlich dieses störrische Weib, war es nicht nur ein Hirngespinst seines – ja, was eigentlich war er jetzt noch für ihn? –, seines verschollenen Blutsbruders.

Ach, dachte er, Sentimentalitäten ... Konzentriere dich ... In diesem Augenblick hielt der Wagen unmittelbar vor einer breit beginnenden, nach oben hin sich verjüngenden und auf ihrer letzten Stufe von Marmorsäulen mit eingemeißelten Wappen bestandenen Treppe. Sie führte zum Portal des noch aus der Zeit der Riebeck-Montanwerke-AG stammenden, aus gelben, doch vom Ruß der Jahrzehnte längst schmutzigbraun gefärbten Backsteinen errichteten Direktionsgebäudes.

Frank war angemeldet. Er hatte die Stunde seiner Ankunft selber bestimmt.

Vier Männer erwarteten ihn, der Direktor sämtlicher Gruben und Brikettfabriken des Geiseltals, der Parteisekretär des riesigen Werkes, beide mit giftigem Blinzeln zwischen den Lidspalten und knurriger Begrüßung, der Bürgermeister von Roßbach, er etwas unbeholfen, unsicher wirkend, doch nicht ohne ein paar Fünkchen Hoffnung in den Augen, und, in allem ziemlich gleichgültig, wie es schien, der Vorsitzende der Kreisplankommission.

»Und die Gewerkschaft?« kritisierte Frank sofort. »Habt ihr die etwa in die Ecke gestellt? Wir werden sie bitter nötig haben in nächster Zeit.«

Für ihn war es keine Frage, was er ihnen gegenüber durchzusetzen und zu verantworten hatte. Es gab nichts anderes als ein Zurück, was die Anordnungen betraf, neue Tagebaue zu erschließen, und ein Zusammenführen aller Kräfte mit dem Blick nach vorn, um so schnell wie möglich jene Industriezweige, die bisher von der Braunkohle abhängig waren, auf Erdöl umzustellen, herbeigepumpt aus den Feldern der Sowjetunion. Das freilich hieß, daß Tausende von Bergarbeitern einen neuen Beruf ergreifen und in anderen Betrieben untergebracht werden müßten. Aber daran würde es in diesem Bezirk keine Zweifel geben. Und außerdem: Auf diesem Gebiet verfügte Frank über die besten Erfahrungen, besaß er Übung. Er dachte an die Umprofilierung des Werkes in Eisenstadt. Da hatte er sich seine ersten Sporen verdient, und es sollte ihm hier die reinste Freude sein, seinen Erfolg von damals zu wiederholen.

»Roßbach«, stöhnte der Bürgermeister und schaute ein wenig traurig in die Runde, »was soll denn aus ihm nun werden?«

»Wenn es nach mir ginge«, entgegnete Frank und konnte sich ein Lächeln nicht verkneifen, »ich hab nichts übrig für großdeutsche Traditionen und preußische Götzenbilder. Ich hab schon vor zwanzig Jahren, als junger Spunt in der FDJ, das Bismarckdenkmal in Magdeburg schleifen lassen, so daß ich deswegen sogar Ärger mit der sowjetischen Militärkommandantur bekam. Abreißen Roßbach, wenn ich könnte, wie ich wollte. Aber es geht nicht nach mir. Sondern nach den ökonomischen Bedürfnissen der Republik.«

»Ja«, knirschte der Direktor, »und weil wir genauso denken, deshalb halten wir die Beschlüsse vom grünen Tisch da oben für weltfremd und selbstmörderisch und ...«

Der Parteisekretär, ebenfalls wütend, unterbrach ihn im Übereifer, doch nur, um ihn zu unterstützen. »Nie! Nie, sage ich, wird die Republik auf die Braunkohle verzichten können.«

»Menschenskind«, brauste auch Frank jetzt auf. Hatte er nicht das Gleiche schon einmal erlebt? Mit Höllsfahrt, natürlich, mit Diepold ... Auch mit Steinhauer. Bissig fuhr er fort: »Wenn ihr euch weiterhin so stur stellt ... Und glaubt mir, ich weiß, wovon ich rede ... Dann wird es hier Parteistrafen hageln, daß euch Hören und Sehen vergeht. Roßbach bleibt. Die Tagebaue werden leergeputzt. Und damit Schluß. Mit der Kohle im Geiseltal und mit der Gefühlsduselei für heute. Ab jetzt beginnen wir mit dem Rechnen, und zwar zuerst mit dem Einmaleins der Parteidisziplin.«

Der Bürgermeister atmete auf. Der Vorsitzende der Plankommission hatte bisher ohnehin kaum ein Wort gesprochen und nur eine Menge Papier beschrieben.

Die Einladung hatte beiden gegolten, und entsprechend war Lissy Münz darauf eingestellt und hatte den Abendbrottisch mit Geschirr für vier Personen gedeckt. Nun jedoch kam Frank Lutter allein. Seine Frau, sagte er, lasse sich entschuldigen, es tue ihr »schrecklich« leid, sie sei »furchtbar« enttäuscht, daß sie zu Haus bleiben müsse. Aber es gehe ihr nicht besonders, sie müsse mal wieder das Bett hüten.

»Wäre es da nicht besser gewesen«, fragte Lissy anteilnehmend, »wenn Sie uns angerufen und wir Ihren Besuch verschoben hätten? Vielleicht braucht Ihre Frau Ihre Hilfe?«

»Hattet ihr nicht schon vor Jahren eure Hudelei mit dem Du?« mischte Münz sich ein. »Warum siezt ihr euch eigentlich, wenn ihr beide in derselben Partei seid und zu meinen engsten Mitarbeitern zählt?«

»Ja, natürlich ... Ich – deine Mitarbeiterin! Haben Sie es ...« Doch sie korrigierte sich sofort. »Hast du es gehört, Genosse Lutter? So behandelt er mich. Ich muß für ihn springen, während er hohe Politik macht und lange Reden über die Gleichberechtigung der Frau hält.«

»Na, na ... Hier zu Haus bist eher wohl du der Chef, und ich tanze nach deiner Flöte. Was bleibt mir da anderes übrig, als mir die Bestätigung meiner Manneswürde außerhalb unserer vier Wände zu holen? Dort jedenfalls bin ich der Erste Sekretär, in meiner Familie nur der Zweite.«

Münz grinste, und gewiß hätte die Plänkelei zwischen beiden noch eine Weile gedauert, wäre nicht Lissy wieder ihrem Mitgefühl verfallen. »Es besteht überhaupt kein Anlaß zum Scherzen. Seine Frau ist krank, und du – mit einem Gemüt wie ein Fleischerhund – bist zu Witzen aufgelegt.«

Jetzt klang es wirklich ein wenig scharf, und Münz duckte sich schuldbewußt.

»Aber so schlimm ist es ja nicht«, versuchte Frank zu beschwichtigen und das Gespräch über Ilses Unpäßlichkeit zu beenden. »Die Kinder sind bei ihr. Der Große wird vierzehn und ist schon recht vernünftig.«

»Befindet sie sich wenigstens in ärztlicher Betreuung?«

Die Penetranz, wie er empfand, mit der Lissy nicht nachgab und immer wieder zum Thema zurückkehrte, brachte ihn zunehmend in Bedrängnis. Konnte sie denn nicht endlich den Mund halten? Oder hatten sie beide etwa Verdacht geschöpft? Schickte Münz seine Frau nur vor? Die Gerüchteküche briet und röstete auch in der Bezirksleitung sehr schnell und haute so manchen Genossen in die Pfanne.

»Schon seit unserer Studentenzeit«, sagte er. »Seit wir verheiratet sind. Doch, doch ... Sie ist in besten Händen.«

»Was fehlt ihr denn, wenn man fragen darf?«

»Hm ... Na ja. Als junges Mädchen hatte sie Tuberkulose. Doch die ist ausgeheilt. Unterleibsoperation nach der Geburt unserer Tochter. Immer häufiger plagen sie Nierenbeckenentzündungen. Auch an der Galle wurde sie operiert. Und der Kreislauf macht ihr zu schaffen, das Herz ...«

Das war nicht gelogen, nicht die Aufzählung von Ilses Leiden. Gelogen war nur, daß er damit ihr Fernbleiben entschuldigte, angab, seine Frau fühle sich gesundheitlich nicht in der Lage zu kommen. Die Wahrheit sah anders aus, und wer Ilse kannte, ihren Ehrgeiz und ihre Sucht nach gesellschaftlichem Umgang mit Prominenten, wußte, eine Einladung von Münz hätte sie niemals ausgeschlagen, selbst unter heftigen Schmerzen nicht, selbst wenn sie, mit den Worten von Frank gesprochen, auf allen vieren hierher hätte kriechen müssen. Nein, er hatte ihr davon erst gar nichts mitgeteilt, hatte es von vornherein vorgezogen, ohne ihre Begleitung zu erscheinen. Münz, sagte er ihr, habe ihn zum üblichen Routinerapport gebeten, um sich von ihm über anfallende Probleme in der Wirtschaftspolitik informieren zu lassen. Diesmal freilich wollten sie sich im Gästehaus treffen, und so könne es spät werden, deshalb brauche sie auf seine Heimkehr nicht zu warten. Du weißt ja, wenn Matti erst einmal in Fahrt gerät, will er nach dem mehr oder weniger offiziellen Teil unserer Unterredung unbedingt noch einen Skat spielen, mit seinem Persönlichen als drittem Mann, der sich dann wieder die größte Mühe geben muß, nicht zu gewinnen … Das allerdings traf ebenfalls nicht zu, nicht auf Münz, eher auf Günter Webes, den Zweiten Sekretär, der aus Thüringen gekommen war. Ilse jedoch konnte auch das nicht beurteilen, denn sie kannte beide bisher nur aus der Ferne.

Andererseits wieder stimmte in Franks Verwirrspiel, an dem Gemisch aus Überprüfbarem und Erdichtetem, an seinem Balanceakt hart an der Grenze zwischen Wahrheit und Lüge, daß Münz sich informieren wollte, weniger zwar über die ökonomische Politik im Bezirk als vielmehr über ihn, seinen Abteilungsleiter, der dafür in nicht unerheblichem Maße die Verantwortung trug, und das war für ihn durchaus ein anfallendes Problem, ja, sogar schon ein überfälliges. Matthias stand unter Druck, für den Wirtschaftssekretär einen Nachfolger finden zu müssen, einen Genossen, der genügend Gewähr für die Kontinuität in der Führung der ökonomischen Prozesse bot. Wenn es Frank Lutter sein sollte, fragte er sich vom Beginn des Abends an, hätte er dann auch mit ihm die richtige Wahl getroffen? Ihm wäre lieber gewesen, er hätte ihn in Gegenwart seiner Frau, die ihm nur blaß in Erinnerung war, sprechen können. Mit der Hilfe des Ehepartners, lehrte ihn seine Erfahrung, entdeckt man an einem, über den man sich ein Bild machen will, ob

Mann oder Frau, oft Züge und Dinge, die man sonst übersieht, die, ohne dergleichen Bezugsperson, an ihm allein betrachtet, dem Auge verborgen bleiben. Zeig mir, mit wem du verheiratet bist und wie, und ich sage dir, wer du bist ... Vor allem deshalb hatte er sich entschlossen, nachdem ihm Lissy die Entscheidung überlassen, beide in seine Wohnung einzuladen.

»Zwar liegt es nun schon anderthalb Jahre zurück«, bemerkte er, »und ich habe es auch nicht für nötig gehalten, dich deswegen zu rüffeln ... Aber heute will ich es trotzdem loswerden. Ein solches Komplott wie mit Poppe schmiedest du nicht noch einmal ...«

Frank, indem er sich lässig der Bequemlichkeit des Sessels anvertraut hatte, weit zurückgelehnt und mit übereinandergeschlagenen Beinen dasaß, richtete sich sofort auf, wurde steif. Sie hatten bereits zu Abend gegessen, wobei Lissy zuvor nochmals mit dem Ausdruck größten Bedauerns die Teller und Schälchen und das Besteck für Ilse abgeräumt hatte. Allerdings, erklärte sie danach dann schmunzelnd, habe sie diesmal keinen Kamtschatkakrebs auftreiben und in Mayonnaise anrichten können. Aha, erwiderte im selben Tonfall Münz, dieses rosige Zeug in der Schüssel, womit die Sowjets wohl inzwischen wie beim Kaviar ihre Devisen aufstocken werden. Im Rückblick auf Franks und Achims Besuch gedachten sie des ihnen damals so befremdlichen Leckerbissens und der gesamten sozialistischen Krebsfangflotte im Fernen Osten mit einem schallenden Gelächter. Längst waren sie auch von Franks häuslichen Sorgen abgekommen. Matthias schenkte grusinischen Kognak nach, und Frank schüttete ihn in sich hinein, sprach ihm ohnehin kräftiger zu, seit er fürchten mußte, sich immer tiefer in seine Flunkereien zu verstricken, trank mehr, als er hätte wagen können, wenn Ilse an seiner Seite gesessen und er sich ihrer Kontrolle hätte unterziehen müssen.

»Was denn für ein Komplott?« fragte er und ärgerte sich, weil seine Stimme ihm dabei seltsam fremd klang, zittrig, wie in ein Stammeln gefallen. Oder täuschte er sich, schien es ihm lediglich so? Hatte er nicht eher etwas zu schnell und mechanisch reagiert? Stotterten nicht auch seine Gedanken, indem er krampfhaft überlegte, was Münz gemeint haben könnte?

»Nun«, entgegnete der, »du brauchst nicht gleich zu erschrecken. Das Wort ist gewiß auch zu hart: Komplott! Hört sich an, als hättet ihr beide eine Fraktion gebildet. Außerdem, ich bin Journalist genug, um die Verlockung nachzuempfinden, die du gespürt haben mußt, als Poppe dir anbot, ins Ruhrgebiet zu reisen und über die Ostermärsche zu schreiben.«

Münz funkelte ihn mit vergnügten, verträglichen Augen durch seine Brille an. Und Frank atmete auf, ließ sich wieder zurück in das Polster sinken. Er hatte seine momentane Unsicherheit überwunden und zwirbelte an seinem Bart.

»Aber du mußt doch zugeben, Matti, meine Reportage war nicht von schlechten Eltern. Oder?«

»Ich bestreite es nicht. Aber so, wie ich dich nicht kritisieren wollte, so auch nicht loben. Wäre es allerdings anders gewesen ... Hätte ich bei der Lektüre den Eindruck gewonnen, daß du von Tuten und Blasen keine Ahnung hast und dich trotzdem literarisch produzierst, dann hätte es mich weit mehr gewurmt. Von solcher Konsorte haben wir leider im Übermaß. Du aber, immerhin, bist durch meine Schule gegangen. Darüber, über die Cleverness von euch beiden habe ich mich gefreut. Denn auch die Interviews, die damals die Genossin Bonk vor den Kameras für unser Studio arrangierte, konnten sich sehen und hören lassen. Doch für ihre Ausbildung zeichnet wohl eher mein ständiger Quälgeist, Professor Niederhall, der alte Kämpe, verantwortlich. Übrigens, habt ihr beide nicht zusammen studiert? Ihr müßt ein begabter Jahrgang gewesen sein.«

Wieder durchsteifte es Frank, und er glaubte nicht anders, als wachsam sein zu müssen, auf der Hut vor jedem Wort von Münz. Zwar plauderte er nur dahin, doch was hatte plötzlich Lina Bonk hier zu suchen?

»Ja«, sagte er, »bis Hannover saßen wir im selben Zug. Dort trennten sich dann unsere Wege. Ich fuhr nach Dortmund, Lina in den Süden. Ein ehemaliger Kommilitone, Sekretär unserer Seminargruppe damals, Hannes Kolke, KPD, nach deren Verbot jedoch untergetaucht im Hessischen Rundfunk, vermittelte ihr die Gespräche. Jungsozialisten, Christen, sogar ein Bundestagsabgeordneter der SPD. Ein Glücksfall für Lina, daß Kolke noch zu einem Freundschaftsdienst für sie bereit war.«

»Nun gut. Der Erfolg gab euch recht, auch dir, mit einer Einschränkung allerdings. Poppe und du – ihr habt damals meinen Urlaub mißbraucht, na schön, freundlicher: ausgenutzt und euch die Erlaubnis zu deiner Extratour in den Westen vom Agitpropsekretär eingeholt. Ihr habt euch sogar forschfrei auf meinen Namen berufen. Stimmt's?«

»Stimmt.«

»Aha ... Danke für deine Ehrlichkeit. Was ich dir aber dringend ans Herz legen muß, das ist: Schlag dir künftig ähnliche Eskapaden aus dem Kopf. Du bist nicht wegen deiner heimlichen Liebe zum Journalismus in die Bezirksleitung versetzt worden. Wenn es dich tröstet, mich hat man genauso vergattert. Also ... Auch du mußt dich mit deiner Rolle abfinden. Du bist für nichts anderes zuständig als für die Ökonomie, und zwar für diejenige in unserem Bezirk. Deine Aufgabe ist nicht leicht. Sie erfordert die ganze Kraft, die ganze, verstehst du, eines Menschen. Demzufolge: Richte dich danach, verzettele dich nicht. Und Poppe soll sich für alle Zeit seine Artikel selber schreiben. Schließlich wird er dafür als Chefredakteur gut bezahlt.«

»Du kannst dich auf mich verlassen, Matti.«

»Ich habe keine andere Antwort von dir erwartet.«

Das Gespräch, wie schon in Andeutungen vorher, wandte sich nun immer mehr seinem eigentlichen Zweck zu, der politischen Führung der Wirtschaftsprozesse im Bezirk. Petrolchemie, Großforschung, die mähliche Umgestaltung des Geiseltals von einem jahrhundertalten Fördergebiet für Braunkohle in ein modernes Maschinenbauzentrum bis zur Jahrtausendwende. Ja, darin waren sie sich einig (und die ökonomischen Kennziffern ließen ihnen auch gar keine andere Wahl): Die Deckgebirge der Gruben wuchsen an Dicke und Breite, während die Flöze bei jedem neuen Aufschluß an Mächtigkeit verloren, flacher und schmaler wurden. Das Verhältnis änderte sich ständig zugunsten des Abraums, was den Abbau der Kohle immer unrentabler werden ließ, ihren Preis fortgesetzt in die Höhe trieb. Die Kohle hatte ihre Schuldigkeit getan, die Kohle konnte gehen ...

Lissy zog sich zurück, fragte, ob noch jemand Hunger oder Appetit verspüre, wenn nicht, würde sie die Salate in den Kühlschrank räumen. »Da kann einem ja höllenangst werden«, sagte sie, »bei eurer Neueinteilung der Welt. Und womit heizen wir im nächsten Winter?«

»Mit Erdöl natürlich«, verbreitete leichthin Frank seinen Optimismus. »Die ganze Gegend wird damit versorgt. Wir brauchen nur die entsprechenden Anlagen zu bauen. Und später dann mit – Atomenergie. Dasselbe hab ich auch den Genossen im Braunkohlenwerk begreiflich zu machen versucht, als es um Roßbach ging, Preußens Gloria, ob wir es abreißen oder stehenlassen.«

Ein wenig fürwitzig, wenn nicht gar naseweis klang es diesmal aber doch. Frank, schien es, hatte sich nicht mehr in der Gewalt. Er langte noch einmal zum Teller, packte ihn randvoll mit gefüllten Tomaten und Schinkenröllchen und legte nur eine Scheibe Schwarzbrot dazu. Als er zurück vom Büfett in die Sesselecke des weiträumigen Wohnzimmers kam, verhedderte er sich, stieß irgendwo an, eine Tomate klatschte herab aufs Parkett, und zu allem Überfluß zerquetschte er sie auch noch mit einem Fußtritt.

Lissy hob stumm, aber sichtlich verärgert, mit einem Himmelhilfblick die Augen zur Decke, holte einen Eimer mit Wasser, Wischtuch, Kehrblech und Besen. »Jetzt machst auch du mich noch zu deiner Mitarbeiterin, Genosse Lutter«, murrte sie, »zu deiner Putzfrau.«

Er entschuldigte sich, wollte ihr zur Hand gehen, doch sie wehrte ab. Mensch, war ihm das peinlich! Er konnte nur froh sein, erstens, daß er nicht den teuren Vietnamteppich besaftet hatte, und zweitens, Ilse nicht Zeuge seines Mißgeschicks wurde. Als er später Lina davon erzählte, lachte sie sich halb krank.

»Sei vorsichtig«, warnte ihn Münz.

Erneut schrak Frank zusammen. Was hatte das wieder zu bedeuten? Vorsicht! Wovor, warum?

»Ich meine, du solltest dich mäßigen, nicht soviel trinken. Die Flasche ist fast leer, und ich habe nur daraus genippt.«

Es war die verdammte Situation, in der er sich befand, seine Tolpatschigkeit, die ihm zu schaffen machte, so daß er gar nicht bemerkte, wie er schon wieder zum Glas griff, es an die Lippen setzte, um seine Not hinunterzuspülen. Erst allmählich beruhigte er sich. Er stellte den Kognakschwenker samt Inhalt zurück auf den Tisch und schob ihn und die Flasche außer Reichweite.

Matthias beobachtete ihn, sah, wie Frank sich plagte, Fahrigkeit zeigte, eine Haltung, die ihm, soweit er sich erinnerte, noch nie an ihm aufgefallen war. Er vermutete, das Tomatenmalheur sei daran schuld. Aber konnte man das denn nicht auch mit einem Witz abtun?

»Mach dir nichts draus«, sagte er, nachdem Lissy den Brei vom Boden gekehrt und den Fleck entfernt hatte. »Essen wir eben Ketchup.«

Sein Grinsen, vom Funkeln seiner Augen durch die Brillengläser begleitet, wirkte freundlich wie stets, steckte an.

Jaja, Roßbach! Münz war immer noch darauf aus, seinem Gast aus der Klemme zu helfen. »Nun wird es wohl höchste Zeit, daß ich dir wenigstens einmal auch gratuliere. Frank ... Dort im Geiseltal hast du bewiesen, von welchem Format du bist. Bravo. Das war der alte Lutter, so wie ich ihn kenne und schätze. Kampfgeist. Prinzipienfestigkeit. Keine Furcht vor schnellen Entschlüssen. Wie damals in Eisenstadt. Die Rüst. Ich glaube, wenn du so fortfährst zu handeln, bist du auf dem richtigen Weg, Frank. Uns täte es bitter not. Ohne Sekretär ... Alle Verantwortung in der Abteilung lastet auf dir. Wir hoffen, daß du uns nicht enttäuschst, die Erwartungen der Partei auch weiterhin erfüllst.«

Danach verloren sie sich in Details, besprachen noch dieses und jenes. Ein Regulator in der Wohnung zählte die zehnte Stunde an, und Frank hatte das Gefühl, sich verabschieden zu müssen. Er ging jedoch nicht, ohne sich nochmals bei Lissy entschuldigt zu haben, für die Mühe, die er ihr bereitet hatte, auch nicht ohne Dank für die Einladung.

Sie lächelte wieder. »Grüß deine Frau unbekannterweise. Und gute Besserung für sie.«

Matthias begleitete ihn bis zur Haustür. Den Summer drückend, schaute er ihm nach, bis er das Grundstück durch die Gartenpforte verlassen hatte und, nach dem diffusen Licht des nur spärlich beleuchteten Promenadenwegs am Saaleufer, in der Dunkelheit dahinter untertauchte.

Zurückgekehrt ins Wohnzimmer, empfing ihn dort Lissy. Jetzt endlich genehmigte auch sie sich einen Kognak.

»Ehrlich«, fragte er sie. »Welchen Eindruck hast du von ihm?«

Sie zuckte mit den Schultern »Merkwürdig. Obwohl ich ihn doch schon als jungen Burschen kannte, brachte ich nicht wie früher seinen Vornamen über die Lippen. Ich konnte ihn im Zusammenhang mit dem Du nur mit Genosse Lutter anreden. Und was hältst du von ihm?«

»Ich weiß nicht. Er ist hochintelligent, zweifellos. Das aber war uns schon vorher klar. Andererseits ... Da gab es ein paar Dinge, die mich störten. Doch wenn du mich fragst, ich kriege sie nicht zusammen. Seine Unsicherheit hin und wieder ... Oder habe ich mich geirrt? Sein Erschrecken, wie mir schien, wo es nicht nötig war. Zum Beispiel ... Auf jeden Fall, übereilen sollten wir nichts. Vorerst ist er Abteilungsleiter, und er läuft uns nicht davon.«

Kaum hatte er Münz aus den Augen verloren, in dem Dunkel jetzt, das das Haus umgab hinter dem funzligen Licht der Parklaternen, bemächtigte sich seiner eine Hochstimmung, die ihm die Brust schwellte, aus ihm herausplatzen wollte, sich Luft zu schaffen suchte. Ja, er mußte sich unbedingt und schnell jemandem mitteilen. Er sah auf sich selbst, so als hätte er wieder sein Spiegelbild vor sich. Doch diesmal verhöhnte es ihn nicht. Nein, es war kein Rausch, vom grusinischen Kognak erzeugt, der ihm die Beine schwer werden ließ. Und wenn doch, wenn er, wie von Münz befürchtet, zuviel getrunken haben sollte – die kühle, vom Fluß heraufwallende Feuchtigkeit wusch ihn fast nüchtern. Die Freude war es, die Last der Freude, die ihn durchbebte. Allein jetzt mit sich begriff er sie zwar, doch mit jedem Mal, das er sie stärker verspürte, indem er den Abend in seine Teile zerlegte, die Gesprächsrunden durchging, die Gemeinplätze, die nichtssagenden Redensarten trennte vom Wesentlichen, vermochte er sie allein nicht länger zu tragen.

Frank setzte sich auf eine Bank. Unter seinen Füßen schmatzte modriges Laub. Über ihm, auf dem Felsen, leuchtete die Ruine der Burg Giebichenstein, die nachts über seit kurzem von Scheinwerfern angestrahlt wurde. Ein schönes Bild, dachte er, romantisch, wie von Caspar David Friedrich gemalt. Und daneben, auf der Brücke über der Saale mit der Kuh und dem Pferd als Eisbrecher, monumental in Stein gehauen, rumpelten von Zeit zu Zeit Straßenbahnen, nur spärlich besetzt noch um diese Stunde.

Obwohl es ihn drängte, war er unschlüssig, wem er sich mitteilen sollte. Sein erster Gedanke hatte Lina gegolten. Auch sie wußte von seinem Gespräch mit Münz. Dann aber entsann er sich, daß ein paarmal ihr Name gefallen war, Matthias ihn dabei – oder bildete er sich das nur ein? – mit sonderbar forschenden Blicken betrachtet hatte. Oberhausen, mein Gott ... Es hätte auch die Reilstraße in Halle sein können. Nein, er sollte es Ilse sagen, obwohl er ihr geraten hatte, sich beizeiten schlafen zu legen. Es könne spät werden, bis in den Morgen hinein dauern.

Es war ein Sieg geworden, ja, es war ein Sieg. Münz hatte es mehrmals angedeutet. Es stand kein neuer Sekretär in Aussicht. Wir hoffen, daß du uns nicht enttäuschst, die Erwartungen der Partei auch weiterhin erfüllst ... Was sonst sollte das heißen, als daß man auf ihn baute? Roßbach ... Dort hast du bewiesen, von welchem Format du bist ... Und von welchem denn? Vom Format des künftigen Sekretärs natürlich.

Ilse ... Lissys Fragen nach ihrem Gesundheitszustand hatten ihn ins Schwitzen gebracht. Lina ... Vielleicht würde jetzt sie seine Freude redlicher mit ihm teilen, ohne allen Ehrgeiz, ohne den ständigen Trieb, Theater spielen zu wollen: Seht her, das ist mein Mann, und ich bin seine glückliche Frau.

Er stieg die Stufen zur Brücke hinauf. Ging an die Haltestelle. Vor dem dunklen, sternenlosen Nachthimmel stand die Burg, überragt von der in Licht getauchten Spitze ihres Turms. In seinem Rücken der Gasthof zum Mohr, alle paar Jahre von Bränden mal heimgesucht und stets wieder renoviert, als Verbeugung vor der Historie, da in ihm, um 1536 bereits erbaut, schon Napoleon oder Gustav Adolf von Schweden kampiert haben sollen. Genau wußte es Frank nicht.

Was auch interessierte ihn das jetzt, in einem seiner höchstgestimmten Augenblicke im Leben. Neue Aussicht! Er stand und stand, konnte sich nicht entschließen, wohin er fahren sollte. Nur hin und wieder trat jemand an seine Seite. Ein alter Mann. Beim nächsten Mal eine Gruppe von Kunststudenten, wie er aus ihrem respektlosen Gezwitscher heraushörte. Sie mokierten sich über einen Professor, der sie in Ästhetik unterrichtete. Ein Paar, das sich ungeniert küßte.

Es ging auf Mitternacht zu.

Endlich nahm er die Bahn. Linie Sieben. Am Reileck mußte er umsteigen. In die Drei. Dort hatte er immer noch die Wahl. Entweder in den Norden, Richtung Zoo, oder in den Süden, zur Vogelweide – *nach Haus* fiel ihm schwer zu denken. Und trotzdem, er fuhr zu Ilse.

FÜNFTES KAPITEL

Wechsel

Wohin sie auch kam, wenn nur die Männer sich dort in der Mehrheit befanden, wurde sie gern gesehen. Noch ehe sich jemand nach ihren Kaderakten erkundigte, erregte ihr Erscheinen Bewunderung, starrte man sie an, verschlang sie mit den Augen. Lina Bonk, hieß es, bürge für Qualität. Ihr Name sei ein Markenzeichen für weibliche Schönheit. An ihr stimme alles, vom Scheitel bis zur kleinen Zehe. So jedenfalls hatte sie es einmal gehört, von einem ihrer Verehrer, zufällig, als nebenan im Regieraum das Mikrofon nicht abgeschaltet war und bevor er ihr dann den Hof machte. Da sie sein Urteil kannte, sich also seiner Gefühle zu ihr sicher sein konnte, ließ sie ihn lange zappeln, aus reiner Lust an dem ungleichen Katz-und-Maus-Spiel bis zur Verzweiflung schmachten. Als sie ihn schließlich annahm, einen Toningenieur vom Leipziger Sender, befahl sie ihm mit fast schon sadistischer Freude: Erst küß mir die Zehen, dann den Scheitel, und wenn du es gut tust – vielleicht –, halte ich dir meine Lippen hin.

Lina gefiel sich inzwischen in ihrer Rolle, und nur manchmal, jetzt, mit dem zunehmenden Alter, dem Schwinden ihrer Attraktivität, störte es sie wieder wie ursprünglich zu Anfang, als sie noch um die Zwanzig gewesen, daß nicht ihre geistigen Proportionen, sondern ihre körperlichen (wofür sie ja eigentlich nichts konnte) bei ihren größtenteils männlichen Vorgesetzten den Ausschlag dafür gaben, sie zu protegieren, und der Frauenförderungsplan, jedenfalls was sie betraf, lediglich als Alibi diente. Doch wenn die Welt nun einmal, zumindest die Arbeitsverhältnisse so eingerichtet waren, warum sollte sie daraus nicht ihren Nutzen ziehen? Sie dachte nicht daran, nur wegen ein paar zungenwetzender, gallespeiender alter Schachteln, sich zu verunstalten, häßlicher zu sein, als sie war, ihre Reize wohl gar unter Mummenschanz zu verbergen, sondern – genoß statt dessen mit der Zeit die Wirkung, die sie auf das andere Geschlecht ausübte. Ja, klug und selbstkritisch, gestand sie sich sogar ein, daß ihr Verhalten bald dem einer Narzisse glich, tröstete sich aber damit, daß sie es selber noch an sich bemerkte und somit – wenn nötig – auch würde ändern können.

Nur einmal hatte sie sich falsch eingeschätzt. Oder nein, inzwischen, nach zwölf Jahren, wohl auch ein zweites Mal. Achim Steinhauer, ihrem Maxim (und für diesen Namen besaß immer noch sie das Urheberrecht), hatte sie nie verziehen, daß ihrer beider Verbindung von ihm und nicht von ihr gelöst worden war. Sie hatte ihn geliebt – und war, was sie später hundertmal und öfter bereut, vor Eifersucht rasend gewesen, wie eine schwarze Schwänin auf einen schwarzen Schwan. So jedenfalls hatte er es mit einem seiner ständigen Vergleiche aus der Tierpsychologie ausgedrückt. Während der Hochzeitsfeier von Ilse und Frank war der Bruch erfolgt. Und erneut bei den Lutters, in der Silvesternacht, war sie ihm wiederbegegnet, mit seiner Frau, die, zwar hübsch, ihr jedoch im Aussehen nie Konkurrenz machen konnte. Mein Gott, dachte sie, über welche Verführungskünste verfügte denn sie, daß sie ihn zu halten vermochte, schon damals, als sie, Lina, mit Achim ging und in einem unbewachten Augenblick sein Tagebuch durchstöbert hatte, in dem immerfort von ihr, Ulrike, die Rede gewesen war …

An die zwölf Jahre verbrachte sie im Leipziger Rundfunk, meist als Reporterin, und manchmal hatte sie schon geglaubt, bis an ihr Lebensende an ihn gefesselt zu sein, das Lebensende, das immer näher rückte. Obwohl erst fünfunddreißig, erschreckte sie der Gedanke, vor allem, wenn sie sich einsam fühlte, allein in ihrer Wohnung, gar im Bett, und in die Kissen heulte. Jüngere, noch mit den Vorzügen der Jugend ausgestattete Frauen wurden eingestellt. Sie hingegen entdeckte die Fältchen in ihrem Gesicht, die wie von haarfeinen Rissen zerritzte Haut um Augenlider und Mundwinkel, die – wenn auch nur von ihr selbst wahrgenommen – schleichende Erschlaffung ihrer Brüste. Künftig würde sie ihre Büstenhalter eine Nummer größer kaufen müssen … Und stockte nicht auch schon ihre Regel? Oder irrte sie sich? Nachdem sie es bisher mit den Männern, von denen sie begehrt worden war, nie auf Gedeih und Verderb hatte ankommen lassen, begann sie ein Verhältnis mit dem Nachrichtenredakteur, das fester zu werden versprach. Auch das hatte seinen Grund in ihrer Befürchtung, eines Tages, je länger sie wartete, als schrullige alte, kinderlose Jungfer sterben zu müssen. Er war verheiratet, was freilich für sie keine neue Erfahrung einschloß. Er wollte sich ihretwegen scheiden lassen. Auch er küßte zuerst ihre Zehen, dann den Scheitelansatz über ihrer Stirn, bevor sie ihm ihren Mund hinhielt. Jetzt jedoch hatte er ihr mitgeteilt, er könne es nicht übers Herz bringen, sich von seinen drei Kindern zu trennen, demzufolge auch nicht von seiner Frau, da im Falle der Scheidung sie das Erziehungsrecht bekäme.

Aus, vorbei. So plötzlich wie damals mit Achim. Doch obwohl sie sich heute viel reifer fühlte (oder gerade deshalb?), Übung besaß im Auseinandergehen mit Männern, empfand sie den Schlußstrich, als er erneut nicht von ihr gezogen wurde, mit noch größerem Schmerz, mit beleidigter Wut. Denn all ihre Intentionen, die sie diesmal sogar mit einer gewissen Leidenschaft in das Verhältnis zu Thomas, dem Nachrichtenredakteur, eingebracht hatte, erwiesen sich nun, da sie auch nicht mehr vom Kapital ihrer jugendlichen Frische zehren und sich in ein nächstes kapriziöses Abenteuer stürzen konnte, als Fehlkalkulation. In dieser Stimmung geriet sie an Poppe. Während der Feier zu Ehren Franks im Interhotel bot er ihr an, ins Fernsehstudio nach Halle zu wechseln. Sie ergriff seinen Vorschlag zunächst wie eine Ertrinkende besagten Strohhalm, klammerte sich an ihn, sah in ihm eine Rettung aus ihrer Misere. Zu zögern begann sie erst, als Poppe ihr diesen Ausweg zur Hälfte wieder vergraulte, indem er sie, mit lallender Zunge zwar, doch drastisch genug wie eine Nutte behandelte.

Was wußte denn er von ihr, von ihrem Gemütszustand, ihrem seelischen Ungleichgewicht! Sie erstrebte nichts anderes, als ihr bisheriges Leben zu beenden, das Geflatter vom einen zum anderen. Glücklich wollte sie sein, Mutter werden, solange noch Zeit blieb, und sie war überzeugt, daß sie zu diesem Zweck jedem Mann, den sie mochte und der sie nicht verachtete, Wunschträume würde erfüllen können. Ein halbes Jahr brauchte es noch, ehe sie das Angebot annahm. Sie stand vor der Wahl, entweder in Leipzig weiterhin Thomas zu begegnen oder sich über Poppes Gemeinheiten hinwegzusetzen, und entschied sich fürs letztere.

Vom selben Abend im Interhotel aber, hervorgerufen am Ende durch den Streit eines jeden gegen jeden (selbst in deren Abwesenheit gegen Steinhauer und Ulrike), stammte auch ihre neue Art von Sympathie, die sie für Frank emfand. Seit ihrem Studium kannte sie ihn. Sie war seither ständig in Ilses Haus ein- und ausgegangen, und plötzlich, zu ihrer eigenen Überraschung, sah sie ihn mit anderen Augen. Woran wohl mochte es liegen? Allein an dem kurzen Zornausbruch, mit dem er sich schützend vor sie gestellt, an der spontanen, ehrlichen Empörung, die sie ihm, dem Zyniker, kaum zugetraut hatte und mit der er Poppe zwang, sich bei ihr zu entschuldigen? Dafür muß ich ihm danken, hatte sie in der ersten Aufwallung gedacht. Sie wollte ihm um den Hals fallen, ihn küssen, unterließ es jedoch mit Rücksicht auf Ilse, die blaß und kränkelnd neben ihr saß.

Als sie nach Halle ging, quartierte sie sich, wie wir wissen, und zwar nach flehentlichstem Drängen ihrer Freundin, bei den Lutters ein. Ilse sagte, man könne ihr keinen Tag länger zumuten, sich auf Bahnhöfen und in Zügen herumzutreiben und in der Eiseskälte gar noch den Tod zu holen. Kurzerhand belegte sie eines Abends die Couch im Arbeitszimmer, das eigentlich von Frank beherrscht wurde, mit frischer Bettwäsche und befahl ihr: »Keine Widerrede, Liebste. Bis du eine Wohnung zum Tausch gefunden hast, bleibst du unser Gast. Nein, fühl dich zu Hause bei uns wie früher ...«

Ilse, leidend und oft bis in die Nächte hinein einsam, erhoffte sich davon wieder jene Vertrautheit, die sie in Leipzig gepflegt hatten, seit Lina von Achim so kaltschnäuzig schnöde verlassen worden war. Vielleicht gab sie sich daran sogar selber einen Teil Schuld, da der Bruch zwischen beiden ausgerechnet während *ihrer* Hochzeitsfeier geschehen war, und wollte ihn nun wieder abtragen, indem sie der Freundin Asyl und Familienanschluß gewährte.

Lina hingegen, nach der Enttäuschung mit dem Nachrichtenredakteur einen neuen Anfang suchend, durchlebte in den folgenden Monaten ein Martyrium. Frank, wie noch nie zuvor von ihr aus solch unmittelbarer Nähe beobachtet, gewann zunehmend ihre Sympathie, und umgekehrt, spürte sie, schien es nicht anders zu sein. Ilse aber ahnte von alledem nichts, überhäufte sie nach wie vor mit ihrer Großzügigkeit, behandelte sie wie eine Schwester, mehr, als ihre engste und treuste Gefährtin.

Als dann kam, was zu erwarten war, zog sie aus. Unter heftigstem, von Unwillen und Beleidigtsein geprägtem Protest Ilses übrigens. Zur gleichen Zeit hatte Frank die um ein Jahr verspätete Einladung zum Ostermarsch ins Ruhrgebiet erhalten. Lina hängte sich an, mit seiner und vor allem Poppes Unterstützung, der noch einiges an ihr abzubitten hatte. Fernsehstudio und Zeitung wollten Exklusivberichte vom Widerstand in der Bundesrepublik gegen die Atombewaffnung bringen. Sie beide taten es nach ihrer Rückkehr nicht ohne Erfolg, so daß selbst Münz sich von den Ergebnissen beeindruckt zeigte und Frank die Extratour verzieh, sie ihm mit seiner – was er persönlich nachfühlen konnte – in Fleisch und Blut übergegangenen journalistischen Neugier entschuldigte.

Doch dann, vier Wochen nach Ostern, traf das Paket ein.

Ilse empfing es.

Es war ein Einschreiben, an Frank gerichtet. Mit einem Poststempel aus Oberhausen versehen. Der Absender ein Hotel namens »Zur Zeche«.

Noch nie hatten Ilse oder Frank ein Paket aus dem Westen erhalten, was zuallererst daran lag, daß sie dort weder Verwandte noch Bekannte besaßen.

Also drehte sie es ziemlich ratlos zunächst in den

Händen, schon erstaunt genug, während sie den Empfang quittierte, eilte voller Ungeduld die Treppen hinauf, griff in der Küche zur Schere, zerschnitt die Verschnürung und wickelte den Inhalt aus.

Sorgfältig verpackt war er, von mehreren Bogen Krepppapier umgeben. Was aber dann zum Vorschein kam, steigerte ihr Erstaunen. Ein Paar Damenhalbschuhe erblickte das Licht der Welt, jedenfalls das in ihrer Küche, noch relativ früh am Morgen, und die ersten Strahlen der Sonne stahlen sich soeben grell und Staubkringel bildend durchs Fenster.

Das darf doch nicht war sein, dachte sie. Wieso wurden Frank, ihrem Mann, aus Oberhausen solche zerledderten, abgelatschten Botten einer Frau zugeschickt?

Tatsächlich. Beide aus weinrotem Leder gefertigt, mit halbhohen Absätzen, waren am linken Schuh die Nähte gerissen, während beim rechten sogar unter der Kappe die Sohle wie ein nach Luft schnappendes Fischmaul aufklaffte. Überhaupt machten die Dinger auf sie den Eindruck, als sei ihre Besitzerin mit ihnen zuletzt über unwegsamstes, steinigstes Gelände gestiegen.

Am Abend, kaum daß Frank sich im Wohnzimmer vor den Fernsehapparat gesetzt hatte, servierte sie ihm aus der Küche die Schuhe auf dem Kehrblech, stellte sie ihm direkt vor die Füße.

»Ich dachte, mein Schwein pfeift«, sagte sie, mit einer Redensart, die sie von Robbi übernommen hatte. »Damenhalbschuhe! Aus einem Paket von drüben! Noch dazu solche, die in den Müll gehören ...«

Er erkannte sie auf den ersten Blick. Lina hatte sie sofort nach dem Marsch in seinem Zimmer in den Papierkorb geworfen und sich am Dienstag nach Ostern von ihren eingesparten Spesen in einem Essener Geschäft ein Paar neue gekauft.

Wie aber sollte er sich jetzt aus der Schlinge ziehen, Ilse eine Erklärung geben, die einigermaßen glaubwürdig klang?

Lina hatte bereits am Karfreitag und Sonnabend ihre Interviews mit Christen, Jungsozialisten und, was ihr später besonders hoch angerechnet wurde, mit einem Bundestagsabgeordneten unter Dach und Fach gebracht, in die Kassetten mit Filmen und Tonbändern gespeichert. Am Sonntag war sie mit dem Zug bis Bochum gefahren und hatte sich dem Ostermarsch durchs Ruhrgebiet angeschlossen. In dem Hotel »Zur Zeche«, unmittelbar an der Stadtgrenze zwischen Oberhausen und Bottrop gelegen, die ohne erkennbaren Übergang quer über eine von grauen Mietshäusern bebaute Straße verlief, hatte niemand danach gefragt, daß sie dort während der folgenden Nächte das Zimmer mit Frank teilte. Offenbar war man in einem solchen Etablissement – vom billigsten Preis und mit Toiletten auf halber Treppe – an dergleichen gewöhnt und deutete schon mit dem Namen darauf hin, indem er im doppelten Sinne gemeint sein mochte, einerseits noch als überlieferte Reverenz gegenüber der von Bergarbeitern bevölkerten Gegend, andererseits jedoch auch als Hinweis, daß es hier in der Hauptsache darauf ankäme, die Zeche zu zahlen, wofür und weshalb, das bliebe Geschäftsgeheimnis.

»Es ist nichts, was dir deine Phantasie wieder mal eingibt«, stotterte Frank, noch voller Betroffenheit auf das Kehrblech mit den Schuhen blickend, doch bereits um Fassung bemüht.

»So ... Und was, bitte, gibt mir meine Phantasie ein?«

»Vielleicht, daß ich es dort mit einer vom Strich getrieben hätte ...«

»Pah ...« Es klang giftig, verächtlich, verriet aber trotzdem nichts von Ilses wirklichem Verdacht.

»Nein, nein ...« Er suchte noch immer nach Worten. Schleierhaft blieb ihm zusätzlich, was das Hotel bewogen haben könnte, Linas ausgediente Schuhe an seine Adresse zu senden. Geschah es tatsächlich nur aus Routine, aus der sprichwörtlich deutschen Gründlichkeit, die selbst einer solchen Absteige noch anhaftete und sie veranlaßte, ihren Gästen vergessene Habseligkeiten nachzuschicken? Oder glaubte etwa das Personal dort, er (oder sie) aus der Ostzone seien so bettelarm, daß sie sogar noch solcher Ruinen bedurften? »Ich erzählte es dir bereits ... Während der drei Tage auf dem Marsch hat es ununterbrochen geregnet, nein, es goß in Strömen. Und kalt war es, hundekalt. Und immer ging's über Nebenstraßen mit Kopfsteinpflaster, manchmal sogar über Schotterwege. Weil die Polizei von Nordrhein-Westfalen die Demonstration von den Stadtzentren fernhalten wollte. Eine Genossin aus Duisburg – und hab ich dir nicht auch von ihr erzählt? – lief sich dabei die Schuhe durch und wechselte sie und ihre völlig durchnäßte Kleidung in meinem Zimmer, da es zufällig in der Nähe lag ...«

»So ...«

»Was heißt denn – so? Pah und so! Andere Vokabeln fallen dir darauf wohl nicht ein.«

»Also auch die Schuhe.«

»Was unschwer zu erkennen ist.«

»Eine westdeutsche Genossin.«

»Sagte ich doch.«

»Und Schuhe aus dem Banner des Friedens, ja? Aus der volkseigenen Produktion, ja? Aus Weißenfels!«

Es war ein nächster, wiederum völlig unvermuteter, harter Schlag für ihn.

»Na und?« Ein wenig aber hatte Frank sich indessen gefangen, so daß er zumindest in Ausreden nicht mehr verlegen war. »So fragt nur einer, der den Westen nicht kennt. Du findest manches bei Neckermann, Hertie und so weiter, was von uns stammt, was wir exportieren. Nicht alles, was glänzt, ist Gold. Und nicht alles Schuhwerk, was die drüben verhökern, heißt Salamander.«

Er stand auf, griff nach dem Kehrblech vor seinen Füßen und leerte es über dem Mülleimer in der Küche.

Ilse schwieg, verzog nur spöttisch den Mund.

Er hingegen vertrödelte sich noch bei den Kindern, zögerte es hin, zurück ins Wohnzimmer zu gehen. Als er sich doch dazu entschloß, war er froh, daß es Ilse auf keine weiteren Szenen anlegte. Unsicher aber fühlte er sich trotzdem, denn er wußte nicht, ob sie nach diesem Auftritt noch Mißtrauen hegte oder nicht. Und wenn, gegen wen? Gegen jene Genossin aus Duisburg, die er natürlich erfunden hatte? Gegen ein Straßenmädchen, das ebenfalls nicht existierte? Oder nicht doch gegen – Lina Bonk, ihre beste Freundin? Schuhe aus Weißenfels! Das waren ihre letzten Worte, mit denen sie die Sendung aus Oberhausen kommentiert hatte. Sehr überzeugt allerdings von seiner Unschuld hatten sie nicht geklungen.

Lina würde er warnen müssen. Sie sollte ja nicht in Gegenwart Ilses die Schuhe aus Essen tragen. Aber würde es damit getan sein? Hatte sie nicht schon vorher Verdacht geschöpft? Lina jedenfalls befürchtete es. Kurzerhand war sie ausgezogen, geflohen, hatte sich Hals über Kopf bei einer Sekretärin vom Fernsehstudio ein möbliertes Zimmer zur Untermiete genommen. Ilses Protest dagegen konnte auch nur gespielt sein. Raffiniert, sagte sie, wie Frauen nun einmal sind, besonders in ihrer Lage, wenn ihr der Mann gestohlen wird.

Drei Tage hatte sich Ilse auf Anraten ihres Arztes zur medizinischen Beobachtung in eine Klinik begeben.

Lina versprach ihr, sich um Robert und Clara zu kümmern. Und in *dieser* Beziehung brauchte sie sich keine Vorwürfe zu machen. Sie teilte dem Studio mit, daß sie jetzt Mutterpflichten zu erfüllen habe, sozusagen sozialistische Hilfe leiste, noch dazu an den Kindern von einem, der immerhin Frank Lutter heiße. Sie konnte früher als gewöhnlich ihren Dienst beenden, bereitete beiden das Abendbrot und beaufsichtigte sogar ihre Hausaufgaben.

Eines Nachts jedoch, während sie noch immer auf der Couch im Arbeitszimmer schlief, die Ilse für sie hergerichtet hatte, hörte sie Geräusche, erwachte dadurch und gewahrte, daß sie mal wieder, wie es ihre Gewohnheit war, halb auf dem Bauch lag, freigestrampelt von ihrem Flatterhemd (und einen Slip trug sie nie), zwischen ihren Beinen die Bettdecke. Sie hatte sich zur Wand gedreht, und im Licht der Schreibtischlampe, das nun aufflammte, mußte sie ziemlich entblößt einen nicht ungeringen Teil ihres Körpers zeigen.

Frank kramte in Schubladen. Irgendwas suchte er. Sie vernahm, und ihr Dämmerzustand war jetzt verflogen, wie er sich peinlichst bemühte, leise zu sein, sie nicht zu wecken. Doch plötzlich, es überfiel sie. Über ein Jahr, seit ihrer Trennung von Thomas aus Leipzig, hatte sie nichts mehr gehabt. Es durchzuckte sie. Sie spürte ein heftiges Verlangen, und sie dachte nur daran.

Da wälzte sie sich in eine andere Positur, tat jedoch, als schliefe sie fest. Sie streifte die Bettdecke ab, mit dem Unterleib nun zu ihm. Sie zog auch das rechte Bein hoch, winkelte es an, streckte das andere flach auf dem Laken aus und sah, durch ihre Lidschlitze, daß er sich umwandte, ihren Bewegungen folgte und seine Blicke nicht mehr von ihr nahm.

Sie wußte, wie sie es anstellen mußte. Sie seufzte, als

sei sie von Träumen geplagt, irren und wirren, gewiß, als würde sie schon von Gefühlen durchbebt.

Er löschte das Licht nicht. Er erhob sich vom Schreibtischsessel, kniete vor ihr nieder, am Rand der Couch, und sie hörte ihn stockend keuchen. Sie genoß es. Seit einer Ewigkeit wieder fühlte sie sich begehrt.

»Lina«, flüsterte er dicht an ihrem Ohr, »Lina, du solltest dich besser zudecken. Lina ... Lina, schläfst du?«

Sie ergriff seinen Arm, mit halbgeschlossenen, doch schon hellwachen Augen, führte seine Finger, bis sie sanft ihre Scheide berührten.

Er zog sein Hemd aus, die Hose, riß sie so hastig von sich, daß ein paar Knöpfe absprangen.

»Nein«, rief sie, »nein!« So, als sei sie soeben erwacht und erschrocken. »Was sollen die Kinder von uns denken! Wenn sie uns hören ...«

»Pscht, pscht.« Er verschloß ihr den Mund mit seiner Hand. »Leise. Niemand kriegt etwas mit. Und – ach, Lina – ich liebe dich. Ich hab noch nie einen solch schönen – Hintern gesehen. Bitte, bitte, tröste mich, sei freundlich zu mir. Ich habe seit langem nichts mehr mit dieser kranken Frau. Und ich bin trotz allem ein Mann.«

Sie zog ihn auf die Couch. Als er dann immer noch nicht gesättigt war, sie sich austobten aneinander, bat sie ihn: »Ich bitte dich, kipp das Photo von Ilse auf dem Schreibtisch um. Ich möchte nicht, daß sie uns zuschaut, die Ärmste ...«

Er löste sich von ihr, tat, wie sie verlangte, kam zurück. Ilses Bild lag mit dem Gesicht auf der Platte.

»Und nun gib es mir. Stoß, ja, stoß doch ...«

Sie siegte. Aber sie ließ ihn nicht erschlaffen. Sie umspielte ihn mit Zunge und Lippen, bis er erneut aufstand.

So hatten sie bis zum Morgengrauen eine Nacht verbracht, wie sie ihr nur selten begegnet war. Zwar quälte sie Scham danach, weil sie die Abwesenheit ihrer Freundin mißbraucht, sie hintergangen hatte, aber sie rechtfertigte sich damit, daß eine Frau schließlich selber daran schuld sei, wenn sie ihrem Mann nichts bot.

Als Frank ein zweites Mal zu ihr gekommen war, während nebenan im Schlafzimmer wieder Ilse in den Ehebetten lag, zog sie aus.

Lina oder Ilse ... Oder? Und nicht doch ein Und? Nach dem Gespräch mit Münz – unmöglich! Ja, laß zwischen beiden wenigstens noch den Gedankenstrich: ——. Er sieht die Sätze vor sich, sieht das Zeichen. Feuerrot. Nicht gerade wie das Menetekel an der Wand, doch wie in der Maschine aufs Papier gehämmert. Wie schon einmal. Siebzehnter Juni dreiundfünfzig. Abwarten. Nichtstun. ——. Lina – Ilse. Nein. Lösch ihn aus, radier ihn weg, den Strich, kratz es ab, das Nichts. Mach aus beiden eine. Lina-Ilse. *Ilselina.* ILNALISE ... Einsam am Schreibtisch. Und nach Mitternacht. Zum Anfassen nahe die Couch. Visionen. Ein weißes Laken. Im Lampenlicht goldbraun schimmernde Haut. Jetzt jedoch die Flasche Budafok hinter der Reihe vergilbter Reclamhefte von Platon bis Ortega y Gasset. Fast leer. Zwei Finger breit der Rest. Ein letzter Schluck. Brenzliger Geschmack. Es droht den Magen umzustülpen. Warum ging ich nicht zu Lina und habe mich bei ihr ausgekotzt? Sie ist die Lust, das tiefe Loch, der Krater, in den ich versinke. Münz scheint es zu ahnen, Münz, der alles weiß und immerzu von ihr gesprochen hat ... Aber ich werde dir zeigen, Matti, daß ich nicht abhängig bin, hörig. Wenn du mich zum Sekretär erheben willst ... Ich eile, fliege, folge dir. Partei, du bist mein Gott, ich dein Produkt.

Wie oft aber hab nicht auch *ich* deinen Namen angenommen? Habe über dich gewacht, dich verteidigt, dich beschützt. Wie mich selbst. Ich war ein Buchstabe in deinem Alphabet, ein Punkt in deinem Programm, nicht der Druckfehler, die Entstellung, sondern das reine, geläuterte Wort, der Klartext, ohne den dich niemand verstanden hätte. An die Laterne mit denen, die das Buch der Bücher nicht heiligen, unsere Ideen in den Schmutz treten. Wer ein Doppelleben führt, sagte ich, nur schon mit zwei Zungen redet, der ist nicht Fleisch von unserem Fleisch und hat nichts anderes verdient als seinen politischen Tod ... Deshalb ging ich zu Ilse. Doch wie einfach, so völlig unkompliziert wäre alles, wenn sie jetzt Lina hieße. Wenn sie nicht, obgleich nur durch zwei Türen getrennt, kilometerweit entfernt von mir im Schlafzimmer läge, sondern hier auf der Couch. Die Nächte ineinander verströmen, die Tage arbeiten, abarbeiten, als sei jeder nur eine Anzahlung, ein Wechsel auf die kommende Nacht. Ihre Rundungen und ihre Feuchtigkeiten, manchmal nach Milch, manchmal aromatisch nach frisch geschnittenen Gräsern duftend ... Und hat denn auch das nun ein Ende? Ihre Anrufe in der Bezirksleitung. Ich will dich sehen, Frank. Warum läßt du mich warten? Was ist geschehen? Er blickte jedesmal ängstlich zur Tür, ob sie auch fest verschlossen sei, ihn niemand belauschen konnte. Später nahm er zwar den Hörer ab, sobald das Telefon klingelte, legte ihn aber sofort wieder auf, täuschte eine Störung seines Apparates vor. Lina kannte seine Direktnummer. Über seine Sekretärin würde sie sich nie mit ihm verbinden lassen. Soviel Diskretion bewahrte sie noch. Und wer mich trotzdem erreichen will, dachte er, der wird es noch einmal versuchen, auf dem Weg über die Zentrale und mein Vorzimmer. Die Braunkohlengruben, das Geiseltal. Genosse Lutter, wir können melden, im Parteiaktiv sind wir ideologisch durch, haben Klarheit geschaffen, Roßbach wird nicht abgebaggert ... Dafür hatte Matthias ihn gelobt. Und im selben Atemzug erklärt, daß fortan er, Frank, die volle Verantwortung eines Wirtschaftssekretärs trage, auch wenn er – und fiel nicht der Ausdruck: vorläufig noch? – Abteilungsleiter sei. Nein, nein, nein. Ich darf mich nicht von Ilse trennen. Aber habe ich denn etwas anderes jemals ernsthaft in Erwägung gezogen? Ein bißchen Liebesgestammel, na gut. Ich lasse mich scheiden. Was aber redet man nicht alles in solchen Augenblicken, wahnerfüllt, hochgepeitscht, überschwappend und doch nur allzu kurz. Man lechzt und lechzt, und sind die Zukkungen vorüber, spürt man wieder, daß man einen Kopf hat, kehrt graues Alltagsdenken wieder in ihn zurück. Das Normale. Ein wenig auch die Reue. Das miese Gefühl des Verrats. An der Frau, die krank ist, siecht, und die sich trotzdem opfert, mir zu Willen ist, wenn ich es fordere ... Doch hat sie nicht auch immer wieder *ihren* Willen von *mir* gefordert? An jenem Abend. Als ich von Münz kam. Kühle im Bett. Kein Kuscheln, kein Wärmen, kein Feiern. Nicht einmal ein Seufzer, doch, der eine: Ja, ich bin glücklich. Ich muß es morgen früh sofort den Kindern sagen. Wir sind stolz auf dich, wir alle. Doch nun ... Es ist schon spät, und du ... Du hast getrunken, Frank. Bitte, leg dich nach drüben, auf die Couch im Arbeitszimmer ... Mich fror. Wie hab ich dich vermißt, ach Lina, deine Seufzer, deine leisen, unterdrückten Schreie, Lina, unter mir und über mir. Ich schrecke aus dem Schlaf. Sitze wach. Durchgrübele die halbe Nacht. Bin ausgelaugt am Tag. Und steckt nicht noch ein allerletzter Tropfen hinter Platon? Timaios und Kritias. Daher ist bei den Männern die Scham ihrer Natur nach unfolgsam und eigenmächtig wie ein Tier, das die Vernunft nicht vernimmt, und alles sucht sie mit ihren stachelnden Begierden zu überwältigen ... Und ganz aus den gleichen Gründen geschieht es ebenso bei den Weibern ... Wie ein Tier, gierig nach Kinderzeugung, ist sie in ihnen ... Bis endlich einmal die gegenseitige Begierde und die Liebe sie zusammenführt, daß sie gleichsam die Frucht vom Baume pflücken und wie auf ein Ackerland – AUSSÄEN ... Über zweitausend Jahre ist es her, seit es so geschrieben wurde. Und bis heute hat sich nichts daran geändert. Lina, ja, öffne deinen Akker, ich will die Saat einbringen ...

Seit sie sich heimlich trafen, er zu ihr in die Wohnung stieg, nahm er stets dieselben Wege. Einmal wurde die Linie Drei zu seiner Schicksalsbahn, zur Fähre, dachte er neuerdings, über Lethe, den Fluß des Vergessens (und lag es an Platon, den er nach langem wieder gelesen hatte?), quer durch das Häusermeer der Stadt, vom Süden zum Norden und zurück. Ein andermal, so auch an diesem regnerischen Dezemberabend, lief er die Strecke, vor allem, wenn er von der Bezirksleitung kam, um Lina zu besuchen. Dann bevorzugte er Seitenstraßen und Gassen, die nach Einbruch der Dunkelheit kaum beleuchtet waren, vorbei an der Rückfront der Universitätskliniken und am Theater, durchs Paulusviertel bis hin zur Galgenbergschlucht, weil er sich so am sichersten fühlte, zufälligen, unliebsamen Begegnungen am wenigsten ausgesetzt zu sein glaubte.

Lina besaß nun drei Zimmer im obersten Stockwerk eines der protzigen, villenähnlichen, früher privaten, doch spätestens seit den fünfziger Jahren kommunal verwalteten Gebäude in unmittelbarer Nachbarschaft des Zoologischen Gartens, die sie endlich mit ihrer etwa gleichartigen Wohnung in Leipzig hatte tauschen können. Aber auch vorher schon, in der Untermiete bei jener Studiosekretärin, hatte ihr möbliertes Zimmer, mit einem Berliner Fenster direkt über dem Bürgersteig, die Brüstung in Scheitelhöhe, hier in der Reilstraße gelegen, nur fünf Minuten zu Fuß entfernt, eine Haltestelle der Bahn nur weiter, näher zum Zentrum.

Frank kannte also inzwischen jeden Winkel und jeden Stein auf dem Weg zu ihr. Und nicht anders hatte er längst auch von ihren Räumen Besitz ergriffen. Eine Stunde scharfen Schritts, und er würde in dem schmalen, verwahrlosten Vorgarten stehen, vor der Haustür, und die schmiedeeiserne, wie ein kauernder Löwe geformte Klinke niederdrücken. Um diese Zeit dürfte der Eingang noch nicht verschlossen sein. Vier halbe, mit Marmorstufen und einem aus Holz gedrechselten, unter den Händen stets stöhnenden, dringend reparaturbedürftigen Geländer versehene Treppen hinauf, vor der aus schwerer, massiver Eiche gefertigten Tür mit dem altmodischen Guckloch, dort brauchte er nur den Klingelknopf unter ihrem Namensschild in der verabredeten Folge zu betätigen, und sie würde ihm wieder öffnen.

Langgestreckter Korridor, hohe Decken, Wohnzimmer, Schlafzimmer und ein drittes, das Lina nicht ihren Arbeits-, sondern ihren Hobbyraum nannte, obgleich darin auch ein Schreibtisch stand, den sie jedoch nur selten benutzte, da sie ihre Texte auf Tonbänder sprach und später im Studio von Sekretärinnen abschreiben ließ. Ringsum an den Wänden waren Vitrinen aufgestellt, in denen sie ihre Sammlung – und Frank hatte sie erst kürzlich in einer Weinlaune gezählt – von mittlerweile siebenundachtzig Puppen aufbewahrte, streng geordnet in Gruppen nach ihrem Verwendungszweck oder kulturhistorischem Wert. Dort fanden sich solche mit den Kostümen verschiedener Modeepochen, darunter an besonderen Plätzen als Prachtexemplare ein Mann und eine Frau im Rokokostil, er im Justaucorps mit breiten Ärmelaufschlägen, in langer Weste, Kniehosen aus Samt und mit allerlei Spitzenbesatz, die Dame im Manteau über der Jupe mit doppeltem Volant, ausladend gesteift vom Reifrock, beide mit silberweißen Lockenperücken, und eine Art Eulenspiegel mit den für das vierzehnte Jahrhundert typischen Kleidungsstücken, der Gugel, einer langgeschwänzten Kapuze mit schulterbedeckendem Kragen, Schecke und Dupfing, einem locker um die Hüfte geschnallten Gürtel, an dem wie an den Ärmeln metallene Schellen hingen. Eine andere Vitrine barg Spielzeugpuppen, ebenfalls unterschiedlichsten Zeiten entstammend und manche auch schon, da sie offenbar einst durch Kinderhände gegangen waren, leicht beschädigt. Einen der verglasten Schaukästen füllten die Figuren des Kasperletheaters, deren zum Teil recht kunstvoll geschnitzten Köpfe aus Holz auf Stangen steckten, allen voran der Hanswurst, natürlich die Hexe, der Räuber, die Großmutter, als Beigaben ein Krokodil und ein Drache. Den Mittelpunkt der Sammlung jedoch, weit über die Hälfte umfassend, bildeten Trachtenmodelle aus aller Herren Länder, meist als Souvenirs erworben und eine Menge darunter, die Lina, da sie unmöglich selber all die Reisen an deren Herkunftsorte hatte unternehmen können, von ihren früheren Verehrern geschenkt worden waren. Bekleidet mit Gewändern in bunten Farben und meist pärchenweise präsentierten sie sich über eine ganze Wandbreite, Puppen aus den Republiken der Sowjetunion, Armenier, Tscherkessen, Kirgisen, Russen, Letten, Ukrainer, Aserbaidshaner, aus den polnischen Beskiden, der Pußta Ungarns, den Tiroler Alpen. Der Fischer und sine Fru vom Mönchgut auf Rügen – ein Mitbringsel Ilses übrigens – waren dort ebenso zu sehen wie der sorbische Bauer mit seiner Bäuerin. Und auch er, obgleich er damals ihr Steckenpferd nur vom Hörensagen gekannt, hatte die Kollektion um zwei Exemplare bereichert: ein Schwarzwälder Paar, sie mit breitkrempigem, schwarzem, von leuchtend roten, wie Kirschen wirkenden Wollbällchen besetztem Hut, das er allerdings weit von dessen Heimat entfernt, während des Einkaufsbummels, als sie nach den Schuhen Ausschau gehalten, zufällig in einem Laden nebenan in der Hauptgeschäftsstraße von Essen aufgetrieben hatte.

Er fragte sich manchmal, wieso sie auf diese doch wohl etwas seltsame Marotte verfallen war, und glaubte zu ahnen, daß es mit ihrer unbändigen Sehnsucht nach einem eigenen Kind zusammenhing. Da sie sich jedoch ihren Traum bisher nicht hatte erfüllen können, tröstete sie sich mit Puppen. Das ergäbe auch einen Sinn dafür, würde erklären, weshalb sie in seiner Umarmung von solch ungestümer, rasender Leidenschaft war, daß er zu zweifeln begann, ob er sie je würde stillen können. So schon am ersten Tag, in ihrer ersten Nacht. Und wie doch gleich urteilte Timaios darüber? Wie ein Tier, gierig nach Kinderzeugung ... Und wenn sie über die Reifung hinaus lange Zeit fruchtlos bleibt, wird sie von schwerem Zorn ergriffen, schweift überall im Leibe umher ...

Über Wochen, nachdem sie bei ihnen Unterkunft gefunden hatte, war er ihr ausgewichen. Voller Unruhe freilich, wohl auch schon in Gewissensnöten, bemerkte er an sich, daß ihn von Tag zu Tag heftiger nach ihr verlangte, und seine Selbstbetrachtung, sein stetiger Zwang, sich zu beherrschen, steigerte sich bis zum Komplex, einer seltsamen Scheu, sobald er mit Lina allein in der Wohnung weilte – ein Gefühl, das ihm früher, bei ähnlichen Anlässen in Leipzig, nie begegnet war.

Eines Nachts aber benötigte er für den Dienst einige wichtige Notizen, die er im Schreibtisch aufbewahrte, und schlich sich ins Arbeitszimmer. Er hörte sie ruhig atmen, schaltete die Lampe an, drehte sie aber mit dem Schirm in die entgegengesetzte Richtung, um Lina nicht zu wecken. Doch das Licht streute trotzdem durch den Raum, traf auf ihren entblößten Rücken, gab die Kerbe zwischen ihren Gesäßbacken frei. Ihn befiel ein wilder Gedanke. Auch spürte er schon, wie ihm das Blut in die Lenden schoß. Ilse befand sich zur Dispensaireuntersuchung in der Klinik. Keine Gelegenheit wäre günstiger als diese ... Im selben Moment jedoch überkamen ihn wieder Skrupel. Er wollte fliehen. Aber er konnte seine Blicke nicht von ihr wenden. Der nackte Körper lockte ihn magisch an. Er sah, wie sie plötzlich ihre Scham an der zerknüllten Bettdecke rieb, sich dann, im Unterbewußtsein zweifellos, ihm zuwandte, das rechte Knie anhob, das linke Bein streckte und mit den Fingerkuppen ihre Scheide koste.

Da hielt es ihn nicht mehr am Schreibtisch. Er hockte sich vor die Couch, dicht vor den Augen ihren leicht gewölbten Bauch, so daß er sogar glaubte, den ihrem Leib anhaftenden, ihren körpereigenen Duft zu wittern.

»Lina, Lina«, flüsterte er, vor Erregung heiser, »du solltest dich besser zudecken. Lina ... Lina, schläfst du?«

Er wollte sich nur vergewissern, ob sie seine Gegenwart wahrnahm, ihn ertappen würde, wenn er sie weiterhin aus dieser Nähe betrachtete, ihn womöglich mit Gezeter davonjagte, unter den heftigsten Vorwürfen, er mißbrauche die Abwesenheit Ilses, ihrer Freundin, ihrer engsten Vertrauten.

Doch statt dessen tastete sie nach seiner Hand, führte sie zwischen ihre Schenkel und bediente sich seiner Finger.

Danach, als er ein zweites Mal zu ihr gekrochen war, indessen Ilse ahnungslos nebenan in den Ehebetten schlief, zog Lina aus. Ihre Liebesspiele aber setzten sie fort, nunmehr in jenem Zimmer, das sie zur Untermiete bewohnte. Allerdings, sie genossen ihre Freuden nur halb. Sie konnten sich nicht, wie sie wünschten, gehen lassen. Er war noch immer darauf bedacht, seine Verbindung mit ihr geheimzuhalten, und sie fürchtete bei jedem Geräusch, daß ihre Wirtin, die Sekretärin, zugleich der »Korridortelegraf«, wie man sie im Studio nannte, von ihrem nächtlichen Treiben aufgeschreckt werden könnte. Er verbarg sein Gesicht, stand auf der Plattform, mit dem Rücken zum Wageninneren, und starrte durch die Scheiben nach draußen, wenn er mit der Bahn fuhr, der Linie Drei, über den Markt, durch die belebte Innenstadt. Das machte ihn unsicher, als säßen ihm dauernd Verfolger im Nacken, und immer öfter wählte er deshalb den Weg zu Fuß, stahl sich durch abgelegene Straßen und Gassen. An der Haustür zu läuten, damit sie ihn einließ, wagte er ebenfalls nicht. Fünfmal rhythmisch, mit kurzer Pause zwischen dem zweiten und dem dritten Anschlag, klopfte er leise gegen das Fenster, und sie, darauf vorbereitet, öffnete den breiten Mittelflügel. Mit einem Satz schwang er sich ins Zimmer, indem er den Blendrahmen umklammerte und sich daran hochzog, mit den Schuhspitzen Halt in einer verwitterten Fuge des Mauersockels fand. Das Bett ächzte und knarrte; für Leibesübungen ihrer Art war es nicht gebaut. Sie legten sich auf den Teppich, doch Lina, in ständiger Sorge, jeder Laut könnte sie verraten, vermochte sich nicht einmal mit einem ihrer gewimmerten Schreie zu erlösen.

Zweifellos, Frank fühlte sich bald von ihr angesteckt. Ihm war, als wüte in ihm derselbe Bazillus, der sie zur Tollheit trieb und jedesmal zu neuen Ausschweifungen.

Auch wenn er allein lag, zu Haus auf der Couch, seine Gedanken, seine Phantasie ihm die Szenen mit ihr noch einmal vorgaukelten, wähnte er, von ihr verhext zu sein, wie mit Drogen in einen Rausch versetzt, und er horchte in sich hinein. Ilse – nein, sie rührte er schon lange nicht mehr an. Was aber mochte es wirklich sein? Er stellte Vergleiche an, ihm kamen Erinnerungen. Und hatte es anfangs sich nicht auch mit Ilse so abgespielt, vor ihrer Hochzeit und noch im ersten Jahr danach? Vorher bereits, damals mit Ingeborg, der Schwester Ulrikes? Ihm fiel auf, daß sie allesamt schwarzhaarig waren, ja, die Blonden reizten ihn nicht. Und am stärksten jeweils war sein Verlangen, seine Begierde nach ihnen entflammt, wenn er sie so wie jetzt Lina in aller Heimlichkeit, unter Bedingungen hatte nehmen müssen, die ihn wie durch Sündenpfuhle hetzten und zur Hast zwangen, auf einer Parkbank, im Stroh, in einem für männliche Besucher gesperrten Studentinneninternat, einmal sogar auf einer Wiese im Schnee, einem Lager auf Wintermänteln.

Sein Einstieg durchs Fenster, in Sekundenschnelle vollzogen, nachdem er mehrmals an dem Haus vorübergeschlichen war und ausgespäht hatte, daß ihn niemand beobachtete, putschte ihn auf, gehörte für ihn schon zum Vorspiel, da es nach Verbotenem roch. Er zitterte, bebte, sein Herz schlug ihm bis zum Hals, und seine Erregung wuchs ins Unerträgliche, sobald sie im nächsten Augenblick schon sich an ihn schmiegte, er ihren geschmeidigen, noch bettwarmen, nur von einem dünnen Hemd bekleideten Leib dicht an sich spürte.

Das Zimmer in der Reilstraße – und es lag nicht nur an der Assoziation, die das Wort Einstieg hervorrief, daß er von ihm dachte: Absteige. Nein. Es besaß für ihn später denselben nervenkitzelnden, unmoralischen Klang wie das Gasthaus zur Zeche, die Absteige in Oberhausen. In allen Räumen, peitschte ihn seine Einbildungskraft, über und unter ihnen, umarmten sich jetzt Paare wie sie und koitierten. Und er – er bat Lina sich vornüberzubeugen und die Beine zu spreizen. Er stellte sie rücklings vor sich hin, schlang seine Hände um ihre Hüfte, spürte ihr samtweiches, wohltuendes Fleisch gegen seine Leisten. Er scheute sich, es zu sagen, doch er dachte: Du bist meine Hure …

Oberhausen – dort hatten sie es zum ersten Mal ausprobiert. Unter Geräuschen von nebenan, Stimmengestöhn, das auf eindeutige Situationen schließen ließ.

Ja, er hatte sich nach ihrem Kommen gesehnt, nach ihrer Wärme. Der unaufhörliche Regen während des Marsches, die Kälte, die er zwei Tage nun schon hatte erdulden müssen, bewirkten ihr übriges.

Am Karfreitag war er auf dem Essener Bahnhof von Redakteuren jener im Ruhrpott herausgegebenen Zeitschrift empfangen worden. Am Sonnabend in aller Frühe, nach einer halb durchwachten, von hitzigen Debatten bereits geschundenen Nacht, hatte er sich wie vereinbart dem Zug der Atomwaffengegner auf dem Stellplatz in Duisburg angeschlossen. Es war ein bunter Haufe, der sich dort versammelte. Tausende mochten es sein, und von Mal zu Mal, Stadt zu Stadt, wobei hier jede fast nahtlos in die andere überging, stießen auf ihrem Weg nach Dortmund in diesen drei Tagen neue Gruppen hinzu. Sie kamen mit Kind und Kegel. Väter trugen ihre Sprößlinge im Reitsitz auf den Schultern, Mütter schoben quäkende und daumenlutschende Babys in Kinderwagen vor sich her. Über den Köpfen der gegen den ständig nieselnden Regen mit wasserdichten Anoraks und Perlonpellerinen vermummten Menge schwebten allerhand Fahnen, doch schwer und schlaff von der Nässe, so daß ihre Tücher lahm herunterhingen, nicht wehen noch flattern wollten, und schwankten an Stangen hoch gehaltene Plakate, Schilder, Spruchbänder mit Losungen gegen den Krieg, für den Frieden, am häufigsten jene auf kreisrundem weißen Grund schwarz, düster und drohend stehende Rune mit ihren nach unten geneigten drei Ästen, das Protestzeichen gegen den Atomtod.

Eine gewisse Achtung konnte Frank den Teilnehmern des Marsches, vor allem angesichts der Strapazen, denen sie sich über die Feiertage aussetzten, nicht verwehren. Trotz des denkbar ungünstigsten Wetters steckten sie sich unablässig reihum durch ihre Fröhlichkeit an. Manche tanzten sogar, scherten sich weder um Kopfsteinpflaster noch Pfützen, sobald der Zug ins Stocken geriet, und immer aufs neue wurden Lieder angestimmt. Gitarren und Lauten, Trommeln und Banjos, Ziehharmonikas und Klarinetten ließen ihre Klänge hören. Auf Schritt und Tritt, mitten im Pulk der gemächlich dahingleitenden Karawane wurden auch lebende Bilder mitgeführt, Symbole, die den verwundert gaffenden, wenngleich nicht sehr zahlreichen und meist recht gleichgültig bleibenden Passanten am Straßenrand Sinn und Zweck der Demonstration vor Augen halten sollten. Sechs mit schwarzen, wie von Totengräbern entliehenen Capes und steifen Zylindern bekleidete junge Männer schleppten einen offenen Sarg, in dem eine Leiche aus Pappmaché lag, die NATO karikierend. Auf einem von munteren, mit Bändern und Federbüscheln geschmückten Ponys bespannten Wagen wurden die Zuschauer aufgefordert, statt mit Bomben mit Fußbällen zu spielen. Ein überdimensionaler Osterhase warf von der Pritsche eines Lastautos herab in allen Farben schillernde Luftballons um sich, als seien es Eier, beschriftet mit Sprüchen wie: Friede sei mit euch! – Ächtet den Krieg! – Statt Atomwaffen Brot für die Welt!

Und dennoch, ein wenig erinnerte Frank das Treiben eher an einen Karnevalsumzug denn an einen Protestmarsch. Zu friedsam, nicht rebellisch genug verlief ihm das Ganze, und lohnte sich überhaupt dieser Aufwand? Oder war andererseits er nicht nur mit falschen Vorstellungen hergekommen? Was aber hatte er dann erwartet? Bei diesem Mischmasch auch von unterschiedlichsten, einander nicht selten widerstrebenden Beweggründen und Überzeugungen, die die Marschierer höchstens für die Dauer von drei Tagen vereinigten? Christen, Naturfreunde, die einen an ihren gelben Halstüchern erkennbar, die anderen an ihrem monotonen Pfeifengetriller, Jungsozialisten, Gewerkschafter, Menschen oft, die sich politisch nirgends gebunden fühlten, nur Furcht empfanden vor einem modernen Sodom und Gomorrha, die warnen wollten vor der Gefahr eines alles zerstörenden nuklearen Infernos, und gewiß auch Kommunisten hier und dort, die jedoch, untergetaucht in der Illegalität, da ihre Partei verboten worden war, nur mit Vorsicht im Zug ihre Gesinnung äußerten.

Natürlich sprach sich herum, daß er aus dem anderen Deutschland kam. Nicht wenigen ging dabei die Bezeichnung DDR nur stotternd über die Lippen, sie setzten Pausen davor und danach, als umgäben sie sie mit Anführungsstrichen, und er mußte sich sogar gefallen lassen, was er sich allerdings jedesmal sofort verbat, als einer aus der *Zone* angeredet zu werden. Halle, wo liegt das? Etwa in Sachsen? Er war ein Exot – für die anderen ohne Frage. Aber er selber fand ja umgekehrt diesen Zug ebenfalls exotisch. Die Taschenwärmer kreisten. Suchte jemand seine Nähe, um mit ihm ein Gespräch anzuknüpfen, wurde in neun von zehn Fällen aus der

Jacke unter dem Regenschutz eine Flasche im Handformat gezückt, mehr oder weniger noch gefüllt mit Black & White, Dornkaat, Dujardin. Hier, Kumpel, nichts für ungut, nimm einen Schluck, bei der Kälte friert einem ja der Arsch ab ... Nur die Christen tranken nicht. Die aber mieden ihn eher, als daß sie sich mit ihm anlegten.

Flugblätter schwirrten durch die Reihen, dem Inhalt nach, mit Franks geschultem, kritischem Blick gesehen, voll von geistigem Chaos. Wo behauptete sich darin noch die uneingeschränkte Bejahung, wo begann bereits die Verneinung, der Zweifel an sich selbst, an der eigenen Mission? Die gewaltlose Aktion, hieß es, ist die einzige menschenwürdige Art zu kämpfen. Katholiken griffen einen Gewerkschaftsfunktionär an, der in seiner Eröffnungsrede am Sonnabend erklärt hatte: Eine machtvolle Demonstration muß die Regierung zwingen, auf jede Beteiligung an atomaren Waffensystemen zu verzichten. Entgegnung der Verfasser: Sollte der Ostermarsch wirklich machtvoll werden, würde er mit einiger Sicherheit unter irgendeinem Vorwand verboten. Ein anderer Satz: Der Teufel jeglicher Aufrüstung verhält sich wie jener im Sprichwort, der statt des dargereichten Fingers die ganze Hand haben will. Kommentar: Sollten wir uns nicht hüten, unserem politischen Gegner Teufeleien zu unterschieben? Einerseits: Unsere Zufriedenheit ist durch Unfrieden bedroht. Unsere »Sicherheit« steht auf Fundamenten, in die Atomminen und Bomben eingebaut sind. Wir haben unser schönes Land vollgestopft mit Waffen und Sprengstoff, unser Haus ist – unsichtbar – mit Dynamit gefüllt. Jeden Tag kann alles explodieren – vielleicht nur durch Zufall. Wir aber wollen frohe Ostern haben. Wir wollen *wirkliche* Sicherheit: durch Abrüstung und Verständigung. Dagegen die

These eines Pfarrers: Doch wenn die andere Seite nicht will, wäre es Selbstmord, einseitig die Waffen zu strekken. Pamphlete mit Hetzparolen: Wer am Ostermarsch teilnimmt, arbeitet den Kommunisten in die Hände, macht sich zum Werkzeug Moskaus. Christliche Euphorie mit Berufung auf Bibelzitate, Matthäus Kapitel 5, Vers 21 und 22: Ihr habt gehört, daß zu den Alten gesagt ist: Du sollst nicht töten; wer aber tötet, der soll des Gerichts schuldig sein. Ich aber sage euch: Wer mit seinem Bruder zürnet, der ist des Gerichts schuldig; wer aber zu seinem Bruder sagt: Racha! der ist des Hohen Rats schuldig; wer aber sagt: Du Narr! der ist des höllischen Feuers schuldig ... Und über allem der *Kernspruch* des Tages: Der Mensch ist ein vernunftbegabtes Wesen. – Sind aber unsere Politiker nicht ebenfalls Menschen?

Auch die Polizei war aufmarschiert, flankierte die Karawane hin und wieder mit Posten, verbarg sich aber ansonsten dezent, wenngleich jederzeit einsatzbereit in Nebenstraßen auf Mannschaftswagen, übte sich dort im Abwarten und harrte weiterer Instruktionen. Angeblich lautete ihr Auftrag, den Zug vor Provokationen Andersdenkender zu schützen. Doch schon nach den ersten Kilometern stellte sich heraus, daß sie ihn vielmehr argwöhnisch bewachte und nur deshalb aufgeboten war, um ihn von Stadtvierteln fernzuhalten, in denen auch über Ostern reges Leben herrschte, und in Ortsteile umzuleiten, wo er nur wenig Aufsehen zu erwecken vermochte. Vielleicht war sich der bunte Haufe der Demonstranten da zum erstenmal einig, als er nun die Polizisten mit Schmährufen und Pfiffen attackierte, allen voran besorgt von den ohnehin auf Spektakel bedachten Naturfreunden, die schon beim Anblick auch nur einer Uniform das Geplärr ihrer Trillerpfeifen zu einem ohrenbetäubenden Lärm anschwellen ließen.

Irgendwo auf einer abseits gelegenen, nur locker bebauten Straße zwischen Gelsenkirchen und Wattenscheid geschah es dann ebenfalls, daß man sich spontan zu gemeinsamem Handeln entschloß, die Religionen und Weltanschauungen sich plötzlich über alles Trennende hinweg vertrugen.

Frank allerdings blieb seinem Vorsatz treu, mischte sich nirgends ein. Er war als Berichterstatter hierhergekommen, mit strenger Weisung, stets auf der Hut davor zu sein, als Unruhestifter oder gar – im hiesigen Sprachgebrauch – als Ostagent verdächtigt werden zu können. Wie schnell aber, dachte er, konnte man ihn trotzdem in eine Falle locken, war er doch überzeugt davon, daß er seit seiner Ankunft bespitzelt wurde, sich ständig in der Beschattung von Leuten des Verfassungsschutzes befand.

Der Zug rüstete zur Mittagsrast des zweiten Tages. Er schlug sein Lager, wenn man es bei diesem erbärmlichen Regenwetter so nennen konnte, unter freiem Himmel auf, einem Himmel jedoch, der von tiefhängenden Wolken bedeckt und alles andere als frei war und von den Fördertürmen mehrerer Zechen ringsum wie ein riesiges graues, freilich um und um leckes Zeltdach gestützt schien.

Einige der Teilnehmer hielt es nicht länger im Dauergeniesel. Sie flüchteten unter Bäume und alle vorhandenen Mauervorsprünge in dieser ausnahmsweis spärlich besiedelten Gegend. Jemand entdeckte an der nächsten Straßenkreuzung eine Gaststätte, und sofort war auch Franks Betreuer angestachelt, Hubert, der Redakteur, ein französischer Typ mit kurzgeschnittenem dunklen Haar und braunen, stets heitere Gelassenheit ausstrahlenden Augen, in ihr etwas Wärmendes zu ergattern, wenn schon nicht ein Mahl, das den Bauch vollhaute –

mein Gott, bei diesen wieder einmal gestiegenen Preisen –, so doch vielleicht einen frisch gekochten Kaffee, heiße Bockwürste oder ähnliches. Frank bat er, ihn zu begleiten.

»Ich werd's dir spendieren«, sagte er, »bei deinem knausrigen Finanzminister. Der bindet euch Genossen ganz schön den Maulkorb hoch, was? Fünfundzwanzig Mark Verpflegungsgeld pro Tag. Das reicht ja nicht einmal für 'ne Cola außer der Reihe ... Und wenn du willst, geb ich auch einen Schnaps aus.«

»Nee, danke«, erwiderte Frank neutral, »bin schon jetzt wieder fast dun von dem Zeug aus den Taschenflaschen.«

Doch kaum, daß sie den Windfang der Gaststätte betreten hatten, bemerkten sie, wie im Innern hinter der Tür lautstark gestritten wurde. Ziemlich hoch ging es dort her, irgend etwas schien nicht in Ordnung zu sein, nicht *okay*, wie es hier allenthalben hieß, und als sie, sich vorbei an Ostermarschteilnehmern wühlend, in den Raum zwängten, sahen sie sich einer schon fast zum Tumult ausgewachsenen Szene gegenüber.

»Für Ausländer ist hier kein Platz«, hörten sie hinter der Theke einen glatzköpfigen Mann schreien, in dem sie den Wirt vermuteten.

Seine wie ein Befehl klingende Aufforderung wurde von den Tischen, wo etwa ein Dutzend Gäste saßen, offenbar Einheimische, mit Beifall quittiert, prasselndem Fäusteklopfen auf den blankgescheuerten Holzplatten, so daß die Biergläser darauf hüpften.

Vor dem Schanktisch hingegen standen drei andere Männer, deren olivbräunliche Hautfarbe Südländer verriet. Sie versuchten sich in gebrochenem Deutsch verständlich zu machen, verlangten Getränke, Wein, wie durch den Lärm zu vernehmen war.

»Es sind Gastarbeiter«, raunte jemand in Franks Nähe ihm zu. »Spanier.«

»Ich verlier doch nicht meine Kundschaft«, tobte wieder der Wirt, »wegen euch – euch Eseltreiber, ihr Kanaken. Ihr habt doch gehört, daß meine Stammgäste das Lokal verlassen wollen, wenn ich euch ausschenke. Also raus hier, aber 'n bißchen dalli!«

»Bravo! Richtig so!« scholl es von den Tischen.

Die Spanier jedoch wichen und wankten nicht, beharrten darauf, bedient zu werden. »Ihr – schlechte Menschen«, radebrechte einer. »Ihr – Nazi!«

»Nun schlägt's aber dem Faß den Boden aus!« Ein breitschultriger, grobschlächtiger Bursche mit hochrotem, vom Alkohol des ausgedehnten Frühschoppens aufgedunsenem Gesicht erhob sich von seinem Stuhl, protzte sich auf mit einer Gebärde, als wollte er handgreiflich werden.

»Du, Hubert«, zischte Frank, »ich verdrück mich.« Am wenigsten war ihm daran gelegen, in eine Prügelei zu geraten. Hubert nickte.

Doch im selben Augenblick ertönten auch Rufe in ihrem Rücken. »Was für beschissene Landsleute ihr doch seid!« schrie einer voller Empörung, wobei er die Männer an den Tischen meinte. »Die Dreckarbeit können sie für euch tun, aber Essen und Trinken, sogar am Feiertag, wollt ihr ihnen verweigern.«

»Was bist denn du für 'n Vogel?« kam es zurück. »Ach, wohl so 'n Heiliger vom Ostertrott, wie?«

»Metaller, wenn du es unbedingt wissen willst. Betriebsratsmitglied bei Hoesch in Dortmund. So – und jetzt bestelle ich für die Kollegen hier.« Er schritt zur Theke und wandte sich an den Sprecher der Spanier. »Los, keine falsche Bescheidenheit, Kumpel. Was soll es sein ...«

Immer mehr hatte sich indessen der Raum mit Ostermarschteilnehmern gefüllt. Ihr Beifall für den Gewerkschafter überdröhnte jetzt jeden anderen Laut in der Gaststätte. Und der Wirt, mit einem Geschirrtuch seine Glatze betupfend, im Zwiespalt nun, ob er sich dem Willen seiner Stammkunden beugen oder nicht doch ihnen das gute Geschäft vorziehen sollte, das der Zustrom der Menge in sein Lokal zu werden versprach, begann zu schweigen, zuckte mit den Schultern, warf bedauernde Blicke in die Tischrunde und entnahm schließlich der Vitrine hinter sich die drei geforderten Flaschen vom Vino secco, dem Manzanilla.

Frank ging. Wenig später brachte ihm Hubert nach draußen auf einem Pappteller dampfende Würstchen mit Weißbrot und scharfem, in der Nase prickelndem Senf.

»Da siehst du's«, sagte er mit einem Augenzwinkern. »Wenigstens haben wir in der Kneipe die Störenfriede, die Friedensstörer besiegt ...«

Am Abend traf Lina ein. Der Demonstrationszug hatte Bochum erreicht und war soeben dabei, sich auf dem Buddenbergplatz mit den besten Wünschen für den nächsten, den dritten Tag aufzulösen.

Zwar hatte Frank mit ihrem Kommen gerechnet, sie jedoch frühestens morgen erwartet. Plötzlich stand sie mitten im Gedränge vor ihm, ihr hübsches Gesicht, obwohl von einer Kapuze umgeben, voller Regentropfen, die ihre Wimpern netzten und über ihre Wangen perlten, und mit einem Schelmenlächeln, als sie gewahrte, daß ihr die Überraschung vollauf geglückt war. Sie trug einen jener immer noch modischen dunkelblauen Kunstfasermäntel, der gegen die Nässe schützte, zugleich aber auch, mit eng um die Taille geschlungenem Gürtel, vorteilhaft ihre Figur zur Geltung brachte. Sie wirkte darin sogar zerbrechlich, wenn sie nicht diese klobige, rundum abgesteifte, kofferförmige Ledertasche mit sich herumgeschleppt hätte, an einem breiten, gepolsterten Riemen über die Schulter gehängt und schwer beladen mit dem Tonbandgerät, den Filmkassetten und dazugehörigen Utensilien. Ihr Reisegepäck hatte sie auf dem Bahnhof in einem Schließfach zurückgelassen, von ihren Aufnahmen aber, ihren Trophäen, wie sie sie nannte, wollte sie sich keine Sekunde lang trennen.

»Wie hast du mich gefunden?«

»Immerhin«, sagte sie, nach einer leichten Berührung seines Mundes mit ihren Lippen, »haben die Ostermärsche schon soviel Publicity, daß es mir nicht schwerfiel, mich nach hier durchzufragen.«

»Bist du verrückt? Und wenn dich jemand angepöbelt hätte, politisch?«

»Hat einer. Im Zug hinter Düsseldorf.«

»Und du? Was hast du getan?«

»Ganz einfach: Hervorragend, junger Mann, hab ich geantwortet, obwohl er mindestens ein Mittfünfziger war, ein Weltkriegsveteran. Ich bin vom Rundfunk. Hier mein Ausweis. Und wenn ich Sie bitten darf, wiederholen Sie Ihre Worte. Doch einen Moment, please. Ich will nur mein Mikrofon auspacken.«

»Und er?«

»Fragte: Und was für eine Reporterin sind Sie? Von welcher Partei, meine ich. Treu, redlich und deutsch? Oder etwa eine von den roten Schreihälsen, die unser Land ständig verunglimpfen? Das zu enträtseln, sagte ich, überlasse ich Ihnen, wenn Sie während der Sendung meinen Kommentar auf Ihr dummes Geschwätz hören ... Schwupp, machte er die Mücke, wechselte das Abteil.«

»Wie unvorsichtig von dir!«

»Sag mal, und du? Freust du dich gar nicht?«

Im Gegensatz zu ihm benahm sie sich tatsächlich viel ungezwungener, kümmerte sich auch nicht wie er andauernd darum, ob jemand vom Verfassungsschutz sie verfolgte oder nicht. So in dem Gasthaus zur Zeche, in das sie am selben Abend noch wie selbstverständlich, sowohl von ihr aus betrachtet als auch vom Hotelpersonal, einzog und das Zimmer mit ihm teilte. So auf dem Marsch nächsten Tags, wobei sie da wohl eher hätte fürchten müssen, daß über irgendwelche Kanäle etwas von ihrem kaum zu übersehenden Verhältnis mit Frank nach Halle – wo liegt das, in Sachsen? – durchsickerte. Denn unverdrossen ging sie an seiner Seite, hakte sich kuschelnd bei ihm ein, genoß es, sich hier, anders als zu Haus, mit ihm in aller Öffentlickeit zeigen zu können. Sie trank ebenfalls aus den herumgereichten Flaschen, bevorzugte schottischen Whisky, sang auch und tanzte mit den anderen. Einmal borgte sie sich sogar von Fasia, einer Orientalin dem Aussehen nach und im Lande weithin bekannten Songsängerin, die Gitarre und versuchte sich auf ihr mit Liedern wie Spaniens Himmel und dem Kleinen Trompeter ...

Bis an den Stadtrand von Dortmund jedenfalls. Denn dort versagten ihr nämlich die Schuhe aus weinrotem Leder den Dienst. Am linken war schon in Castrop-Rauxel eine Naht geplatzt, und am rechten löste sich jetzt unter der Kappe die Sohle. Sie jammerte, fluchte, war den Tränen nahe, da sie nun derart behindert keinen Schritt weiter im Zug mitmarschieren konnte und sich, als habe sie schlapp gemacht und sei in den Invalidenstand versetzt, fahren lassen mußte, bis zum Ziel auf dem Kutschbock des Ponywagens. Ja, auch noch während der Abschlußkundgebung auf dem Dortmunder Hansaplatz unterdrückte sie nicht ihren Zorn auf die

Weißenfelser Schuhindustrie, strafte sie mit Verachtung, indem sie demonstrativ deren Erzeugnisse auszog und auf Strümpfen über das regennasse Pflaster lief. Sie hätte die Schuhe von der Marke Banner des Friedens, was nach ihren wütenden Worten aller Erfahrung hohnsprach, da mit ihnen nicht einmal mehr ein Wimpelchen, ein Papierfähnchen für den Frieden zu tragen gewesen wäre, schon hier in eine Mülltonne werfen können. Doch aus irgendeinem Grund tat sie es erst im Hotel, nachdem Hubert sie und Frank in seinem Chrysler dorthin zurückgebracht hatte. Sie versenkte sie im Papierkorb und kaufte sich am Morgen nach Ostern von ihren abgehungerten Spesen und einer Zuzahlung der Zeitschrift ein neues Paar.

Er stand vor ihrer Haustür, die schmiedeeiserne Klinke gab nach, und mit bleischweren Beinen, wie ihm selber schien, stieg er die Marmorstufen hinauf. Über eineinhalb Jahre, dachte er, liegt sie bereits zurück, diese Reise ins Ruhrgebiet, und vielleicht waren die Stunden dort und die Wochen danach in dem möblierten Zimmer nur etliche hundert Meter von hier stadtein ihre glücklichste Zeit ... Was aber sollte er ihr jetzt sagen, an diesem Abend, dem ersten wieder nach seinem Gespräch mit Münz? Würde sie ihn verstehen, wenn er ihr seine Entscheidung mitteilte? Und wozu überhaupt, verdammt, wozu hatte er sich entschlossen?

Das Zweiminutenlicht im Flur verlosch. Tiefe Dunkelheit umhüllte ihn. Unschlüssig verharrte er auf dem letzten Treppenabsatz, schöpfte Atem und getraute sich lange nicht, den Klingelknopf unter ihrem Namensschild zu drücken.

SECHSTES KAPITEL

Das Lager im Gebirge

(FORTSETZUNG)

Der Befehl an das 3. Bataillon, unmittelbar nach dem Morgenappell erteilt, lautete: Stellungswechsel, Entfaltung in den Planquadraten entlang der Fernverkehrsstraße zwischen Rodewisch und Schneeberg. »Aber nicht«, hatte abends zuvor der Kommandeur während einer Dienstbesprechung vor seinen Offizieren gewitzelt, »daß mir einer auf den Gedanken kommt, in Wernesgrün die Brauerei zu besetzen und das Exportbier zu requirieren. Das ist eine ernsthafte Übung, und demzufolge hat sie abzulaufen wie am Schnürchen, wie im Ernstfall eben. Es geht nach der Stoppuhr. Verstanden, Genossen?«

Fortan lag die Verantwortung für alle Operationen bei den Kompaniechefs und in deren Bereich wiederum bei den Zugführern. Denn je näher man dem Ziel rückte, desto breiter fächerten sich die Einheiten auf, und schließlich fuhr man nur in Kolonnen nach Zügen, die meisten in Schützenpanzerwagen, doch einige auch in Mannschaftswagen vom Typ Ural oder W 50.

In einem von den letzteren saß Achim Steinhauer, in der Kabine neben dem Fahrer, einem Gefreiten. Bernd Höllsfahrt hatte vorbeugend noch einmal die DV-17/1 studiert, die »Vorschrift für den Kraftfahrdienst der NVA«, und für ihn, da Zivilpersonen grundsätzlich nicht in Militärmaschinen befördert werden dürfen, doch mit dem Hinweis, daß er Kampfgruppenerfahrung besitze, eine Sondererlaubnis bewirkt.

Plötzlich sagte der Gefreite: »Was ist denn mit dem los ... Spinnt der?«

Mit einem mehrmaligen, ruckartigen Nicken unter dem Stahlhelm deutete er an, daß er den W 50 vor ihnen meinte. Er kurbelte die Scheibe an seiner Seite herunter und steckte den Kopf nach draußen. Offenbar hoffte er, das Gesicht seines Vordermanns in dessen Rückspiegel zu erkennen, und gab ihm Zeichen, indem er zunächst die Lichthupe aufblitzen ließ und dann heftig mit dem ausgestreckten Arm fuchtelte.

Sie rollten soeben zu dritt über eine abschüssige Asphaltstraße, wegen des Regens, der glitschigen, schon mit dem ersten gefallenen Laub vermengten Feuchtigkeit unter den Rädern in gemäßigtem Tempo und mit gebührendem Abstand zueinander. Auch der Wagen hinter ihnen folgte erst nach etwa siebzig Metern.

Jetzt sah es auch Achim. Das Auto schien zu schlingern, und er glaubte, daß ein leichter Qualmschleier von ihm aufstieg. Oder waren es nur wieder Nebelschwaden, die sie wie üblich begleiteten? Die Auspuffgase aus dem Rohr hinter den Zwillingsreifen? Oder verdampfte gar nur die Nässe auf dem vom Motor erwärmten Blech der Karosserie? Doch ehe er sich vergewissern konnte, entschwand das Fahrzeug seinen Blicken. Eine der zahlreichen Kurven auf der Strecke verwehrte ihm die Sicht.

»Da stimmt doch was nicht«, hörte er wieder den Gefreiten sagen, mit einer Stimme, die um einiges besorgter klang als zuvor. »Die Entfernung ist zu groß ... Doch ich bin mir fast sicher, er hat mein Winken erwidert, mit dem Finger auf irgend etwas unter sich gezeigt.«

Er gab Gas. Hinter der Krümmung tauchte wieder der

W 50 vor ihnen auf. Unter dem mit der Rückenplane geöffneten Verdeck hockte auf den Bänken beiderseits eine Gruppe Soldaten, feldmarschmäßig ausgerüstet, die Waffen an den Läufen in den Händen haltend und die Kolben zwischen die Füße geklemmt. Nun erkannten sie schon ihre breit und lümmelhaft grinsenden Gesichter.

»Ja, ja, ihr blöden Heinis! Zieht nur Grimassen! Gleich wird euch das Lachen vergehen!« Wie ein Aufschrei war es, mit dem sich der Gefreite neben Achim Luft verschaffen, sein würgendes Erschrecken aus der Kehle reißen wollte. Mit zwei Fingern zerrte er am Riemen seines Stahlhelms, wie um ihn zu lockern. »Im Rückspiegel da, da vorn ... Was er bloß will! Sehen Sie es, Genosse?«

Nein. Von seinem Beifahrersitz aus hatte Achim das linke Kabinenfenster des W 50 vor ihnen nicht im Blick, lag es für ihn im toten Winkel.

»Wenn mich nicht alles täuscht ... Er hat Probleme mit der Bremsung. Mensch, der rauscht uns ab!«

Die Straße durchschnitt einen dichten Wald. Hin und wieder klafften Abgründe auf, fielen abwechselnd von einer Seite zur anderen die Böschungen steil ab, umgab sie in Augenhöhe nur noch das Gespinst dunkelgrüner Fichtenwipfel. Wenn hier der Wagen ins Schleudern geriete, der Fahrer die Gewalt über ihn verlöre, die Folgen wären nicht auszudenken, eine Katastrophe unvermeidbar. Und die Gruppe blutjunger Burschen da vorn? Zehn davon auf der Pritsche, ahnungslos, Milchbärte manche unter Stahlhelmen, im jugendlichen Überschwang Faxen treibend – wer von ihnen würde dann überleben?

Probleme mit der Bremsung ... Achim durchzuckte es. Deutlich, wie im Blitzlicht, sah er vor sich die tückische Abfahrt vom Kamm des Erzgebirges nach der Grenzstation bei Zinnwald. Er war sie oft hinuntergeschlichen. Knappe acht Kilometer, schon auf tschechischem Gebiet, bis kurz vor Dubi. Dort der zu einer Badeanstalt ausgebaute Weiher. Wenn man nicht im Schritt fuhr, den Bremshebel nicht nur in Intervallen bediente – und anfangs hatte auch er die Gefahr unterschätzt –, liefen die Ventile heiß. Man wurde unwillkürlich aus der Spur getragen, durchschlug die Leitplanken, raste in den Teich.

Der W 50, in dem er saß, unterschied sich so gut wie in nichts von einem jener Lastkraftwagen aus der IFA-Produktion, den auch er einmal gesteuert hatte.

»Überhole ihn«, sagte er zurück, ebenfalls mit erhobener Stimme. »Los, drück auf die Tube.«

Der Gefreite, mit beiden Händen wieder das Lenkrad umklammernd, blickte ihn an, als sei er nicht bei Verstand, ungläubig, abwehrend. »Das ist doch Wahnsinn ... Wie denn, wie?«

Die Soldaten, höchstens zwei Wagenlängen von ihnen entfernt, johlten, amüsierten sich auf irgendeine Weise, schienen unentwegt Witze zu reißen und sich gegenseitig in ihrer Ausgelassenheit übertreffen zu wollen. Achim aber konnte es hinter dem Wasserfilm auf der Frontscheibe und den knirschend darüber hinhuschenden Wischern nur ahnen, an ihren verzerrten Mündern, ihren Gestikulationen. Auch übertönten die Motorengeräusche jeden anderen Lärm, die Rufe, die Lachsalven.

Jetzt gewahrte er ebenfalls, in einer erneuten Linkskurve, daß der Fahrer sich durch Zeichen mit ihnen zu verständigen suchte. Er malte mit dem Zeigefinger Buchstaben auf das regennasse Glas seines Spiegels: B–R–E–M ...

Er hatte noch nicht ausgeschrieben, da schrie schon Achim: »Überhole ihn, los! Nun setz doch schon an! Du kannst dich auf mich verlassen. Ich kenne mich aus.«

Wiederum näherten sie sich einer Biegung.

»Und wenn mir einer entgegenkommt?« Das Gesicht des Gefreiten, mit hektischer Röte über den Backenknochen, verriet Unsicherheit, fiel in Angst.

»Die Strecke ist abgesperrt. An jeder Kreuzung stehen die Regulierungsposten der Armee.«

»Trotzdem. Die Fahrbahn ist zu eng.«

Sie stießen aus der Kurve.

»Da ... Schau hin! Du kannst jetzt mindestens über einen halben Kilometer die Straße einsehen. Gib Gas! Gas!« Achim sann, wie er ihm die Furcht vor der ungewohnten Situation austreiben könnte.

»Ich kann es nicht.«

»Du ... Sie! Das ist ein Befehl, Genosse! Und wenn Ihnen die Nerven versagen, steigen Sie um. Ich übernehme das Steuer.«

»Seine Bremsen ...«

»Geben Sie Lichtsignale ... Hören Sie nicht? Lichtsignale! Und volle Pulle. Das Horn!«

Endlich tat der Gefreite, was Achim ihn hieß, überwand zum erstenmal seine Ängstlichkeit und schien wieder selbständig zu handeln. Er schaltete auch das Blinklicht an und lenkte den W 50 hart an die linke Straßenseite. Der Fahrer vor ihnen begriff offenbar ihr Manöver. Er wich, soweit es die Prellsteine zuließen, bis an den rechten Rand der Schwarzdecke aus.

»Gas! Gas!« schrie Achim. »Da – die Ausbuchtung. An der Bushaltestelle ... Dort erwischst du ihn.«

»Ich schaff's nicht.«

»Du schaffst es. Du mußt, also schaffst du es ... Gas!«

Sie glitten vorbei. Eine Armlänge nah. Durch das geöffnete Fenster hörte Achim den Fahrer rufen: »Es sind die Bremsen ... Kaum noch Druck ...«

»Gas!«

Ihr W 50, nach einer Überholjagd nun von etwa einem Kilometer, schwenkte wieder ein, setzte sich jetzt vor den Mannschaftswagen der Ersten Gruppe des Zuges. Währenddessen hatte Achim den Fahrzeugältesten, einen Unteroffizier, auf der Ladefläche hinter ihnen verständigt. So ruhig wie möglich, mit bewußt zu Sachlichkeit gezwungener Stimme erklärte er ihm durch das Rückfenster der Kabine die Situation. »Die Genossen vor uns haben Schwierigkeiten. Haltet euch fest jetzt. Und wenn es rumst – keine Panik.«

Das breitknochige Gesicht des Gefreiten an seiner Seite schwamm im Schweiß. Oder waren es nur Regentropfen, die ihm der Fahrtwind über Stirn und Wangen sprühte? Voller Konzentration aber befolgte er nun jedes Wort von Achim.

»Abbremsen ... Brems ab!«

Im nächsten Augenblick rammte der Führungswagen ihr Heck. In der Kabine durchschüttelte sie der Stoß des Aufpralls

»Los, gib wieder Gas. Doch sachte, nicht zuviel«, befahl Achim, indem er zugleich, den Kopf in den Regen gesteckt und rückwärts schauend, das Auto hinter ihnen beobachtete. »Laß ihn kommen ... Jetzt – Bremsung.«

Der zweite Aufprall vollzog sich bereits mit weniger Wucht.

»Gas ... Bremsen ... Gas ... Bremsen ...«

Endlich hatten sie das defekte Fahrzeug unter Kontrolle. Sie hielten an, stiegen aus. Auch die Soldaten saßen ab, und erst jetzt wurde allen die Gefahr bewußt, in der sich die Erste Gruppe befunden hatte. Erschrokkene, ziemlich verstört dreinblickende Gesichter gab es, aber auch Händedrücken, Schulterklopfen. Der Rücken des Gefreiten glich einem Prügelbock, denn er mußte sich auch derbere Knüffe gefallen lassen, wenngleich sie freundschaftlich gemeint waren.

Nach einer Zigarettenpause, die vor allem dazu diente, die erste Erregung zu dämpfen, schoben sie den Mannschaftswagen an den Straßenrand und verkeilten seine Räder mit Klötzen und Steinen. Zwei Soldaten wurden als Posten eingeteilt, um ihn abzusichern. Mit den beiden anderen W 50 fuhren sie weiter.

Der Kompaniechef tobte, als sie unter gehöriger Verspätung erst, noch dazu unvollständig ihr Ziel erreichten. Er fürchtete, daß seine Einheit am schlechtesten abschnitt, da sie infolge der Havarie als letzte die Stellung bezog. Doch bald mußte er sich eines Besseren belehren lassen. Denn noch am selben Abend, beim Abschlußappell, wurde Dieter Landau, wie der Gefreite hieß, vor versammelter Front für seine Besonnenheit und seinen Mut belobigt. Es sei ein wirkliches Husarenstück gewesen, donnerte der Bataillonskommandeur über den Platz, exakter: ein Mot.-Schützen-Paradebeispiel, vorbildhaft für die gesamte Truppe.

Achim zwinkerte dem Gefreiten zu. Na, sollte es bedeuten, bereust du immer noch, dich unter mein Kommando begeben zu haben?

Nicht nur dieses waghalsige Manöver, nein, weit mehr die fortgesetzten Diskussionen um die Ereignisse in der ČSSR, täglich mit neuen Nachrichten gefüttert, erinnerten ihn immer wieder an seine Fahrten mit dem Fernlastzug, besonders an jene durch das Nachbarland. So geschah es auch diesmal, im Anschluß an seine Lesung vor den Soldaten des 3. Bataillons und noch danach, im Stabszelt mit den Offizieren, lange über den Zapfenstreich hinaus. Hier wie dort, man redete sich die Köpfe heiß, stritt, besänftigte, erging sich in Ratlosigkeit oder, als Abwehrreaktion dagegen, in Prinzipientreue, hegte Hoffnung und Skepsis, verstieg sich in proletarische Wut oder übte sich in proletarischer Geduld, den Selbstermahnungen zu Disziplin und Solidarität, das alles, rechnete Achim es auf, zu gleichen Teilen, und kam zu keinem Ende, keinem Ergebnis.

Zuletzt hatte er auf einem Škoda gesessen, und bevor er im vergangenen Sommer in der Vogelschutzwarte am Gülower See eingestellt wurde, führte ihn seine allerletzte Reise nach Šulanta, tief in den Süden der Slowakei, Drehbänke zur Generalreparatur in das dortige Werk zu transportieren und überholte Maschinen gleichen Fabrikats für den Rückweg zu laden.

Knapp drei Jahre gehörte er dem Kraftverkehrsbetrieb an, fuhr in den ersten Monaten, sozusagen zur Probe, Milch für Geschäfte in der Stadt Halle aus, in den nächsten bereits die unterschiedlichsten Güter quer durch die Republik, Fischkonserven von Rostock, Lacke und Farben aus Wolfen, Suhler Jagdwaffen, die ausgefallensten Sachen, bis er schließlich im grenzüberschreitenden Verkehr eingesetzt wurde, vorerst mit Aufträgen für das sozialistische Ausland, Bulgarien, Polen, Ungarn, die Tschechoslowakei. Kurz bevor er dann kündigte, um in die Biologie zurückzukehren, hatte man ihn auch für Transporte in das NSW, das »nichtsozialistische Wirtschaftsgebiet«, vorgesehen. Denn seine Parteistrafe (im Statutendeutsch *Erziehungsmaßnahme* genannt) war längst getilgt worden, schon im Geiseltal, dem Braunkohlenwerk. Hier war er anfangs im Gleisbau tätig gewesen, da in ihm, bei der Knochenschinderei und der damit verbundenen Fluktuation von Arbeitskräften, jederzeit Männer gebraucht wurden, die zupacken konnten, danach ebenfalls schon als Fahrer, auf einem Kipper in der Abraumförderung.

Mein Gott, war er gesprungen! Von einer Arbeitsstelle in die andere. Und sollte das denn nun, dachte er, in einer philosophischen Anwandlung, doch ohne jeden Ernst natürlich, auf Dauer *sein* Aggregatzustand werden, *seine* Daseinsweise der Materie Fleisch und Blut von ihm – die *Bewegung*?

So wenigstens mußte es jedem in die Augen fallen, der seinen Lebenslauf las, Betriebsdirektoren, Kaderleiter, Parteisekretäre. Aber – stellte er sich besonders die letzteren vor, beim Studieren seiner Akte mit länger und länger werdendem Gesicht, so stockte er, kam ihm ein Lächeln. Ja, er konnte die Genossen allemal beruhigen. Er hatte niemals einen Arbeitsplatz *ohne* die Partei gewechselt. Sie hatte ihn auf das Gymnasium gejagt, später auf die Universität und eine rote Fahne in die Hand gedrückt. Im Eisenwerk, als Journalist, unterstand er sogar ihrer Nomenklatur. Nach dem einen Jahr bei Wind und Wetter, in Regen und Schlamm, bei brütender Hitze, im eisigsten Frost, immer im tiefsten Dreck, als er in der Kolonne tagtäglich die Gleise für die Grubenbahn verlegt und befestigt hatte, war sie ebenfalls zu ihm gekommen: Steinhauer, Mensch, wir brauchen Kipperfahrer für den Abraum, und zwar einen, der dort zugleich die Funktion des Parteigruppenorganisators übernimmt. Ein halbes Jahr später: Steinhauer, Genosse, hier gibt es eine Anfrage vom Kraftverkehr. Die Republik reckt sich, wird erwachsen, auch ihr Außenhandel wächst. Sie sucht dringend politisch zuverlässige, handfeste Kerle für den Transport ihrer Waren durch halb Europa, auch zum Klassenfeind. Und als er sich entschloß, auf die Annonce der Vogelschutzwarte zu antworten, sich bei ihr als wissenschaftlicher Mitarbeiter zu bewerben, führte er zuvor ebenfalls ein ausgedehntes Gespräch mit dem Stadtsekretär über seine Herkunft und seine weitere Entwicklung. Seine Gründe konnten nicht vom Tisch gewischt werden, wurden anerkannt.

Der dunkle Punkt jedoch, der schwarze Fleck in seiner Kaderakte? Seine Eigenmächtigkeit, sein Starrsinn, sich sein Leben selber gestalten zu wollen, nachdem er als Redakteur der Betriebszeitung abgelöst worden war? War das die Ausnahme? Nein, dachte er, und beinahe (wovor er sich, wie von Ulrike stets gewarnt, hüten sollte) wurde er zynisch. Auch das verdanke ich der Partei, so oder so, ein paar in Eiferei und Selbstgefälligkeit verliebten Genossen jedenfalls, unter anderem einem Lutter, der mich mit seinem Artikel irgendwohin in die Wüste schicken wollte, nein, wohl doch ganz in seine Nähe, unter seine Fuchtel. Das ließ ich mir nicht bieten. Tut mir leid. Auch *so* hat mich die Partei erzogen, wäre ich nicht *ohne* sie geworden ... Die Kumpel in der Kohle übrigens, als sie mich daraufhin mit ihren Fragen löcherten, abklopften, in mich drangen bis zum Gehtnichtmehr, jedes Wort von mir begründet wissen wollten, haben mich verstanden.

Das war am selben Tag, an dem seine Parteistrafe gelöscht wurde, Monika Metz hingegen eine Rüge erhielt. An diesem Tag auch war ihm zum erstenmal in den Sinn gekommen, statt Nabelschau zu betreiben und sich zu sehr von seiner eigenen Geschichte leiten zu lassen, die ihre zu erzählen. Es wurde daraus Gabriele Grimm, DER GRIMM ...

Auf seinen Reisen, allein in der Kabine, allein mit sich erst recht im abgestellten Lastzug über Nacht auf den Parkplätzen in der Fremde, hatte er darüber nachgedacht, die Fabel, Szenen und Konflikte in seinem Kopf entworfen und geformt. Auch noch auf dem Weg nach Šulanta, seiner letzten Fernfahrt. Da aber las er bereits Korrektur, und trotzdem: Er erwog noch immer den

Schluß, den Ausgang. Sollte Gabriele scheitern, oder scheiterte sie nicht? Welche Antwort darauf bot das tatsächliche Geschehen an? Und ging es nicht vor allem um Wahrhaftigkeit? Kam es darauf an, wie schon von Brecht gefragt, die wirklichen Dinge zu beschreiben oder nicht doch, wie die Dinge wirklich sind?

An der Raststätte Devět Křižů, der Neun Kreuze, nahe einem Dorf dreißig Kilometer vor Brno, unterbrach er seine Fahrt. Wenn er am nächsten Morgen um sechs Uhr wieder starten würde, hoffte er, spätestens gegen zehn am Ziel zu sein.

Achim parkte gern am Rand solcher Plätze, wo er sich ungestörter fühlte als in ihrer Mitte, im Gedränge mit den anderen Autos, die auch diesmal wieder fast ausnahmslos aus Lastkraftwagen bestanden. Er hatte Glück, als er eintraf, in den Leerlauf schaltete und bremste. Eine Lücke tat sich vor ihm auf, da soeben ein Bulgare abfuhr. Dennoch hatte er Mühe, sich dort hineinzuzwängen, zwischen einen Griechen und einen Bundesdeutschen, denn immerhin betrug die Länge seines Škodas, des Neunzehntonners mit Hänger, runde achtzehn Meter, und die wollten erst rangiert sein, ohne daß er jemanden behinderte.

Es war im Juni und am Abend nach einem überheißen Tag. Hinter Prag hatte er sogar das Turnhemd ausgezogen und seitdem mit nacktem Oberkörper am Lenkrad gesessen. Wie froh war er da, daß sein Platz auch im Schatten lag, hohe Bäume, meist Buchen mit dichtem Laub die zwar sinkende, doch immer noch Hitze ausstrahlende Sonne im Westen verstellten. Auch quälte ihn Durst, er spürte ihn mehr als Hunger. Die Limonade, warm geworden unterwegs, hatte ihn nicht gelöscht, und da er noch etliche Stunden Muße haben würde, bis er in der Kabine sein Bett baute und sich schlafen legte, nahm er sich vor, ein kühles Bier zu trinken, eins von der unübertroffenen tschechischen Sorte, vielleicht sogar ein Pilsner Urquell. Im Gedanken daran wurde ihm die Kehle doppelt trocken. Zuvor jedoch wechselte er noch die Diagrammscheibe des Tachografen, wobei er von vornherein wußte, daß er die von seinem Betrieb und der Verkehrspolizei geforderte zulässige Fahrzeit – wieder einmal – bei weitem überschritten hatte. Doch es kümmerte ihn nicht, heute noch weniger als sonst, denn es war sein letzter Transport, sein Abschied vom Vagabundenleben auf den Straßen. Aber auch generell, dachte er, die Leute, die für Fernfahrer eine Arbeitszeit wie für Bürohengste in der Heimat angeordnet hatten, mußten selber nie in deren Haut gesteckt haben. Um fünf Uhr war er von Halle aufgebrochen, hatte in einem Werk bei Dresden die letzte Drehbank von vieren geladen und gegen Mittag die Grenze erreicht. Ewiglanges, nerventraktierendes Warten dort auf die Abfertigung durch den Zoll, der sich wieder mal, aus unerklärlichen Gründen, ziemlich vergnatzt, überaus pingelig gezeigt und Zeit gelassen hatte. Achim konnte sich stets nur schwer beherrschen, hätte am liebsten seinem Ärger Luft gemacht, wenn er solche Trägheit sah, Beamte, die den Allgewaltigen spielten und ihn und seinesgleichen behandelten, als seien sie Schmuggler. Ja, war er denn zum Spaß auf Achse? Schob er Blattgold oder Rauschgift? Dann jedoch – nichts wie ab, in die Spur, Kilometer mit den Rädern fressen. Denn je mehr er von ihnen schluckte, desto früher würde er wieder zu Haus sein. Gewiß, man mußte sich selber in die Pflicht nehmen, merken, wie lange man es aushielt, durfte sich nicht von der Müdigkeit überrumpeln lassen. Auch kontrollierte er jetzt noch einmal die Zollschnüre um die Planen an Motorwagen und Hänger, die Plomben, doch hier in der

Tschechoslowakei brauchte er ganz sicher nicht, wie gelegentlich in anderen Ländern, zu fürchten, daß ihm die Fracht gestohlen würde, noch dazu – und er mußte schmunzeln –, da sie aus tonnenschweren und außerdem reparaturbedürftigen Drehbänken bestand.

In der Gaststätte herrschte Hochbetrieb, und so setzte sich Achim an einen von Gartenstühlen umgebenen freien Tisch auf der Terrasse, nachdem er am Kiosk außerhalb des Lokals zwei Flaschen Bier, tatsächlich original abgefüllt in Plzěn gekauft hatte. Später würde er sich auch noch ein Schnitzel leisten. Aus der nahen Küche drang verlockend Bratenduft in seine Nase und regte nun doch seinen Appetit an. Um ihn herum summte, brabbelte, scholl, manchmal schon ungehemmt laut, Sprachengewirr. Ihm entnahm er auch deutsche Wortfetzen und schaute sich um, ob er nicht einen Landsmann entdeckte, was oft auf seinen Fahrten geschah. Aber nein, zwei Tische weiter von ihm unterhielt man sich zwar in Deutsch, doch dem Dialekt nach zu urteilen, stammten die Gäste, drei an der Zahl und offenbar ebenfalls Fernfahrer, aus Hannover, Hamburg oder dergleichen. Sie sstolperten über den sspitzen Sstein. Er trank das erste Bier gegen den Durst, das zweite wegen seines Geschmacks und wunderte sich, daß die drei Westdeutschen regelmäßig von einem Kellner aus der Gaststätte bedient wurden, der unermüdlich für sie trabte und flitzte. Zunächst hielt er es ihrer Währung zugute, deren Scheine sie mehrmals schwenkten und hinter denen wohl alle Fräcke und Schürzen des sozialistischen Serviergewerbes her sind wie Elstern hinter Flitterkram, wenn er nur blinkt.

Doch daran allein, bemerkte er bald, schien es nicht zu liegen. Der Kellner sprach ebenfalls deutsch, wienerisch gefärbt, so daß Achim, da er sich nicht taub stellen konnte, als unfreiwilliger Ohrenzeuge von ihm vorerst auch erfuhr, was es mit dem Namen der Raststätte auf sich hatte: *Neun Kreuze.* Der Legende nach soll hier vor mehreren hundert Jahren ein Türke eine ganze Hochzeitsgesellschaft mit dem Dolch überfallen und niedergemetzelt haben, eben neun Menschen, darunter die Braut, die ihm versprochen gewesen war, sich jedoch in seiner Abwesenheit mit einem anderen hatte verkuppeln lassen. Die Gräber mit den Kreuzen sollten hier immer noch zu besichtigen sein.

Beim nächsten Mal aber, als er auf schaufelblattgroßen Tellern Knödel mit Geselchtem und Kraut auftrug, sagte er: »Unser Dubček, können'S glaube, die Herrschaftn, zeigt's den Russen. A die Privatwirtschaft hülft unsre Regierung wieder auf die Sprüng. Selbst düs Lokal hier, möcht i wetten, werden'S net wiedererkenne, wenn erst die Autobahn tät gebaut sein ...«

»Na, darauf Prost!« Einer der Westdeutschen schenkte aus einer Flasche Sliwowitz, die auf dem Tisch stand, rundum die Gläser voll und stieß mit dem Kellner an. »Wird auch Zeit. Denn unsereins kann es ja grausen, wenn man euch brave Tschechen wie Dösköppe so traurig, ssteif und sstumm und betteln sieht ...«

»Pst, pst«, machte der Kellner, indem er unwillkürlich sein Serviertuch vor die Lippen hielt. »Ich bütt' Sie, net gar so laut. Noch habn die Wände hier überall Ohren. Noch san wia net so frei wie Sie, meine Herrn.«

»Hoho!« kollerte tief überzeugt von sich der Westdeutsche. »Das Land will ich sehen, das mir min Mul verbietet.«

Achim wollte jetzt seinen Hunger stillen. Doch da er nirgends auf der Terrasse eine andere Bedienung entdeckte, mußte er sich wohl oder übel an diesen ihm äußerst unsympathischen, immerzu katzbuckelnden

Ober wenden. Nachdem er ihm mehrmals gewunken und schließlich ein unwirsches Hallo zugerufen hatte, trat der Mann zu ihm.

Achim bestellte ein Schnitzel.

»Ah so? Kommen'S a aus Deutschland?«

»Ja. Doch aus der DDR.«

»Tschuldigen'S, büttschön. Da müssen'S schon an den Imbiß gehn oder in die Gaststätten.«

»Wieso denn das? Und die Herren nebenan?«

»Sind sehr gute Bekannte von mir. Tschuldigung.« Ohne sich weiter um Achim zu kümmern, verließ er ihn, eilte über die Terrasse, verschwand hinter der Schwingtür des Lokals.

Die Westdeutschen grinsten, tuschelten. Plötzlich sprach einer ihn an: »Tut uns leid, lieber Kollege. Doch wenn du bei uns Platz nehmen willst ... Ein Sstuhl ist noch frei, und ein Schnäpschen in Ehren soll niemand verwehren. Wär doch schön, so wieder mal Deutsch und Deutsch beisammen. Der Sozialismus hier macht's neuerdings möglich, findest du nicht? Die Tschechen halten es eben mit der Menschlichkeit.«

Achim war sowohl sein Appetit als auch der Abend verdorben. Ohne zu antworten, trank er sein Glas aus, erhob sich und zog sich in seinen Wagen zurück. Mit dem Rest seiner Wurststullen aus der Brotbüchse versuchte er noch seinen meuternden Magen zu besänftigen, bevor er im Fond die Liege ausklappte und schlafen ging.

Aber auch in Šulanta, obwohl er sich dort nur unter Mühen mit den Arbeitern verständigen konnte, da trotz der Nähe Österreichs sich kaum einer im Deutschen auskannte, drehten sich die Gespräche um irgendwelche Reformen, die offenbar bald in der Tschechoslowakei eingeführt werden sollten. Hier allerdings, glaubte er herauszuhören, wurden die Erwartungen an sie nicht selten mit Bedenken, wenn nicht gar Besorgnissen verknüpft. Manche Arbeiter zeigten skeptische Mienen, rümpften die Nase.

Er hatte bei Kuty die Europastraße Fünfzehn nach Bratislava verlassen und war die Abkürzung über die Kleinen Karpaten gefahren. Er kam durch Dörfer, die auf ihn einen zwar ärmlichen, doch ungemein sauberen, friedvollen, wenngleich manchmal sogar verträumten Eindruck machten, so daß er ständig versucht war, den Fuß vom Gashebel zu nehmen, um jeden die idyllische Ruhe störenden Lärm zu vermeiden. Die niedrigen Häuser, mit ihren schlichten Eingangstüren zu ebener Erde oftmals noch unterhalb der Bordsteinkanten gelegen, säumten in langer Reihe beiderseits die Durchfahrtsstraßen. Vor ihnen, in Höhe ihrer Fenster, in schmalen Vorgärten oder auch auf unumzäunten Beeten blühten Rosen in prächtigsten Farben. Walnußbäume in Mengen, von riesigem Wuchs, mit breitgefächerten Kronen und bereits taubeneigroßen Früchten an den Zweigen, überdachten schattenspendend Wege und Plätze. Und auf den Bänken vor fast jeder Hütte saßen in aller Frühe schon hier und dort ältere Frauen, Mütterchen beim Schwatz, gekleidet in bedecktbunter slowakischer Tracht, mit umgebundenen braunen oder schwarzen Schürzen und ebensolchen Kopftüchern.

Mit seiner Ankunft war im Werk bereits gerechnet worden. Der Pförtner, nachdem Achim ihm seine Papiere gezeigt hatte, wies ihn sofort ein. Schon hier, und erst recht sowohl beim Abladen der überholbedürftigen als auch beim Empfang der reparierten Drehbänke in einer weiträumigen, neuerbauten Halle, war er, noch in wütender Erinnerung an die Stoffeligkeit des Kellners in Devĕt Križů, von der Freundlichkeit überrascht, mit der die Männer und Frauen ihn umgaben, ihm zur Hand gingen.

Es fiel ihm schwer, sich ihre Gesten zu erklären – und ihre Worte verstand er ja nicht. Sie blieben für ihn, wenngleich nicht *böhmische*, so doch *slowakische* Dörfer. Zum Nachdenken darüber, außer daß ihm in der Schnelle gerade noch dieser gewiß nicht sehr witzige Vergleich eingefallen war, besaß er ebenfalls keine Zeit. Auch dieser Tag war prall von Hitze, und er mußte sich sputen, wollte er bis zum Mittag die Fracht auf den Pritschen verstauen und den Bevollmächtigten des Zolls erreichen, der, wie man ihm an den Fingern abzählte, nur bis vierzehn Uhr seinen Dienst versah. Denn wenn er den nicht erwischte, würde er bis zum nächsten Morgen warten und in Šulanta übernachten müssen. Also, lautete für ihn die Devise, klotz ran. Die Planen aufrollen, die sich unter der Sonnenglut straff wie aus Gummi gespannt hatten, die Spriegelgestelle abbauen, den Kran dirigieren, damit die Maschinen auch wieder exakt zwischen den aufgenagelten Holzkeilen zu stehen kamen, mit den Gurten fest verzurrt werden konnten und während der Fahrt nicht ins Rutschen gerieten. Leiter rauf, Leiter runter, hieß das, und jeder Handgriff sollte sitzen. Danach fühlte er sich wie gerädert, in Schweiß gebadet, ausgebrannt von der Hitze, und nichts sehnte er jetzt mehr herbei als die Dusche, so verstaubt überdies und ölverschmiert er war.

Er ließ sich die Waschräume zeigen, über die in allen Ländern und zu jeder Zeit die Fernfahrer verfügen durften, zog sich dort aus, trat in eine der gekachelten Nischen und gab sich wie erlöst dem niederprasselnden Wasser hin. Völlig nackt stand er nun mitten unter Arbeitern des Werkes, die soeben ihre Schicht beendet hatten, hörte um sich herum Gelächter und Feierabendunterhaltungen in Slowakisch, wie er annahm, nur unterbrochen von wohligem Grunzen. Doch bald erhielt er zum erstenmal eine Ahnung davon, was man ihm in den Fabrikhallen begreiflich zu machen versucht hatte.

Nachdem er sich gründlich abgeseift und seinen Körper frottiert hatte, stellte er sich vor ein Waschbecken, um sich zu rasieren. Er kämmte seinen dunklen Schopf, betrachtete ihn im Spiegel. Ulrike hatte erst neulich, beinahe triumphierend gesagt, daß auch er jetzt, nicht nur sie, graue Haare bekäme, deutlich zu erkennen an den Schläfen.

Da plötzlich schaute ihm jemand über die Schulter, ein wirklicher Graukopf, und als Achim sich umdrehte, er schon mit Turnhose bekleidet, der Fremde jedoch splitternackt, entdeckte er an dessen linken Unterarm, den er ihm entgegenstreckte, eine bläulich gefärbte, fünf- oder sechsstellige Nummer, wie sie in faschistischen Konzentrationslagern Häftlingen eintätowiert worden waren. Er gewahrte auch das Geschlecht des Mannes, sein hängendes Glied, und obwohl ihm ein solcher Anblick nicht ungewohnt war, da unter Arbeitern in der Kaue eine Alltäglichkeit, wandte er dennoch seine Augen sofort ab, glaubte sogar zu erröten.

Der Fremde hielt ihm ein auffallend buntes Stoffbündelchen hin. Als nichts anderes jedenfalls, ein wenig verwirrt und hilflos angesichts dieser Begegnung, erschien es ihm im ersten Moment. Später fragte er sich noch oft, woher dieser Mann so schnell die Dinge genommen hatte, und erklärte es sich damit, daß er sie schon vorsorglich in seiner Arbeitstasche mit hierhergebracht haben mußte. Denn als Achim das Knäuel auseinanderwikkelte, entfalteten sich, nicht größer als zwei Handflächen jede, die Fahnen ihrer Länder, schwarz-rot-gold mit dem Wappen die eine und weiß-rot mit dem typischen blauen Dreieck die andere. Sie waren über Kreuz an zwei Messingstäben auf einem Holzsockel befestigt.

»Wir müssen bleiben Freund«, sagte der Mann, fast beschwörend, indem er mühsam deutsche Brocken zusammenklaubte. »Kamerad ... Du – ich. Kommunisten ... Du verstehn? Nicht nackt ...« Jetzt bückte er seine tiefbraunen Pupillen, sah an sich hinunter, lächelte, bedeckte mit den Händen seine Blöße. »Nicht nackt wie ich ... Du verstehn? No, non ... Waffen. Wie España, Spanien. Thälmann ... No pasaran! Du verstehn? Nix Mađarsko, nix Ungarn ...«

Es war eine merkwürdige Situation. Alles andere jedoch empfand Achim als lächerlich. Sie umarmten sich. Der Alte, dessen Sohn er hätte sein können, und er. Fest preßten sie ihre nackten Oberkörper aneinander, so daß jeder die Wärme der Haut des anderen spürte.

Noch lange grübelte Achim dieser Begegnung nach. Und ein zweites Mal mit besonderer Deutlichkeit, viel bewußter jetzt, tauchte sie in seinen Gedanken auf, als er, auf dem Rückweg bereits, Prag durchfuhr.

Wie schon bei früheren Touren, so hatte er auch diesmal die Umgehung der Innenstadt durch die Viertel im Nordosten gewählt. Hier aber, unmittelbar an der Rudé armády, mußte er jenen Platz überqueren, der ihm einmal als *Heydrich-Kurve* bezeichnet worden war.

Da fiel es ihm ein, und zwar ebenfalls deutlicher, bewußter, mit größerem Abscheu als je zuvor.

An dieser Stelle, auf diesem Pflaster waren die todbringenden Schüsse auf einen der obersten Massenmörder des Naziregimes abgefeuert worden, den Leiter des sogenannten Reichssicherheitshauptamtes, der Gestapo und der Kriminalpolizei, SS-Führer von höchstem Rang, den Liebling Hitlers und Himmlers. An allen Verbrechen der Faschisten war er maßgeblich beteiligt. Bluthund schon 1934 in den eigenen Reihen, Organisator der *Kristallnacht*, des vorgetäuschten polnischen Überfalls auf den Gleiwitzer Sender, womit der zweite Weltkrieg entfacht wurde, Beauftragter Görings für die *Endlösung der Judenfrage*, Herr über alle Konzentrationslager, über Tod und Leben, nein, über Tod, Tod und wieder Tod von Millionen armseliger, unschuldiger Menschen, Frauen, Kinder, Greise, schließlich »stellvertretender Reichsprotektor« der von Deutschland annektierten tschechischen Gebiete. Mord und Terror, Terror und Mord waren mit seinem Namen verbunden – Heydrich, der, wie Achim ebenfalls wußte, aus Halle stammte, Sohn eines Komponisten und Konservatoriumsdirektors, einer »gebildeten« Familie. Und er soll phantastisch Geige gespielt haben.

Hier, in dieser Kurve geschah das Attentat, an dessen Folgen er wenige Tage später starb. Tschechische Patrioten brachten das Ungeheuer um.

Achim fehlte es an Worten, um seinen Gefühlen, seiner Beklommenheit in diesem Augenblick Ausdruck geben zu können. Ja, dachte er bitter, auch solche wie Heydrich nennen sich, waren und sind Deutsche …

Er brauchte eine Atempause. Nach einem Vierteljahrhundert noch immer die Schatten der Geschichte. Sie hatten ihn erschöpft. Oder lag es auch nur an der Fahrt, die ihn ermüdete? Er bremste seinen Zug und steuerte den nächsten Parkplatz an.

No pasaran! Die Faschisten kommen nicht durch.

Aber hatte er auch an diesem Junitag vor einem Jahr die Worte des Alten aus Šulanta in ihrer vollen Tragweite schon verstanden?

Im Lager der Soldaten berief er sich nun auf diese Begegnung. Nein, nein, sagte er, als Fernfahrer habe er Land und Leute kennengelernt. Am eigenen Leib habe er es erfahren und könne mit ruhigem Gewissen behaupten, daß es nicht so sei, die Mehrheit der Slowaken und Tschechen durchaus nicht den Einmarsch der Truppen des Warschauer Paktes als eine Annexion ihrer Heimat empfänden, die Nationale Volksarmee gar ein zweites Mal als deutsche Besatzungsmacht. Überhaupt, was für Vergleiche lasse sich er, Seydewitz, da einfallen! Unhistorisch, kläglich.

Der Major war selbst auf ihn zugekommen, und Achim hatte keinen Grund gesehen, ihn abzuweisen. Bitte, wenn er meinte, sich jemand anvertrauen zu müssen, so wollte er ihn nicht enttäuschen. Einen Kompromiß aber in Fragen des Klassenstandpunkts würde es auch bei ihm nicht geben.

Seydewitz war nur wenige Jahre jünger als er. Bei einigem Mitspiel des Zufalls hätten sie sich sogar noch an der Leipziger Universität, wo er Kulturwissenschaften studiert hatte, begegnen können. Wie die meisten höheren Dienstgrade hier gehörte er seit Ende der fünfziger Jahre der NVA an, hatte sich einst freiwillig gemeldet, als es um seinen Berufswunsch ging, kurz bevor er das Staatsexamen ablegte. Entsprechend seiner Ausbildung wurde er Kulturoffizier, wobei er in seiner militärischen Laufbahn ziemlich rasch die Leiter von einem Rang zum anderen emporklomm.

»Glauben Sie denn nicht, Genosse Steinhauer, daß ich damals ebenfalls voller Ideale steckte, ich in unseren neugegründeten Streitkräften so etwas wie die Rote Armee der deutschen Arbeiterklasse erblickte?«

Achim entgegnete: »Gut geurteilt. Nur verstehe ich nicht, weshalb es jetzt plötzlich anders sein sollte.«

Von Bernd Höllsfahrt informiert, wußte er längst, in groben Zügen zumindest, soweit es die Geheimhaltung nicht verletzte, was geschehen war. Seit der Major aus seinem Kurzurlaub vor zwei Wochen zurückgekehrt war, hatten im Regimentsstab mehrere Dienstbesprechungen und eine Parteiversammlung mit ihm stattgefunden. Ja, er hatte Zweifel an der Berechtigung der Maßnahmen geäußert, die von den Warschauer Vertragsstaaten ergriffen worden waren, und seine Kritik besonders gegen den Einmarsch ihrer Truppen in die Tschechoslowakei gerichtet. Es falle ihm schwer, so begründete er sein Verhalten auch jetzt, als Angehöriger der NVA, der er nun einmal sei, mit allen Konsequenzen, demzufolge auch dem bedingungslosen Gehorsam gegenüber Befehlen unterworfen, dies alles noch länger mit seinem politischen Gewissen zu vereinbaren. Seine Bedenken – in dieser Offenheit aber vorerst wohl nur Achim unter vier Augen mitgeteilt – gipfelten in dem Schluß, daß es trotz der schrecklichen Ereignisse und entgegen den Lehren des zweiten Weltkrieges wiederum Deutsche seien, die sich mit Waffengewalt über das Nachbarland hermachten.

»Wenn es so etwas gibt«, sagte er, indem er die Worte nur stockend über die Lippen preßte, »wie die Ehre des Soldaten, so verlangt sie von mir, die Uniform auszuziehen.«

Drei Nächte hatte Achim inzwischen mit den Offizieren das Zelt geteilt, auf einer Pritsche gelegen unmittelbar neben Höllsfahrt und ihm. So fand er Zeit, ihn zu beobachten, abends, morgens, bei jedem Zusammentreffen im Lager. Der Mann verbreitete Ernst, sogar zuviel davon, wie ihm schien, einen bitteren Ernst. Noch nie hatte er ihn lachen gesehen, auch nicht, wenn Witze erzählt wurden, weniger schwadronierend, sondern wirklich pointiert, oder, was nicht selten geschah, Anekdoten aus dem Soldatenalltag, meist das Vorgesetztenverhältnis betreffend, mit geradezu schwejkschem Humor.

Hing aber die Zurückhaltung, die er sich anzwang, nicht ebenfalls nur mit seiner jetzigen Situation zusammen? Seydewitz schlief schlecht. Wollten Achim vor Müdigkeit schon die Augen zufallen, gewahrte er noch mit dem letzten Blick im dösigen Licht der Lampen von draußen, wogegen das hagere Gesicht des Majors im Profil wie ein Scherenschnitt wirkte, daß er, auf dem Rücken liegend, die Arme unter dem Kopf verschränkt, aufs Zeltdach, ins Leere starrte. Nach dem Wecken und dem Frühsport brauchte er lange für seine Toilette. Stets versuchte er mehrmals, sich den Scheitel durch sein schütteres, angefeuchtetes dunkelblondes Haar zu ziehen, gab erst Ruhe, wenn die Linie schnurgerade verlief. Er kleidete sich äußerst korrekt, achtete auf jede Winzigkeit, wichste die Stiefel auf Hochglanz, bürstete selbst von der in Tarnfarbe gestrichelten Felduniform jede Fussel, und einmal ertappte er ihn dabei, wie er sich vor dem Spiegel mit der Pinzette ein paar überstehende Borsten aus den buschigen Brauen riß.

Jetzt streiften sie durch den Wald, im Nebel, ohne daß sie gewärtig sein mußten, gestört zu werden. Seydewitz kannte mittlerweile die Wege, die Pfade, auf denen sie auch kein Posten belauern würde, und Achim vertraute sich seiner Führung an. Das Gras, schon gilbend und grau vom Herbst und naß, schlug ihm mit seinen hohen Halmen und Wedeln von Seggen, Schwingeln und Farnen um die Füße, so daß er bereits eine unangenehme, klamme Feuchte in seinen Schuhen spürte. Aber was sollte es! Der Major hatte ihn um dieses Gespräch gebeten, und er wollte sich nicht davor drücken, wonach es zweifellos aussähe, wenn er auf Umkehr gedrängt hätte.

Natürlich hatte er Seydewitz gefragt: »Und weshalb ich, ausgerechnet ich? Glauben Sie denn, daß ich, ein Zivilist, der vom Tuten und Blasen in der Armee keine Ahnung hat, Ihnen helfen kann?«

»Doch, doch. Wenigstens mir zuhören werden Sie ... Hoffe ich. Ich habe Ihre Erzählung gelesen und in den drei Tagen Ihre Antworten dazu vernommen. Ich schätze, Sie sind ehrlich.«

Nun gut, dachte er, gehen wir das Wagnis ein. Er konnte nicht sagen, daß ihm die Worte des Majors nicht geschmeichelt hätten. Und andererseits, es geschah nicht zum erstenmal, nachdem sein Buch erschienen war, daß man ihn zum Beichtvater erkor.

»Zuvor aber«, erklärte Seydewitz, als sie nun durch den Wald stapften, in der Deckung dichter Fichten, und vom Gefechtsstand des Regiments aus nicht mehr gesehen werden konnten, »sollen Sie wissen, mit wem Sie es zu tun haben. Offenheit gegen Offenheit ... Oder?«

Achim nickte.

Er erfuhr vom Leben des Offiziers. Seydewitz sprach bestimmt, militärisch knapp, ohne Schnörkel, ohne Verbrämung, manchmal sogar zu verkürzt. Vielleicht aber vermied er nur deshalb jede Umschweife, weil ihnen in dieser Stunde bis zum Abendbrot nicht im Übermaß Zeit blieb.

Als erstes: Vor seinem Eintritt in die Armee, als Student noch, hatte er geheiratet. Doch im fünften Jahr seines Dienstes war ihm die Frau davongelaufen. »Ja, mein Lieber. Sie war bildschön und ich schönblöd. Ich bekam es erst mit, als sie mir ein Kind unterjubeln wollte, das in keinem Fall von mir stammen konnte. Denn in dem fraglichen Monat hatte sich nichts, aber auch rein gar nichts zwischen uns abgespielt. Manöver und nochmals Manöver ...«

Zweitens ... Doch während er noch über seine Ehe und die Scheidung mit einer gewissen Galligkeit, einer ironischen Selbstverleugnung seiner Gefühle gesprochen hatte, unterbrach er plötzlich seinen forsch voranschreitenden Gang, drehte sich um zu Achim, so daß der ihn fast gerempelt hätte. Hautnah konnte er ihm in die Augen blicken, und neben einem erbost wirkenden Funkeln entdeckte er zugleich eine tiefe Ratlosigkeit darin.

»Wissen Sie, natürlich packte mich danach in vielerlei Hinsicht Mißtrauen. Vielleicht übertrieb ich es auch und wurde ungerecht. Aber ich machte mir seitdem so meine Gedanken über unsere Armee, nein, genauer, über ihre Stellung innerhalb unserer Gesellschaft. Nehmen Sie mal die Offiziere, also solche wie mich. Ich erinnere mich noch an die Nazizeit. Wenn da einer auch nur mit ein bißchen Lametta an der Uniform auftauchte, kugelten sich sofort alle Mädchen die Augen nach ihm aus. Nicht anders ... Und ich bitte Sie, verstehen Sie mich nicht falsch, denn ich kenne natürlich den unterschiedlichen Charakter einer sozialistischen und einer imperialistischen Streitmacht ... Nicht anders ist es in der Sowjetunion. Dort genießen die Soldaten, allen voran die Offiziere tatsächlich in der Bevölkerung die allerhöchste Achtung. Gut, es mag seine Gründe darin haben, daß sie aus einem großen und furchtbaren Krieg als Sieger hervorgingen. Trotzdem ... Wie steht es dagegen mit dem Ansehen der Armee bei uns, in unserer Republik? Auf den Straßen, in der Eisenbahn, in den Gaststätten, sonstwo ... Sie müssen sich als Offizier sogar gefallen lassen, angepöbelt zu werden. Von Ungedienten sowohl als auch von ehemals Wehrpflichtigen. Und die Mädchen verziehen spöttisch ihre hübschen Schnuten. Dagegen richten auch keine Dekrete der Regierung etwas aus, keine noch so hohen Vergünstigungen vom Vater Staat ... Nein, es ist, als lebten Sie bei uns als Offizier in Quarantäne. Es ist ein Widersinn, ja, doch die *Volks*-Armee existiert im Bewußtsein des *Volkes* nicht als seine Armee ...«

Er schnaufte hörbar. Die Flügel seiner schmalen Hakennase bebten, seine Lippen verkrümmten sich. War es anfangs nur Verbitterung gewesen, so hatte sie sich nach und nach in Zorn verwandelt, er sich in Wut geredet. Nach einer kurzen Pause, in der er Atem schöpfte, fragte er: »Können Sie mir sagen, wer daran die Schuld trägt, dieses Loch nicht stopft? In wessen Interesse wird dieses ideologische Niemandsland bis heute nicht beackert?«

Achim erschrak. Wort für Wort war er den Behauptungen von Seydewitz gefolgt, und er mußte sich eingestehen, daß sie keineswegs erfunden, nicht einmal übertrieben waren. Nur – ihm selber war bisher ein solches Bild entgangen. Er, da er nicht daran beteiligt war, hatte die Dinge so noch nie betrachtet.

»Zugegeben«, erwiderte er, um Sachlichkeit bemüht, »was Ihre Klagen über das Ansehen unserer Armee in der Öffentlichkeit betrifft, stimme ich Ihnen zu. Doch das erklärt nicht, weshalb Sie sich mit soviel Verbissenheit gegen die Maßnahmen des Warschauer Vertrages wenden.«

»So will ich es wiederholen: Weil es erneut wir Deutschen sind, die die Tschechoslowakei besetzen. Und genau das gießt Wasser auf die Mühlen jener, die uns nicht mögen, die uns verachten.«

»Aber – Genosse Major! Worauf stützt sich denn bloß Ihre Beschuldigung? Haben Sie irgendeinen Beweis dafür, daß – sagen wir – auch nur ein einziger Schützenpanzerwagen der NVA über das Erzgebirge gerollt ist? Soviel Fingerspitzengefühl, nein, soviel moralische Integrität müßten Sie doch unserer Armeeführung zutrauen, daß sie dergleichen – eben aus den von Ihnen befürchteten Gründen – niemals gestatten würde. Niemals. Solange es nicht die wirklichen Feinde jenseits der sozialistischen Grenzen auf einen Krieg ankommen lassen. Nur die sowjetischen Truppen sind bisher dem Ruf der patriotischen Kräfte in der Tschechoslowakei gefolgt, solcher Männer, davon bin ich überzeugt, wie ich sie Ihnen schilderte. Wir stehen Gewehr bei Fuß ...«

»Trotzdem. Wir hängen mit drin. Und was macht das schon für einen Unterschied, ob unsere Panzer diesseits oder jenseits des Erzgebirgskammes, diesseits oder jenseits der Grenze in Lauerstellung stehen. Wenn der Befehl gegeben wird, marschieren wir ...«

»Wie die Nazis, ja? Wollten Sie das sagen: wie die Nazis?« Jetzt vermochte Achim sich nicht länger zu zähmen. Diese Antwort des Majors! Sie traf ihn, als sei er persönlich beleidigt worden. Doch er besann sich, zwang sich zur Ruhe, sagte: »Entschuldigen Sie ...«

Sie schwiegen.

Seydewitz brach das Schweigen. Offenbar hatte er nachgedacht, nach Worten gesucht, und Achim war erneut überrascht von dem, was er nunmehr erfuhr.

»Offenheit gegen Offenheit. Das war doch ausgemacht, nicht wahr? Sie brauchen sich nicht zu entschuldigen. Ich bin noch immer nicht ganz ehrlich zu Ihnen gewesen. Also, verzeihen Sie *mir.*«

Wiederum schien er zu überlegen, bevor er fortsetzte.

»Alle Welt fragt mich, weshalb ich erst jetzt mit meiner Meinung herausgerückt bin. Nach meinem Urlaub vergangener Woche ...«

»Eine Ausnahme übrigens seit dem August, wie ich gehört habe, in Ihrem Truppenteil.« Achim konnte sich diesen Seitenhieb nicht verkneifen.

»Ja. Gewiß. Allerdings auch längst fällig. Doch sehen Sie ... Ich bin inzwischen wieder so gut wie verlobt. Meine Freundin arbeitet als Dramaturgin an einem

Theater. Sie hatte einen Bekanntenkreis eingeladen. Schauspieler, ein Regisseur, auch ein Schriftsteller darunter, einer wie Sie, der Sie übrigens für begabt hält … Den Namen ersparen Sie mir. Über den gesamten Abend ging es um nichts anderes als um die ČSSR. Zumal ich anwesend war. Augenzeuge sozusagen. Doch kurzum. Wissen Sie, was die einhellige Ansicht dieser Leute war? Genau das, was ich Ihnen bisher darzustellen versuchte. Sie pfeifen auf unsere Armee. Nach dem einundzwanzigsten August erst recht. Und exakt den Vergleich, den nicht ich, sondern den Sie trafen, zogen auch sie. Wir seien nicht besser als die Nazis …«

Nein. Er konnte und er wollte nicht länger ruhig bleiben. Aller Zwang zur Geduld, den er sich auferlegte, war, als schnürte er ihm die Kehle ab. Wenn er jetzt nicht herausplatzte, hatte er das Gefühl, würde er erstikken. Er mußte sich davon befreien, ob der Major es ihm übel nahm oder nicht.

»So … Und das beeindruckt Sie … Das Geschwätz von Spinnern … Ich kenne sie nicht. Aber ich kenne inzwischen Sie, Genosse Seydewitz. Soll ich Ihnen etwa von Theresienstadt erzählen, durch das mich jedesmal meine Fahrten führten? Wollen Sie etwa sagen, Heydrich, der Massenmörder, und auch nur einer unserer Kommandeure, Oberst Dehmols, Sie selber, gar die Generale im Verteidigungsministerium – das sei dasselbe? Seydewitz, Seydewitz … Wohin verrennen Sie sich! Selbst wenn der Befehl zum Marsch käme … Wir würden im Klassenauftrag handeln. Die Faschisten haben die Tschechoslowakei überfallen, die Demokratie dort erwürgt, die Menschen gehetzt, gefoltert, ermordet. Wir hingegen … Verbunden in einem Pakt mit dem Bruderland … Wir würden die Volksmacht retten. *Das* ist der ganze Unterschied.«

Er fühlte sich plötzlich leer, wie ausgepumpt. Nicht nur seine letzten Worte, das gesamte Gespräch hatte ihn angestrengt. Jetzt spürte er auch wieder die Nässe in seinen Schuhen. Das Leder quietschte. Im Wald vernahm er Geräusche von brechendem Wild.

Es war zugleich Zeit, umzukehren.

Der Major schaute auf seine Uhr, wandte sich um, wie automatisch, und schritt vor ihm her. Wiederum verfielen sie in Schweigen. Schließlich, schon die Zelte vor Augen, sagte Seydewitz: »Ich möchte mich trotzdem bei Ihnen bedanken. Und bitte, glauben Sie nicht, daß ich mir meine Entscheidung leicht mache.«

»Welche Entscheidung?« Achim hatte noch immer Härte im Ton.

»Eben ... Das ist es. Ich kenne sie nicht. Im Stab habe ich um Bedenkzeit gebeten.«

»Die wird man Ihnen kaum gewähren. Nicht in der Armee. Doch das müßten Sie eigentlich besser wissen als ich.«

Ob er wollte oder nicht, er wurde für einen Schriftsteller gehalten, zumindest in die Rolle von Leuten gedrängt, die im Hauptberuf Bücher schrieben, und mit ihnen verglichen. So hatte es auch Seydewitz wieder getan, und Achim fragte sich, noch spät in der Nacht, als er neben ihm lag, das scherenschnittähnliche Profil seines kantigen Gesichts vor der von außen beleuchteten Zeltwand sah, ob der Major wohl sein Vertrauen gesucht hätte, wenn er nicht im Bekanntenkreis seiner Freundin mit einem – was er vorauszusetzen schien – wie ihm, einem offenbar namhafteren Autor zusammengetroffen wäre. Vielleicht hatte Seydewitz sich von ihm eine ebenso bühnenwirksame Reaktion erhofft wie am Abend seines Urlaubs von den Theaterspielern: Geben Sie Gedankenfreiheit, Sir! – oder dergleichen. Nein, da war er an den Falschen geraten. Achim bedauerte jetzt sogar, daß er nicht noch härter geantwortet hatte. Seine alte Schwäche hatte sich seiner wieder bemächtigt: Die besten Argumente fielen ihm immer zu spät ein, erst dann, wenn ein Gespräch, ein Streit bereits beendet waren. Münz hätte er anführen sollen, Münz und all die Genossen des Politbüros. Spanienkämpfer wie Armeegeneral Heinz Hoffmann, die Überlebenden aus den Zuchthäusern und Konzentrationslagern der Faschisten, die deutschen Kommunisten, die allen voran im Widerstand gegen den Terror und den Krieg die Ehre der Deutschen gerettet hatten, Münz, immer wieder Matti Münz, dessen Leben er kannte, der ihn von Jugend auf begleitete.

Vielleicht schrieb er tatsächlich besser, als er reden konnte, und besaß deshalb eine Chance als Schriftsteller? Aber er sah sich nicht als solcher. Sein Beruf war Biologe. Sofort nach seiner Rückkehr von der Armee würde er seinen Platz im Institut von Professor Beesendahl einnehmen. Er gehörte ja noch nicht einmal dem Schriftstellerverband an, obgleich sein Antrag (mit Fragebogen, Lebenslauf, Paßbildern und allem Drum und Dran) seit Monaten schon dort oben in der Berliner Friedrichstraße gilbte, und auch die Nachwuchsgruppe, den Nachhilfeunterricht für ABC-Schützen in der Literatur hatte er nur selten besucht, was daran lag, daß er einerseits fern im Havelluch kaum Gelegenheit dazu gefunden und andererseits kein sonderliches Interesse verspürt hatte, sich mit unausgereiften Manuskripten unter die Augen von Leuten zu wagen, die sich, mit dem Mitgliedsbuch des Verbandes in der Tasche, für Meister ihres Faches hielten und stets aus seiner Geschichte eine andere machen wollten, eine, wie sie selber sie gern, wenn sie die Kraft dazu gehabt, geschrieben hätten. Da wäre er sich nackt vorgekommen. Es gab nur einen Menschen, vor dem er sich – literarisch – ohne Scheu auszog: Ulrike.

Doch mußte er sich nicht auch in dieser Hinsicht korrigieren? Was seine Verschlossenheit anging, seine übertriebene, beinahe ängstliche Empfindsamkeit? War es noch Stärke, die er da zeigte, oder nicht ebenfalls schon Schwäche? Bedenkzeit, hatte er geantwortet und damit zugleich das Hinausschieben, das Verzögern von Entscheidungen gemeint, die wird man Ihnen kaum gewähren, nicht in der Armee. Wieso aber sollte es im zivilen Leben anders, weniger hart und alternativ darum bestellt sein? Nicht, dachte er, wenn es sich um einen Prozeß von solch gewaltigen, welthistorischen Dimensionen handelte wie die sozialistische Revolution. Das Aufbegehren, das Sich-nicht-fügen-Wollen, das Wider-den-Stachel-Löcken hatte in seinen progressiven Phasen bereits das Bürgertum in die Geschichte eingebracht. Luther, Müntzer, der Sturm und Drang ... Die Arbeiterklasse aber ... Würde sie denn ihre Mission erfüllen können, wenn sie sich nicht zu Einheit und Geschlossenheit bekannte, nichts mehr hütete als ihre bewußte Disziplin?

Anpassung? Nein! Oder: Anpassung – ja? Bisher hatte für ihn dieses Wort stets nur einen anrüchigen, negativen Klang besessen. Wieso aber mußte ihm dieser bis in alle Ewigkeit anhaften? Die Passendsten überleben – eine Hauptmaxime von Darwin, und nicht selten hatte er sich in seiner Verbitterung daran erinnert, sie auf das Zusammenleben der Menschen in der Gesellschaft, auch in der hiesigen, bezogen. Das war ein Irrtum. Standfestigkeit, Charakter, Gewissen – und welche Namen sich noch dafür finden ließen – konnten sich unter den Bedingungen der proletarischen und sozialistischen Revolution genauso als stark in der Fähigkeit äußern, sich anzupassen, nämlich den Erfordernissen des Kampfes. Die Revolution braucht die bewußte Disziplin jedes einzelnen. Folglich ist die Disziplin, gewählt in dem Bewußtsein, sich der revolutionären Sache unterzuordnen, selbst revolutionär ...

Merkwürdig, dachte er, daß mir solche Überlegungen erst hier kommen, im Lager der Soldaten. Mit seiner – sollte er nun sagen: *Rolle* als Schriftsteller hatten sie nur noch wenig zu tun. Eher mit seiner Haltung als Kommunist. Und trotzdem. Es betraf wohl das eine *und* das andere. Ilse Lutter fiel ihm ein, und zwar so unvermittelt, daß es ihn zunächst, wie schon bei der Nachricht von ihrem Tod, kalt durchschreckte. All die sich hier überstürzenden, ihn bestürmenden Eindrücke hatten ihn fast vergessen lassen, was noch kurz vor seiner Abreise zu Haus geschehen war. Franks Anruf. Seine Bitte, sie möchten seine Kinder zu sich nehmen. Als er sie brachte, verlor er dann kaum ein Wort über Ilse. Und erneut grübelte Achim, woran sie so plötzlich gestorben sein könnte. Vielleicht wußte Ulrike inzwischen Näheres? Er sollte mit ihr telefonieren.

Bald aber schien ihm, daß seine Gedanken nur eine logische Folge dessen waren, was ihn bisher beschäftigt hatte. Die bewußte Disziplin, die *Partei*disziplin ... Auch Ilse hatte in ihren Porträts versucht, sich damit auseinanderzusetzen. Während der wenigen Male, bei denen er sich in der Nachwuchsgruppe sehen ließ, begegnete er stets auch ihr. Sie beteiligte sich regelmäßig an den Zusammenkünften, nachdem sie einen mit viel Akribie geschilderten und für beachtlich befundenen Lebensbericht über Clara Zetkin veröffentlicht hatte und nun an einem anderen über Rosa Luxemburg schrieb. Einmal las sie längere Abschnitte daraus vor, und Achim hatte sie gegen einen der anwesenden Kritiker in Schutz nehmen müssen, der ihrem Stil ein übersteigertes (oder nannte er es gar: kitschiges?) Pathos vorwarf.

Was ist daran übersteigert? fragte Achim. Er empfände es anders, wohltuend geradezu im Gegensatz zu der neuerdings eifrig betriebenen, in Mode gekommenen ironischen Effekthascherei, die außer ein paar intellektuellen Späßen nichts zu bewirken vermöge, in die Tiefe zu loten, auf den Grund von Menschenschicksalen zu leuchten am allerwenigsten. Rosa Luxemburg habe Pathos verdient, und nicht jeder besitze die Gabe der Blasphemie, in der Arbeiterbewegung hochgeschätzte politisch-moralische Werte wie in diesem Falle die eiserne Disziplin in den Dreck zu ziehen. Ja, dachte er, darum ging es damals. Es schloß sich dann noch ein heftiger Streit darüber an, wie man historische Persönlichkeiten literarisch zu *verarbeiten* habe. An die Fehler Rosa Luxemburgs wurde erinnert, an ihre Verelendungstheorie, aber Achim kriegte das alles nicht mehr zusammen, und es mußte wohl auch völlig belanglos, unwichtig gewesen sein. Der Kritiker hatte mit viel akademischem Wortgeprassel nur sein Gesicht wahren wollen.

An eins aber entsann er sich genau: Ilse saß ihm in der Runde am Tisch gegenüber. Sie hatten sich über Jahre nicht mehr gesehen, flüchtig nur hier, aber eigentlich seit jener gemeinsamen Silvesterfeier nicht, in der plötzlich Lina Bonk aufgetaucht war. Ilse, wußte er, obwohl es ihm rätselhaft blieb, war ihm stets mit Abneigung entgegengetreten, doch auch er konnte von sich nicht sagen, daß er sie je in der Vergangenheit mit besonderer Sympathie überhäuft hätte. Während sie las, und schon vorher, als sie ihr Anliegen erläuterte, beobachtete er sie. Sie tat beides mit zittriger, beinahe brüchiger Stimme, wogegen auch nicht half, daß sie sich andauernd räusperte. Es war die Aufregung, zweifellos, in die sie sich, nun in den Mittelpunkt der Aufmerksamkeit von allen Seiten gerückt, versetzt sah und die Achim ihr nachfühlen konnte. So aber, derart komplexbeladen, nahezu leidend vor Unsicherheit, glaubte er sie noch nie erlebt zu haben. Überhaupt schien sie verändert, wirkte schmal, blaß, ältlich, wobei ihr sehr dunkles, offenbar nachgetöntes Haar, das beiderseits ihr Gesicht strähnig umrahmte, diesen Eindruck noch verstärkte. Nachdem sie geendet hatte, im Raum zunächst Schweigen herrschte, hielt sie ihre Augen gesenkt, wagte lange nicht aufzublicken, wie ein Kind, das von vornherein Schelte erwartete. Sie wehrte sich auch nicht, als der Kritiker sie angriff, und hob erst wieder den Kopf bei der Entgegnung Achims, mit der er nicht nur die Luxemburg, sondern vor allem sie verteidigte. Daraufhin schaute sie ihn an, mit Augen, aus denen eine seltsame Mischung von Dankbarkeit und – ja – Traurigkeit sprach. Achim spürte noch jetzt diesen Blick. Er hatte ihm damals, wie sollte er es nennen, fast weh getan, und nicht anders empfand er ihn jetzt wieder. Diese Traurigkeit! Er vermochte sie sich nicht zu erklären.

So hatte sich ihm die Begegnung mit ihr vom März dieses Jahres eingeprägt. Ilse verschrieb sich mehr und mehr ihren Porträts, Stoffen, in denen sie nach ihrer eigenen Aussage zeigen konnte, worin die moralische Größe, die Unerschrockenheit und kämpferische Kraft solcher hervorragenden kommunistischen Frauengestalten bestand, und er widmete sich indessen schon fast Entgegengesetztem, wollte in einem Essay der Frage nachgehen, ob mit der revolutionären Disziplin von Kommunisten der Selbstmord zu vereinbaren sei. Abwegig hießen manche sein Vorhaben, aber ihn kümmerte das kaum. Er fand die Fälle, die er im Sinn hatte, eher beunruhigend, vermutete Ursachen dahinter, ohne sich bereits klar zu sein, von welcher Natur sie waren, ob von gesellschaftlichem oder doch nur rein privatem Versagen die Rede sein konnte. Seit er Manfred Kühnau in seinem Blut hatte liegen sehen, mit zerschossener Kinnlade und tiefklaffender Wunde über der Stirn, peinigte ihn der Gedanke, und immer wieder stieß er dabei auch auf die Schicksale von Majakowski und Fadejew. Hatte den einen, wie stets behauptet wurde, tatsächlich nur eine unerwiderte Liebe in den Freitod getrieben, den anderen das Gefühl der Mitschuld – berechtigt oder nicht – an Führungsmethoden im Banne des Personenkults? Waren es hier wie dort wirklich nur Handlungen im Affekt gewesen, oder entbehrten sie nicht einer tragischen Größe, indem sie sich lange schon vorbereitet, wie bei den alten Griechen mit der Unerbittlichkeit von Erinnyen die Seelen gepeitscht hatten und somit nach einem unentrinnbaren Plan abgelaufen waren?

Er dachte an sich. Weshalb hatte er damals, mit vierzehn Jahren, nach dem sinnlosen Kampf, dem Blutbad an der Panzersperre, die Pistole an seine Schläfe gesetzt ... Weshalb. Und was wäre, wenn im selben Moment nicht Frank Lutter auf dem Dachboden erschienen wäre ... Doch sobald Achim sich wieder die Bilder von damals vor Augen führte, war ihm, als beträfen sie einen Fremden, nicht ihn, einen, der nicht einmal seinem Konterfei ähnlich sah. Der verlorene Glaube mußte ihm damals die Waffe in die Hand gezwungen haben ... Doch Glaube an wen oder was? Deutschland oder die Deutschen? Und trotzdem. Vielleicht ist es stets das, was den Willen gebiert, sich selbst zu töten: die plötzliche (oder allmählich wachsende) Leere, der Verlust einer bis dahin alles beherrschenden Idee ... Nein, bei ihm waren nur Idole gestürzt worden. Er hatte im Unwissen von geschichtlichen Realitäten zur Pistole gegriffen. Aber Fadejew? Nach einem solchen Roman wie DIE JUNGE GARDE?

Es blieb ihm auch das unerklärlich. In seinem Essay würde er darauf nur antworten können: Das oberste Gesetz kommunistischer Moral ist die Pflicht zu leben.

Einmal sprach ihn Frank Lutter daraufhin an: »Mein lieber Alter, man hört ja Sachen von dir ...«

Mitte vorigen Jahres war es gewesen, als seine Erzählung noch nicht erschienen war, er aber schon die Nachwuchsgruppe besuchte. Zwar hatten sie sich gelegentlich gesehen, waren sich jedoch, so gut sie konnten, aus dem Weg gegangen. An diesem Tag gelang es ihnen nicht. Achim verließ das Haus, einen Klub des Kulturbunds, in dem man sich getroffen hatte, und auf der Straße davor, in unmittelbarer Nähe der Tür, stand Frank, vielmehr saß in einem Wartburg. Er hatte die Scheiben heruntergedreht, um bei der Hitze das Auto zu durchlüften, und wartete auf Ilse.

»Hallo, alter Freund!« Frank stieg aus. Wie geht's, wie steht's? Floskeln.

»So ... Und was für Sachen sind das?«

»Recht exotische. Bist unter die Literaten gegangen, was? Und Fernfahrer ...«

»Hm ... Stimmt. Obwohl ...« Da brach er ab. Was hatte das Lutter schon zu interessieren, daß er demnächst in die Vogelschutzwarte am Gülower See eintreten würde.

»Grenzüberschreitender Verkehr, hört man. Ungarn, Bulgarien, Polen. Aber ... Fürs kapitalistische Ausland hat's wohl noch nicht gereicht, oder? Sag mal, fühlst du dich wohl dabei?«

»Wie man's nimmt.«

»Du ... Ich bin im Ruhrgebiet gewesen. Beim Ostermarsch. Mein Lieber, wenn du da im Kopf nicht völlig intakt bist, gehn dir die Augen über. Die Geschäfte zum Bersten voll. Mit allem, was dein Herz begehrt. Sie leben wie die Made im Speck. Aber du kennst mich ja. Die Dinge triumphieren, und der Mensch kommt da drüben vor die Hunde. Obwohl … Zu deinen Hobbys gehört wohl auch, daß du über Selbstmörder nachdenkst?«

Es war ihm nicht abzugewöhnen. Frank branzte mal wieder, wie man im Geiseltal sagte, wenn einer den Mund voll nahm. In einer eigenartigen Sucht, Überlegenheit herauszukehren. Er blickte auf Achim und striegelte mit den Kuppen von Daumen und Zeigefinger seinen Schnauzbart.

»Ja«, sagte Achim und dachte: du Affe, »mir ist nun einmal danach. Ob es dir gefällt oder nicht.«

»Na, na. Beleidigt? Dann entschuldige. Bin gespannt auf deine Erzählung. Dir übrigens traue ich etwas Literarisches zu. Im Gegensatz … Na, du weißt schon …«

Bei diesen Worten trat Ilse aus dem Klubhaus, kam näher.

»Seid doch mal kritischer zu ihr«, flüsterte Frank noch. »Ihr Pathos ist viel zu kitschig …«

Ilse, dachte er, Frank hatte sie so wenig wie ihn jemals verstanden … Als er im Regimentsstab das Mittagessen einnahm, wurde ihm mitgeteilt, daß seine Frau am Telefon gewesen sei, mit der Bitte, er solle am Abend zurückrufen.

Im Unterbringungsraum der Dritten Kompanie vom 2. Bataillon wurde der Wald gefegt.

So jedenfalls mutete es Achim an, als er dort im Kübelwagen vom Typ P 3 ankam, neben Bernd Höllsfahrt noch von einem anderen Oberleutnant begleitet, Pisocki, dem Politstellvertreter des Bataillonskommandeurs.

Auf den Wegen und Plätzen zwischen den Zelten kratzten die Soldaten mit Besen und Schaufeln Laub zusammen, harkten den Boden glatt und stachen mit Feldspaten schnurgerade Einfassungen durch die Grasnarbe. Unteroffiziere gaben ihre Anweisungen und ließen manchmal Trillerpfeifen klingeln.

Bernd hatte gesagt: »Ich halte mein Versprechen. Wir finden einen Trick.«

Es ging um Achims ungewöhnlichen, für jeden Armeeangehörigen nahezu unvorstellbaren, vermessenen Wunsch, als Zivilist ein Gespräch mit Gladisch führen zu dürfen, jenem Soldaten, der vor vier Tagen zum Strick gegriffen hatte und noch in letzter Sekunde vom Baum geschnitten worden war.

Nein, er dachte dabei nicht an seinen Essay. So penetrant, vor allem so unverfroren war er nicht, als daß er die Gefühle anderer nur daraufhin hätte erkunden wollen, inwieweit sie literarisch auszubeuten, zu »verarbeiten«, gar zu *vermarkten* wären. Übrigens, Gladisch war kein Kommunist. Also galt für ihn auch nicht die These, wonach das oberste moralische Gesetz die Pflicht zu leben sei.

Bernd, bei jedem seiner Schritte (*Kriegslisten,* wie er sie gelegentlich nannte) den Regimentskommandeur im Rücken wissend, hatte zunächst Pisocki überredet. Der, obgleich Soldat durch und durch, ehemals Schüler der inzwischen aufgelösten Kadettenanstalt in Naumburg, zeigte Verständnis, wobei für ihn entscheidend war, daß Achim beim Bau der Mauer in Berlin den Kampfgruppen angehört und politische Arbeit geleistet hatte. Na dann, sagte er, sind wir ja vom selben Kaliber. Nein, im Lazarett, wohin er Gladisch begleitet hatte, waren die medizinischen Untersuchungen ohne Befund verlaufen, hatten jedenfalls keinen körperlichen Schaden ergeben.

Eine andere Sache sei die seelische Verfassung des Soldaten, seine Labilität. Und somit sei es auch seine verdammte Pflicht und Schuldigkeit, sich um den Mann zu kümmern.

So fuhren sie zu dritt im P 3, den ein Gefreiter steuerte.

Oberleutnant Gerstfeld stelzte durch den Wald, gestiefelt und gespornt, seinen Hauptfeldwebel an der Seite. Drahtig, korrekt, den rechten Arm anwinkelnd und die Hand an die Feldmütze führend, erstattete er Meldung: »Dritte Kompanie beim Großreinemachen.«

Pisocki, im Vergleich zu ihm eher leger in seiner Uniform wirkend, das Käppi wie während der Fahrt im Wagen noch unter das linke Schulterstück mit den drei Sternen geschoben, wandte sich ab, schmunzelte, nahm die Meldung kaum zur Kenntnis. Statt seiner dankte Bernd.

»Bitte, kommandieren Sie den Soldaten Gladisch ab. Zu einem Gespräch mit unserem Gast hier.«

Gerstfeld stutzte. Er mochte an seinen Auftritt vor drei Tagen im Bataillonsstab denken.

Pisocki ergänzte: »Es hat alles seine Ordnung. Eine Maßnahme des Regiments.«

Ja, hatte Bernd entschieden, wir beide tun nur so als ob. Wir setzen uns vors Zelt, damit du Ruhe hast, mit ihm zu reden, halten Wache, daß dich niemand stört. Denn wenn wir dabei sind, spricht er womöglich kein Sterbenswort ... Pisocki ließ sich darauf ein, stellte nur eine Bedingung: Anschließend will ich von Ihnen genau informiert werden. Einverstanden, Genosse Steinhauer?

Nun saß er dem Burschen im Zelt gegenüber. Höllsfahrt und Pisocki hockten auf zwei Klappstühlen davor, unter der Mittelbahn, die als Wetterdach zwischen zwei Stangen aufgespannt war. Über allem flatterte der Nebel, wraste die Nässe, tropfte der Regen ein zweites Mal von den Bäumen. Und unter den Fichten und schon arg gelichteten Ebereschen wurde der Wald gefegt.

»Mein Gott«, sagte Achim. »Sie haben sicherlich von mir gehört. Ich möchte Ihnen helfen. Und ich habe nur eine Frage: Warum haben Sie das getan, warum?«

Gottfried Gladisch, wie er mit vollem Namen hieß, schien nicht zu verstehen, nicht, warum einer, der ihm fremd war und dem er doch gleichgültig sein mußte wie seinem Hauptfeldwebel ein Mann ohne Uniform oder eine Uniform ohne Mann, so sehr danach trachtete, die Beweggründe für seinen Selbstmordversuch zu erfahren. Hochaufgerichtet auf seinem Schemel, mit steifem Rückgrat, beide Handflächen platt auf die Oberschenkel gepreßt, stand er vor ihm mehr, machte es den Eindruck, als er saß. Er rührte sich nicht, wich seinen Augen aus, und wenn Achim trotzdem einen Blick von ihm erhaschte, glaubte er Ablehnung darin zu lesen, nein, Schlimmeres, Demut, Unterwürfigkeit. Der Bursche war nicht einmal schmächtig von Wuchs, wie er, ohne ihn freilich zu kennen, bisher nach den Schilderungen über ihn angenommen hatte. Seine Haut war gebräunt, und Achim erinnerte sich, daß er ja Gärtner gelernt hatte und sein auffällig dunkler Teint vielleicht von diesem Beruf herrührte. Am meisten beunruhigte ihn, er fand keinen Zugang zu ihm.

»Ich weiß natürlich«, setzte er seine Befragung fort, »daß Sie das einzige Kind eines Bäckermeisters in Weißenfels sind. Ich habe mich über Sie erkundigt. Aber ... Haben Sie denn niemals an Ihre Eltern gedacht, an den schrecklichen Kummer, den Sie ihnen bereitet hätten, wenn ...« Er stockte. »Wenn Ihr Vorhaben ge ...« Nein. *Geglückt* durfte er nicht sagen. »... geklappt hätte?«

Endlich ließ sich Gladisch erweichen. Tränen traten

ihm in die Augen. Er schnuffelte. »Es war ... Ich weiß nicht«, stotterte er, »warum ich es getan habe ...«

Doch! Achim begriff es später. Es war der simpelste Anlaß, die dümmste Form der Erniedrigung. Nach und nach zerrte er die Motive aus dem Jungen heraus. Ein Einzelgänger, gewiß, ein Muttersöhnchen würden manche ihn nennen, war er schon bald nach seiner Einberufung zur Zielscheibe des Spotts und brutaler Scherze seiner Kameraden geworden. Er vermochte sich dagegen nicht zu wehren, machte den Laufburschen für sie, putzte ihnen die Stiefel, ließ sich, wie sie wollten, von ihnen unterdrücken. An diesem Tag lautete der Befehl an seine Gruppe, die Latrinen zu säubern, und da es ihn davor ekelte, ihm der Widerwille im Gesicht geschrieben stand, schrie ihn sein Unteroffizier an: »Was denn, Genosse Gladisch! Ich seh wohl nicht recht ... Sind Sie nicht Gärtner? Haben Sie da nicht täglich Gemüse und Blümchen mit Scheiße zu düngen? Warum also hier so etepetete? Oder ist etwa das, was Sie uns vorführen, passive Resistenz?« Er verurteilte ihn dazu, unter dem Gelächter der anderen, fortan die Balken mit der Zahnbürste zu scheuern.

Da drehte er durch. Mit einer Zeltschnur stahl er sich in den Wald. Doch seine Absicht, sich zu erhängen, schlug fehl. Denn wie er bis zur Stunde – so bitter es klingen mochte (und Achim dachte: Gott sei Dank) – kaum mit einer Waffe ordentlich umzugehen wußte, hatte er auch den Strick dilettantisch geknüpft. Zwar hing er zwischen den Ästen, würgte, Schaum trat ihm vor den Mund, die Augen quollen aus ihren Höhlen, und er röchelte bereits mit zugeschnürter Kehle – aber die anderen fanden ihn rechtzeitig.

Was jedoch konnte das schon bewirken ... Würde er nicht erneut verhöhnt werden, nicht erneut unter Roheiten leiden müssen? Würde es nicht wieder einen Unteroffizier geben, der ihm eine Zahnbürste in die Hand drückte und, kraft seines Amtes, befahl, irgendeine Drecksarbeit zu verrichten? Selbst sein Kompaniechef, Oberleutnant Gerstfeld, hatte wütend erklärt, daß er sich ihn vorknöpfen werde, er noch aus jedem in seiner Einheit einen Soldaten gemacht habe ...

Achim, nachdem er den gesamten Hergang kannte, war erschüttert. Wiederum – und jetzt drängte sich ihm unwillkürlich sein Essay auf – begegnete ihm ein Schicksal, das nicht mit leeren Sprüchen abzutun war. Einzelgänger, Muttersöhnchen ... Gladisch – kein Kommunist! Also galt für ihn nicht die These: Oberstes Gesetz – die Pflicht zu leben? Im Gegenteil, empfand er. Sie ist für jeden Menschen verbindlich. In der Armee erst recht. Es ist unser allerheiligstes Prinzip, Soldaten, und seien sie veranlagt wie Gladisch, zum Überleben zu zwingen. Wer sich dagegen verwahrt, der ist nicht von unserer Moral.

Die Tat Gladischs aber war damit nicht aus der Welt geschafft. Es gibt Charaktere, dachte er, die sind nicht zum Soldaten geeignet. Redete er damit den Feiglingen das Wort, den Drückebergern, den Wehrdienstverweigerern – oder nicht doch nur den Schwachen? Er ging von sich aus. Er würde sich, wenn er in Gladischs Alter wäre, mit Sicherheit zu behaupten wissen. Doch er war nicht der verwöhnte, verhätschelte Sohn eines Zuckerbäckers aus Weißenfels. Was aber geschieht mit solchen wie ihm? Wie verhindert man, daß sie nicht bei der nächsten Schikane wieder zum Strick greifen?

Die beiden Oberleutnants, Höllsfahrt und Pisocki, hatten schon während der Fahrt im Kübelwagen darauf verzichtet, sich allzustreng an die militärischen Vorschriften zu halten, und sich statt mit den Dienstgraden mit ihren Vornamen angeredet. Nachdem Gladisch abgetreten war, nochmals mit einem dankbaren, fast hundetreu zu nennenden Blick auf Achim, wollten sie dessen Bericht hören, und bald stieg ihre Entrüstung mit jedem seiner Worte. »Was wirst du jetzt tun, Siegfried?« fragte Bernd den Politstellvertreter des Bataillonskommandeurs.

»Das kannst du gleich miterleben«, erwiderte Pisocki. »Mich stinkt dieses überstramme Gehabe, diese preußische Arroganz von Gerstfeld schon lange an.« Er trat unter dem Wetterdach hervor, rückte an seiner Dienstuniform, zurrte über dem Bauch, der sich ihm trotz seiner erst knapp dreißig Jahren bereits beträchtlich über den Hüften wölbte, das Koppel zurecht und rief mit knallharter Stimme über den Platz: »Oberleutnant Gerstfeld!«

»Hier, Genosse Oberleutnant!« scholl es zurück.

»Sofort zu mir!«

Was dann wenig später folgte, glich einem Sturmangriff von Ärger und Zorn. Gerstfeld war mit langen Schritten herbeigeeilt und hatte vor seinem Vorgesetzten Haltung angenommen. Pisocki befahl ihm, mit ihm ins Zelt zu treten, und von dort vernahm Achim ein wahres Trommelfeuer an Zurechtweisungen. »Sagen Sie bloß, Sie wüßten von nichts. Nicht, was in Ihrer Kompanie gehauen und gestochen wird ... Und wenn doch, dann ist das ein Grund, Sie als Kommandeur sofort abzulösen. Wollen Sie mit solchen Methoden Menschen führen, die Soldaten, gerade die Neueingestellten, zur Verteidigungsbereitschaft erziehen? Verstehen Sie so die Verantwortung, die Ihnen übertragen wurde, oder mißbrauchen Sie damit nicht eher das Vertrauen, das die Armee des Volkes in Sie gesetzt hat ...?«

Manchmal dämpfte er seine Stimme, und Gerstfeld, in seiner Ehre gekränkt, versuchte sich offenbar mehrmals zu rechtfertigen. Seine Entgegnungen allerdings, zu leise vorgebracht, verstand Achim nicht. Er hörte nur immer wieder Pisockis Antworten darauf, seinen grollenden Baß: »Halten Sie den Mund, bis Sie gefragt werden ... Was Sie von Ihren Untergebenen verlangen, das verlange ich jetzt von Ihnen!« Und: »Beschweren können Sie sich, bitte sehr! Sie kennen ja Ihre Rechte ...« Und: »Sie melden sich noch heute im Stab. Und zwar mit dem Unteroffizier, der die Gruppe mit dem Soldaten Gladisch befehligt ... Der wird sowieso bestraft. Denn wir wollen doch mal sehen, was und wer hier siegt. Ihre Auffassung oder meine. Ihr Drang zum Kadavergehorsam oder unsere Forderung nach bewußter Disziplin ...«

Bernd Höllsfahrt grinste. »Mein lieber Mann, den Siggi hat's aber gepackt.« Und als dann die beiden das Zelt verließen, Pisocki noch immer mit hochrotem Kopf und Gerstfeld mit versteinerter Miene, sprach auch er den Kompaniechef an.

»Ich mache Ihnen einen Vorschlag, Genosse Gerstfeld«, sagte er, und zwar in einem Ton, ruhig, sachlich, als säßen sie gemeinsam in einer Beratung der FDJ oder der Partei. »Einen Vorschlag, der den Soldaten Gladisch betrifft. Er ist memmig, zugegeben. Aus dem wird nach allem, was wir nun wissen, nie ein Soldat. Aber er ist gelernter Gärtner. Also ... Wenn wir wieder zu Haus sind, in der Garnison, soll er sich um die Pflege der Grünanlagen in unserer Kaserne kümmern. Und bis dahin bereiten Sie ihn darauf vor, übertragen ihm hier ähnliche Arbeiten.«

Gerstfeld schwieg dazu, bat nur um die Erlaubnis, wegtreten zu dürfen.

»Nein. Noch einen Augenblick. Hören Sie sich bitte auch an, was unser Gast zu sagen hat, Genosse Steinhauer. Zu Ihrer Information. Er war in Berlin dabei, als der Schutzwall gebaut wurde, und stand amerikanischen Panzern gegenüber. Seit zwanzig Jahren bereits ist er Parteimitglied. Also, seit der Zeit, als wir beide noch in die Hosen schissen ...«

Na, na, dachte Achim, ein wenig übertreibt er. Aber da sie sich beide, während des Donnerwetters im Zelt, abgesprochen hatten, wußte er, worauf Bernd hinauswollte.

Gerstfeld hingegen blickte ihn skeptisch an, stand aber vor ihm, als erwarte er gar auch von ihm einen Befehl.

»Ich bin Biologe, und ich begreife nicht, finde es völlig unsinnig, daß Sie mit Ihrem sogenannten Großreinemachen die ganze Gegend hier verschandeln. Es reicht doch schon, wenn notgedrungen Schützengräben und Deckungen angelegt werden mußten. Warum lassen Sie dann nicht wenigstens dem Wald, was des *Waldes* ist, die Bäume, Sträucher, Farne und Kräuter wachsen, wie *sie* es wollen? Man kriegt es ja mit der Angst. Wenn Sie so fortfahren, noch ein Jahr hier zu bestimmen hätten, wäre das Erzgebirge bald ein einziger Exerzierplatz.«

Zunächst schien es, als fühlte sich Gerstfeld auch von diesen Worten verletzt, deren Ironie er natürlich gespürt haben mußte. Doch nachdem er gegangen war, hörten sie wenig später bereits sein Kommando: »Kompaniiie! Achtung! – Säuberungsaktion auf der Stelle beenden ...«

Am Abend telefonierte er mit Ulrike. Oberst Dehmols hatte ihn zum Abschiedsessen in ein Hotelrestaurant in Wildenthal am Fuße des Auerbergs eingeladen. Von dort war überaus schnell (und ihm schwante, daß die Armee dabei nachgeholfen hatte) eine Verbindung nach Halle hergestellt worden. Auch die Verständigung war erstaunlich gut. Ulrikes Stimme klang sehr nah. Achim wähnte, dicht an seinem Ohr ihren Mund zu spüren, ihren Atem, und plötzlich überkam ihn das Bedürfnis, sie zu umarmen, und er sagte es ihr.

Sie lachte, ihr silberhelles, ungemein anziehendes Lachen, bei dem er stets eine seltsame Wärme in sich aufsteigen fühlte, ein heftiges Verlangen, das ihn drängte, ihren Mund mit Küssen zu verschließen. Und hatte er ihr auch das schon gestanden?

»Doch, doch«, beharrte er auf seiner Behauptung. »Wir haben uns eine Ewigkeit nicht gesehen. Ich habe Sehnsucht nach dir.«

»Soll das heißen, Micha, du machst deiner alten Frau eine Liebeserklärung?

»Nein. Weit mehr.«

»Was denn noch?«

»In Gedanken an dich – ein Kind.«

Er spürte deutlich, wie es sie am anderen Ende der Leitung in Verwirrung brachte. Sie hüstelte, als habe sie sich verschluckt. »Du, jetzt brauche ich eine Zigarette«, sagte sie, und nachdem er ihr Feuerzeug hatte schnappen hören: »Und nun Schluß mit dem Süßholzgeraspel. Von wo eigentlich rufst du an? Lauscht nicht die halbe Armee unserer Unterhaltung? Mir wäre es peinlich, du ... Auch Soja steht neben mir und fragt schon, warum ich plötzlich so rot geworden bin ...«

»Gib sie mir mal.«

Er sprach mit seinen Töchtern. Julia, relativ wortkarg, verhielt sich am Telefon schon fast wie eine Erwachsene, nüchtern, sachlich. Wie geht's, mein Kitz? Spitze, was sonst. Die Mami hat recht. Früher warst du viel länger unterwegs, und endlich haben wir dich wieder ... Soja hingegen schnatterte drauflos. Irgend etwas, woraus er sich jedoch kein Bild machen konnte, berichtete sie aus ihrem Kindergarten.

Ulrike war wieder am Apparat.

»Sie will dir nur mitteilen, daß sie den Tag der Republik feiern und dazu ihre Teddys und Puppen schmükken und mitbringen sollen … Pscht, pscht …« Offenbar wandte sie sich an die jüngere, um sie zur Ruhe zu gemahnen.

»Wirklich, Micha, wenn wir uns nicht kürzer fassen, geht bei der nächsten Telefonrechnung unser gesamtes Monatsgehalt drauf.«

»Na dann: Gutenachtküsse für die beiden. Doch ich sollte zurückrufen.«

Eine winzige Pause trat ein, nicht winzig genug jedoch, als daß sie ihm nicht aufgefallen wäre. Ulrike schien zu überlegen, bevor sie sich wieder meldete. »Ein Brief von der DEFA ist angekommen.«

Natürlich wußte er, daß sie ihn gelesen hatte. Alles andere hätte er auch ziemlich albern gefunden. Zwischen ihnen, im Unterschied zu manchen Ehepaaren, von denen sie gehört hatten, gab es kein Postgeheimnis. Das wäre ja noch schöner …

»Von der DEFA, hm. Und?«

»Sie möchte deine Erzählung verfilmen. Sie habe bereits einen Regisseur, den der Stoff interessiert, und sie fragt dich, ob du das Szenarium schreiben würdest. Auch scheint man es sehr eilig zu haben. Denn man bittet dich um deine telegrafische Rückantwort.«

»Nee, du. Das muß ich erst mal überdenken.«

»Hab ich geahnt.«

»Ricke!« Jetzt benötigte er ein paar Sekunden des Überlegens. »Ricke … Wenn du es von vornherein gewußt hast, so hättest du doch bis morgen damit gewartet, bis ich wieder zu Haus bin. Nein, nein. Mach mir nichts vor. Du hast einen anderen Grund, um mit mir zu sprechen.«

Sie schwieg. Wieder schien ihm, als spüre er dicht an seinem Ohr ihren Atem.

»Ist was mit – Frank?«

»Nicht direkt ... Moment. Ich muß hier erst einmal für Ordnung sorgen.«

Durch die Muschel vernahm er, wie sie den Kindern mit Nachdruck ein paar Ermahnungen zurief. Bitte, mäßigt euch doch. Und schließt die Tür. Ich versteh ja mein eigenes Wort nicht mehr ...

»So«, sagte sie, als sie sich wieder an ihn wandte. »Hallo! Bist du noch da?«

»Ja.«

»Weißt du, ich bin da in eine verteufelte Situation geraten. Es betrifft Robbi. Deshalb mußte ich ihn erst einmal ins Wohnzimmer zurückschicken. Denn er schlich ständig hier herum und spitzte die Ohren.«

»Wirst du mit ihm nicht fertig?«

»Nein, das ist es nicht. Auch kann er gar nichts dafür, und im Grunde genommen tut er mir leid.«

»Mädchen, du spannst mich aber auf die Folter.« Er wurde ungeduldig, erfaßte kurz in Gedanken mit seinem Blick Ulrike, sah sie mit übergeschlagenen Beinen auf dem Stuhl im Korridor sitzen, den Hörer in der Hand.

»Das ist ja auch so einfach nicht zu erklären ... Du weißt ja, daß er sein Tonbandgerät mitbrachte und die Menge von neusten Hits ...«

Ja, er entsann sich. Vor einer Woche, noch am selben Abend, nachdem Frank ihnen seine Kinder anvertraut hatte, Robert im Bett lag, in dem winkligen Nebengelaß der Wohnung, wo sie für ihn, den Vierzehnjährigen, eine provisorische Schlafstatt eingerichtet hatten, schaltete er das Gerät ein und ließ es unentwegt laufen. Sie vernahmen die Klänge bis ins Wohnzimmer hinein und fragten sich, ob der Junge nicht gefühlskalt sei, wenn er, nur wenige Stunden nach dem Tod seiner Mutter, auf solche Musik bereits wieder, lautstark mit rhythmischem Gehämmer und Texten meist in englischer Sprache, versessen sein konnte. Was spielte sich bloß in seinem Kopf ab, in seiner Brust? Ulrike meinte, ihm diese Taktlosigkeit – denn als solche empfanden sie es beide – ausreden zu müssen, und ging in die Kammer. Zwar erreichte sie ihr Ziel, aber nur, wie sie mit ziemlicher Betroffenheit zugab, als sie zurückkam, unter der größten Widerspenstigkeit Roberts.

»Auch in den Tagen danach«, sagte sie jetzt, »hat er nicht darauf verzichtet, immer wieder heimlich, sobald er mich nicht in der Nähe glaubte, die Musik gehört. Sie scheint für ihn wie eine Droge zu sein. Er betäubt sich damit. Trotzdem, mir brummte der Schädel davon. Ist doch wahr. Ich konnte keinen klaren Gedanken mehr fassen. Also stellte ich ihn gestern erneut zur Rede. Versuchte, mit himmlisch guten Worten ihn zu bewegen, doch bitte auf mich Rücksicht zu nehmen. Daß ich auch zu Haus noch arbeiten müsse, na, und so weiter ... Weißt du, was er mir darauf geantwortet hat?«

Natürlich war das ihrerseits nur eine rhetorische Frage. Achim erwiderte dennoch mit einem Nein. Er wollte nur, daß Ulrike seine Stimme wieder vernahm, denn er merkte, wie erregt sie war, und fügte noch hinzu: »Beruhige dich. Du wirst dich doch nicht von diesem Schlingel traktieren lassen ...«

»Er sagte: Tante Ulrike, hast du starke Nerven? Ich verstand ihn nicht sofort, war etwas pikiert, fragte zurück, was das heißen solle. Ich dächte schon, daß mich so leicht nichts umwirft, ich nicht gleich in Ohnmacht falle. Darauf wieder er: Dann hör dir bitte mal das an ... Er wechselte die Tonbänder. Ich glaubte, ich würde nun wieder solch einen Schlager – oder wie man das nennt –

vorgesetzt bekommen. Weit gefehlt, Micha. *Ilses* Stimme erklang ...«

Auch Achim – und er wußte, daß es Ulrike nicht anders ergangen war – erschrak in diesem Moment.

»Mir war, als bliebe mein Herz stehen ...«

»Ilses Stimme?« fragte er, wiederum nur nebenhin, da er nach dieser schockierenden Wendung nichts Besseres zu entgegnen vermochte.

»Ja. Und zwar hat Ilse so eine Art Exposé für ein Hörspiel auf das Band gesprochen.«

»Und wie ... Das ist ja furchtbar ... Wie hast du darauf reagiert?«

»Siehst du, das ist es. Ich bat ihn schon nach wenigen Sätzen, das Gerät abzustellen. Ich ertrug es nicht. Irgendwie, fand ich, erzählte sie von sich selbst. Und seitdem bin ich völlig hilflos. Deshalb ließ ich dir ausrichten, mich anzurufen. Das Problem ist ... Ich bin überzeugt davon, daß Frank von der Existenz dieses Tonbandes nicht das geringste ahnt. Was soll ich tun? Den Jungen verraten? Seinen Vater hintergehen?«

Er atmete tief. Er fühlte sich jetzt nicht weniger ratlos als sie. »Gut«, sagte er schließlich. »Gut, daß ich Bescheid weiß. Doch du, Ricke, unternimm vorerst nichts. Bis morgen nicht. Vor allem, informiere auf keinen Fall Frank. Gemeinsam werden wir beide schon einen Weg finden ...«

Sie verabschiedeten sich.

»Ich küsse dich.«

»Ich dich auch.«

Er ging in das Restaurant zurück, wo Oberst Dehmols, dessen Politstellvertreter und Bernd Höllsfahrt ihn schon ungeduldig erwarteten.

SIEBENTES KAPITEL

Die Fessel

Im Treppenhaus flammte das Licht wieder auf. Für eine Sekunde fühlte Frank sich von ihm geblendet, spürte es wie einen Schmerz in seinen Augen, da sie sich an die Dunkelheit bereits gewöhnt hatten und ihre Pupillen sich plötzlich verengten. Irgend jemand betrat im Parterre den Flur, stieg mit klackenden Absätzen die Stufen hinauf, kam hörbar näher.

Nein, er wollte hier nicht entdeckt werden, drückte jetzt mehrmals hastig den Klingelknopf, hatte es ungemein eilig und fürchtete nur, daß ihm Lina nicht schnell genug Einlaß gewähren könnte.

Doch schon wurde das Schloß bewegt, und Frank drängte ungestüm durch die Tür, kaum daß sie sich einen Spalt breit öffnete. Lina, auf seinen Besuch nicht vorbereitet, stand vor ihm in Jeanshosen und dickem Rollkragenpullover – wie verpackt und zugeschnürt, dachte er flüchtig – und fragte gedehnt vor Erstaunen: »Du?«

»Wieso? Hast du jemand anderen erwartet?« Ein Schuß Mißtrauen, Eifersucht wohl gar keimte nun doch in ihm auf.

»Sei nicht albern. Erst rührst und rappelst du dich nicht, dann klingelst du plötzlich wie wild, hältst dich nicht einmal an unser Zeichen, ach was, auch sonst an keine Verabredung ...« Sie schwieg, wollte ihn nicht mit Vorwürfen empfangen. »Du solltest endlich einen Wohnungsschlüssel von mir nehmen.«

Mehrmals schon hatte sie ihm dieses Angebot gemacht, er jedoch hatte es stets abgelehnt. Er wußte nicht, wo er den Schlüssel so sicher hätte verwahren sollen, daß er nicht eines Tages von Ilse gefunden würde. Sein Schreck nach der Ankunft des Pakets aus Oberhausen haftete noch in seinem Gedächtnis. Er besaß bis heute keine Ahnung, was seine Frau wirklich davon hielt: Damenschuhe aus Weißenfels, mit zerplatzten Nähten und abgerissener Sohle ... Allerdings, nie wieder war die Sprache darauf gekommen.

Lina bemerkte seine Verwirrung. Sie nahm ihm Mantel und Schal ab, hängte sie über einem Bügel an die Garderobe, stellte ihm seine Pantoffeln hin und beschloß, nicht weiter in ihn zu dringen. Er würde schon von selbst mit seinen Sorgen und Problemen herausrükken, spätestens, wenn sie ihm etwas zu trinken vorsetzte, das ihm die Zunge lockerte. Im Wohnzimmer, in dem sie bis jetzt gearbeitet hatte, räumte sie den Tisch frei, vom Tonbandgerät und allerhand Manuskripten. Und obgleich nicht provozierend, so doch auch nicht ohne Absicht, zog sie vor seinen Augen den Pullover aus, da ihr sein mißbilligender Blick darauf ebenfalls nicht entgangen war. Sollte er etwas Hübsches sehen, ihre Brust, ihre Achselhöhlen mit dem dichten Haar ...

»Inzwischen – findest du nicht auch? – ist es mollig warm hier«, sagte sie. »Mir war es nämlich zu kalt, als ich heimkam und erst da Kohlen im Ofen nachlegen konnte.«

Er aber hob kaum seinen Kopf, rauchte.

»Wart. Ich zieh mir nur etwas Leichteres an ...« Sie

holte aus dem Schlafzimmer eine durchbrochene, ärmellose Bluse und streifte sie über. Der Bar in der Schrankwand entnahm sie einen Kognakschwenker, füllte ihn über die Hälfte mit Budafok und stellte das Glas und, nach kurzem Überlegen, auch die Flasche vor ihn hin.

»Entspann dich erst mal.«

Doch. Es war etwas anderes mit ihm. Er blieb wie angewurzelt im Sessel sitzen, mit vornübergebeugtem, leicht wippendem Oberkörper, die Zigarette nervös zwischen den Fingern drehend, rückte nicht wie gewohnt an ihre Seite auf der Couch.

»Fast zwei Wochen haben wir uns nicht mehr gesehen ...«

»Ach, weißt du, Roßbach. Das verdammte Geiseltal frißt mich mit Haut und Haar. Sie wollten das Dorf abbaggern, haben immer noch nicht begriffen, daß wir auf Erdöl umprofilieren und ihre Gruben bald nur noch einen frühkapitalistischen Scheißdreck wert sind ...« Es stimmte zwar, was die Sache, doch nicht, was sein Verhältnis zu Lina betraf. Er ertappte sich, daß er ihr gegenüber zum erstenmal Arbeitsüberlastung vorschützte, sie als Ausrede gebrauchte, nicht anders, als säße jetzt Ilse vor ihm, und so, wie er es schon seit zwei Jahren mit ihr tat, jedesmal, wenn er erst spät in der Nacht nach Haus kam.

Bisher hatte er das Glas nicht angerührt. Doch nun trank er gierig, schüttelte sich und schenkte sofort nach.

»Du bist bei Münz gewesen«, sagte sie. »Mich aber läßt du im ungewissen. An jenem Abend hab ich noch lange auf dich gewartet und, nachdem ich wohl annehmen mußte, daß dich Ilse begleitet hat, nicht einschlafen können.«

Endlich einmal blickte er ihr voll ins Gesicht. Sie

zuckte zurück, bereute ihre Worte. Hatten sie nun nicht doch wie ein Vorwurf geklungen, und war nicht ihr Vorsatz, sich zu gedulden, bis er selber zu sprechen begänne, mit einem Schlag verflogen? Aber er machte es ihr auch schwer, ging nicht aus sich heraus, kapselte sich ein. Warum, warum ... Es mußte doch einen Grund haben. Für sie währte es schon eine Ewigkeit, daß er so vor ihr hockte und immer noch keinen Versuch unternahm, ihr zu erzählen, was bei Münz geschehen war. Hatte er gar eine Niederlage einstecken müssen, er, dem sonst die Erfolge in den Schoß fielen? Nein, er konnte, durfte ihr nicht verübeln, wenn sie sich um ihn sorgte. Sie spürte doch seine Bedrücktheit.

»Was du bloß willst ...«, sagte er schließlich. »Natürlich bin ich allein der Einladung gefolgt. Ilse entschuldigte ich damit, daß sie krank sei. Zwar, beide fragten öfter nach ihr, als mir lieb sein konnte, und besonders Lissy nervte mich, gab mir einen Genesungswunsch nach dem anderen mit auf den Weg ...«

Ja, er hatte auch sie belogen. Und wiederum kam es ihm wie ein Verrat vor. Doch an wem? An seiner Frau, an Münz? Wenn er es so weitertrieb, würde er bald nicht mehr wissen, wen er mit wem betrog, wem er was vorgaukelte, und sich selber nicht mehr aus dem Gespinst seiner Ausreden und Schwindeleien herauswinden können. Ja, er mußte sich entscheiden, ausbrechen aus diesem Teufelskreis. Klarheit mußte er schaffen.

»Ach, Lina«, stöhnte er, mit schalem Geschmack im Munde, »ich glaube, ich besitze seitdem sogar die besten Chancen, zum Wirtschaftssekretär aufzurücken ...«

Sie vernahm es, ebenfalls unerwartet. Jähe Freude schoß in ihr auf, Freude für ihn, doch im nächsten Moment – war es da nicht schon wieder, als wollte ihre Freude ebenso plötzlich versiegen? Der Ton, mit dem er seine neue Funktion in Aussicht stellte, beunruhigte sie. Er tat es mit einer Stimme, als handle es sich nicht um einen Aufstieg, sondern um einen Absturz.

»Frank«, sagte sie, beinahe beschwörend, schon mit dem feinen Gespür von Frauen, die ihren Mann lieben, die bereits von Ahnungen gequält werden, ehe Gewißheit sie leiden läßt: »Um Gottes willen ... Ich bitte dich, sei ehrlich zu mir. Irgend etwas stimmt nicht. Sind etwa Bedingungen daran geknüpft? Auflagen, die du nicht erfüllen kannst?«

»Nein«, entgegnete er heftig und wich ihr wiederum aus. »Nein, nein. Es ist nur ... Es kommt für mich derart überraschend, daß ich noch Zeit brauche, um mich an den Gedanken zu gewöhnen, um meine Kräfte zu sammeln.«

Er mied es erneut, sie anzusehen.

Sie aber dachte: Doch. Ich verstehe ihn.

In den Wochen danach begann Lina Bonk sich zu wandeln. Ihr kamen Zweifel, und schon zu Anfang des Jahres, in dem wir uns hier befinden, 1968, wäre es nicht mehr möglich gewesen, daß sie noch einmal dasselbe Verständnis für Frank Lutter, eine restlose Bejahung seines Verhaltens, seiner Sprüche und seines Niedergedrücktseins, aufgebracht hätte. Ihre Ahnungen verstärkten sich – oder nein: Sie bauten sich in dem Maße ab, wie sie glaubte, die Gewißheiten, ihr Wissen um ihn nähme zu. Ein ätzender Argwohn stieg in ihr auf, der schreckliche Verdacht, daß sich Frank von ihr trennen wolle, einen *Schlußstrich ziehen* unter ihr Verhältnis, und der Gedanke daran, allein an diese von Gleichgültigkeit und Desinteresse geprägte Phrase, die sie beleidigend fand, fürchtete, weil sie von ihr ein Leben lang begleitet worden war und die ihren Träumen und Hoffnungen schon mehrmals ein Ende gesetzt hatte, gewann von Tag zu Tag mehr Gewalt über sie.

Lina, aufgewühlt innerlich, weil sie vorerst noch dem Zwang gehorchte, sich äußerlich nichts anmerken zu lassen, Enttäuschung und Zorn in sich hineinfraß, konnte und wollte sich nicht geschlagen geben. Berechnung erfaßte sie wieder; sie schöpfte aus ihrer Vergangenheit, dem bitteren Kelch ihrer reichlichen Erfahrungen in ähnlichen Situationen, und dabei, was ein anderer Grundzug ihres Charakters war, vermochte sie eiskalt zu sein.

Sie registrierte die Anzeichen, die von Franks verändertem Benehmen ihr gegenüber zeugten und sich häuften, selbst wenn sie noch so banal waren. Sie unterbrach seinen Redefluß nicht, im Gegenteil, ermunterte ihn zur Geschwätzigkeit, indem sie ihn, ihre Beziehungen nutzend und keine Mittel scheuend, mit Getränken zu Überpreisen aus dem Interhotel verwöhnte, Whisky und Staub, Staub und Whisky, seinen Gaumen damit kitzelte, die Lügen aus ihm herauslockte (denn als nichts anderes empfand sie seine Ausflüchte jetzt) und dennoch so tat, als halte sie sie für die reinste Wahrheit. Wie oft widersprach er sich da, fing an zu stottern, wenn er selber noch fähig war, seine gegensätzlichen Aussagen zu bemerken. Das Geiseltal habe auf Knall und Fall seine Anwesenheit erfordert; doch im nächsten Atemzug schon entschuldigte er sich damit, daß ihn, und zwar um dieselbe Zeit, eine überraschend angesetzte Beratung in der Bezirksleitung gehindert habe, an diesem oder jenem Abend zu ihr zu kommen. Seit Tagen, rief er sie im Studio an, hörte sie im Hintergrund Geräusche, die ihr verrieten, daß es unmöglich sein Dienstapparat sein konnte, über den er mit ihr sprach. Straßenbahnquietschen, Autolärm, ein Knacken in der Art des Einrastens durch einen Schalter – es war unverkennbar, er benutzte eine öffentliche Telefonzelle. Weshalb aber, fragte sie sich, suchte er darin Zuflucht, und vor allem, warum gestand er ihr nicht, was ihn veranlaßte, so Hals über Kopf, wie sie vermutete, Vorsicht üben zu müssen. Auch seine Küsse wurden lascher, wirkten jetzt wie gehetzt, sobald er, und zwar immer seltener, ihre Wohnung betrat und sie im Korridor, mit der Selbstverständlichkeit ihrer beiden Jahre, die Arme um ihn schlang. Erst später, unter dem Einfluß des Alkohols, wurde er freier und rieb sich an ihr.

Aber trotzdem, sie liebte ihn, und niemals würde sie freiwillig auf ihn verzichten. So begann sie um ihn zu kämpfen, biß sich, wie eine Katze, obgleich er selber bisher nichts davon spürte, mit Klauen und Zähnen an ihm fest.

Weihnachten stand bevor, das Fest, das zunehmend den Familien überlassen blieb und bei dem Lina Bonk sich in der Vergangenheit oft am einsamsten gefühlt hatte. Vor zwei Jahren noch hatte sie es bei den Lutters verbracht, mit Geschenken gegenseitig, doch im letzten schon nicht mehr, sondern fern in Thüringen, und jetzt sagte sie zu Frank: »Ich will weder allein sein noch abgeschoben werden. Am Heiligabend, gut, da gönne ich dich deinen Kindern. Aber der erste Feiertag, der mindestens, gehört mir. Wir können nach Dresden fahren oder Berlin, uns Hotelzimmer nehmen, in die Oper gehen.«

Sie sah deutlich, er sank zusammen. Er tastete nach seinem Bart, zwirbelte dessen Spitzen, verzog den Mund, schwieg.

Sie fügte hinzu: »Oder braucht dich etwa auch über Weihnachten die Kohle? Mußt du ihr auf die Sprünge helfen, damit sie, solange das Erdöl nicht fließt, bis Silvester den Plan noch erfüllt?«

Lina hatte sich geschworen, ihn auf die Probe zu stellen. Nichts war geeigneter als dieses Fest, um endlich Gewißheit darüber zu erhalten, für wen er sich entschied, für sie oder Ilse, auch wenn die, ihre Freundin (und war sie es denn noch?), ihr gegenüber den Vorteil besaß, daß sie Robert und Clara, die Kinder, die sie ihm geboren, auf ihrer Seite hatte. Dennoch, so sollte es sein. Entweder – oder. Sie dachte nicht daran, noch länger nur seine Geliebte zu spielen.

Er nahm einen tiefen Schluck, bevor er eine Erwiderung fand. Und vielleicht war es der Sarkasmus ihrer letzten Worte, der ihm aufgefallen sein mußte und ihn zum Sprechen zwang.

»Was du da von mir verlangst ... Lina! Du kennst meinen Sohn und meine Tochter. Du hast sie doch ebenfalls gern. Nie und nimmer könnte ich ihnen antun, ausgerechnet über Weihnachten nicht bei ihnen zu sein.«

»Wieso nicht?«

»Es wäre schlimmer für sie als für Halbwaisen. Denn ich, ihr Vater, lebe ja noch.«

»Du bist doch sonst in Ausreden nicht verlegen. Also denk dir was aus. Schieb das Geiseltal vor ... Ja, ich mein es im Ernst. Sag, daß du dort gebraucht wirst oder sonstwo, meinetwegen auf dem Mond ... Lüg sie an, nicht mich. Auch deine ...« Nein, *krank* wollte sie nicht sagen, zögerte, sagte: »Auch diese müde Frau ...«

Fortan nannte sie die Freundin, die Rivalin, nie mehr beim Namen. Ilse – das war passé. Auch ließ sie ihn schmachten an diesem Abend, verweigerte sich ihm, bestand auf ihrer Forderung, beharrte, er wisse ja nun, wann es bei ihr wieder etwas zu holen gäbe, heute nicht, nein, am ersten Feiertag.

Er verabschiedete sich, versprach zu kommen, doch

nach Dresden oder Berlin sollten sie besser ein andermal reisen.

Aber schon auf dem Heimweg, nachdem es ihn nach nur wenigen Stationen nicht länger in der Straßenbahn gehalten hatte, durch Nässe und Schnee patschend und nahezu nüchtern wieder, gewann Frank seine Fassung zurück, seinen kühlen Kopf. Jetzt, wußte er, mußte die Entscheidung getroffen werden. Und die war, daß er nicht zu Lina gehen, sondern sich von ihr trennen würde. Es war vorbei. Die Qual, der Zwiespalt seiner Gefühle sollte ein für allemal ein Ende haben.

Lina wartete. Sie hatten vereinbart, daß er bei ihr zu Mittag aß, was übrigens das erste Mal sein würde. Dementsprechend hatte sie sich die größte Mühe gegeben. Obwohl sie nicht die beste Köchin war, die müde Frau sie auf diesem Gebiet gewiß übertraf, so beherrschte sie doch etwa ein Dutzend Gerichte, auf die sie sich spezialisiert und mit denen sie hin und wieder ihre Gäste verblüfft hatte. Dazu gehörte gefüllte Kalbsbrust nach Szegediner Art, nach einem Rezept, das sie von einer Ungarnreise mitgebracht hatte. Abgesehen von den Gewürzen, etwas zerriebener Muskatnuß, einer zerdrückten Knoblauchzehe und saurer Sahne, entschieden vor allem zwei Dinge über Geschmack und Genuß, einmal die Füllung der Fleischtasche, bestehend aus Speckwürfelchen, in Streifen geschnittener Pökelzunge und entsteinten Backpflaumen, und zum anderen die Gemüsebeilagen, gebutterte grüne Bohnen, gedünsteter Blumenkohl und in Salzwasser gekochter Milchmais. Die meisten, in den Geschäften kaum zu ergatternden Zutaten hatte sie, wie die Getränke, aus dem Interhotel besorgt, und da sie wußte, daß Frank sich aus Reis nichts machte, womit der Braten eigentlich serviert werden sollte, würde sie Salzkartoffeln auftischen und reichlich von der pikanten, zwar scharfen, doch erträglich mit Kirschpaprika gewürzten Sauce.

Am gestrigen Abend schon, während alle Welt beim Kerzengeflimmer unter dem Weihnachtsbaum gesessen, hatte sie das Festmahl vorbereitet. Nun schmorte über eine Stunde bereits bei kleinster Heizstufe die mit Zwirn vernähte Fleischtasche in der Backröhre. Lina übergoß sie ab und zu mit Wasser, beträufelte sie mit Zitronensaft, deckte indessen den Tisch und wartete. Die Zeit jedoch wurde lang, er kam nicht. Die Uhrzeiger überschritten den Mittag, begannen von der Höhe des Zifferblatts ihren Abstieg, und mit jeder Minute, die sie voranrückten, der Stundenzähler sich tiefer und tiefer neigte, sank ihre Zuversicht, ihre Hoffnung, ihr Mut, breitete sich eine endlose Leere in ihr aus, das Verlassensein. Sie schaltete den Herd aus, nahm mit zittrigen Händen die Pfanne aus der Röhre, wollte vor Wut laut schreien, hockte sich aber nur hin und weinte.

Was sollte sie tun ... Vielleicht besuchte er sie wenigstens wieder am Abend, in der Dunkelheit, wenn ihn niemand entdecken konnte? Sie wünschte es sich so sehr, daß sie an ihre Kindheit erinnert wurde, wie sie zu Weihnachten oft mit dem Billigsten zufrieden gewesen war, nicht selten die kleinsten Geschenke für die größten genommen hatte. Doch nichts geschah. Die Klingel schwieg. Lina war mehrmals versucht, zum Hörer zu greifen, Frank anzurufen. Sie sah ihn im Kreis seiner Familie, und sie glaubte genau zu wissen, hatte es selber ja miterlebt, wie er sich dort benahm, bewegte, nein, keinen Finger mehr rührte zu dieser Stunde, außer um Stolle zu essen und zum Kaffee Riegel von seiner Tafel Bitterschokolade zu brechen, wie er den Sessel drückte, in sich ruhte ... Ja, ihn aufscheuchen daraus, aus seiner trägen, fetten Feiertagstrautheit. Ilse ans Telefon bitten.

Ihr alles gestehen ... Ihr sagen: Und wenn du jetzt denkst, beim O-du-Fröhliche unterm Tannenbaum, du alternde, kranke, du müde Frau, daß du ihn für dich allein hast ... Sie stellte sich Ilses Gesicht vor, und ein hysterisches Gelächter schüttelte sie.

Sie hätte schließlich auch das wissen müssen und sich nicht von ihm täuschen lassen sollen. Sie selber war schuld. Sie hatte es nicht anders gewollt, ihn auf die Probe gestellt, examiniert, und nun durfte sie sich nicht beklagen, daß ihr Prüfling versagt hatte. Oder war es nicht umgekehrt? War nicht er, sondern sie durch das Examen gefallen? Sie hätte sich ihre Illusionen bequem noch ein weiteres Jahr bewahren können, wenn sie wie im letzten bei ihrem Bruder Weihnachten gefeiert hätte, hinter Erfurt in den schneereichen Bergen des Thüringer Waldes. Er war ein geschätzter Handwerker dort, Tischler, und vielleicht wäre sie in dieser idyllischen Kleinstadt, aus der sie stammte, zur Ruhe gekommen, hätte zwar nicht gleich die Dresdner Oper besucht, aber doch ein Orgelkonzert mit der Musik von Bach, der Tokkata und Fuge d-moll und den Kanonischen Variationen, wie sie von alters her stets am ersten Feiertag in der Liebfrauenkirche zu hören waren. Mit ihrer Schwägerin freilich verband sie nicht allzuviel, sie war eine biedere Hausfrau, ging höchstens noch im Geschäft ihrem Mann zur Hand, doch da Lina sich, und nun schon beinahe rasend, nach einem eigenen Kind sehnte, hätte sie sich wenigstens mit ihren zwei Neffen und der Nichte trösten, mit ihnen spielen und besonders die Kleine auf den Knien wiegen können, so wie es vermutlich auch Frank jetzt mit Clara tat.

Nein, sie hatte ihn bei sich haben, ihn voll in Besitz nehmen wollen. Und als er nicht kam, nicht einmal anrief, um sich zu entschuldigen, auch wenn es wiederum nur mit einer Lüge gewesen wäre, fühlte sie sich wie selten verbraucht, kinderlos einsam, vertrocknet, erstarrt wie eine Blüte vor dem Entfalten, die zwar noch Farben zeigt, doch im Frost steht und sich nie mehr öffnen wird. Nicht Ilse, *sie* war die müde Frau.

Nach Weihnachten versuchte sie, ihn telefonisch zu erreichen. Es gelang ihr nicht. Sie spürte, er ließ sich verleugnen. Silvester verging, ohne daß sie ihn sah. Sie hatte sich kurzfristig einigen Arbeitskollegen angeschlossen, in einer Gaststätte bis in den Morgen hinein getanzt und geflirtet und sich schließlich betrunken.

In der Woche nach Neujahr endlich meldete Frank sich am Apparat. Doch da Lina noch kaum damit rechnete, daß je ein Anruf von ihr sein Ziel erreichte, sie schon überlegte, ob sie Frank einen Brief schreiben sollte, war sie zunächst verwirrt und vergaß, sofort zu antworten.

»Hallo! Hallo! Wer ist denn dort?«

»Ich bin es«, flüsterte sie.

Sie brauchte ihren Namen nicht zu nennen, Frank erkannte sie am Klang ihrer Stimme. Eine heiße, bis hinein in die Fingerspitzen prickelnde Welle überflutete ihn. Er griff zum Taschentuch, um sich den Schweiß von den Händen zu wischen.

»Du bist so unendlich gemein …«

Am anderen Ende des Drahtes glaubte er ein Schluchzen zu vernehmen.

»Lina, Lina … So beruhige dich doch. Ich will dir alles erklären.« Er blickte ängstlich auf die Tür seines Dienstzimmers, ob sie auch fest verschlossen sei und die Sekretärin nebenan nichts hören konnte.

»Nein, mein Lieber. Das zieht nicht mehr. *Mich* betrügst *du* nicht.« Sie hatte sich gefangen. Überraschend schnell. Er merkte es an ihrem Ton, der sich gefestigt hatte, wieder fordernd war wie an jenem Abend vor Weihnachten in ihrer Wohnung, nur noch schärfer. Er drang an sein Ohr wie splitterndes Glas. »Besuch mich. Sofort. Oder es wird etwas Schreckliches geschehen.«

Mit dieser Drohung entließ sie ihn, legte auf.

Von Stund an verschoben sich in ihrem Verhältnis die Aktivitäten, und von Gleichberechtigung, gleichen Anteilen wohl eher, bei der Fortsetzung ihrer heimlichen, lichtscheuen Partnerschaft konnte kaum noch die Rede sein. Lina betrieb sie mit aller Leidenschaft einer liebenden und gegen ihr Alleinsein ankämpfenden Frau, für Frank jedoch gestalteten sich fortan die Gänge zwischen ihrer Wohnung und seinem Zuhaus zum Spießrutenlaufen. Seine widerstrebenden Gefühle peitschten ihn wie mit Stockschlägen, so daß er sich duckte und nur danach trachtete, unverletzt davonzukommen. Ja, einerseits wollte er immer noch ausbrechen, doch andererseits war er gefesselt, befand sich in Linas Gewalt, fürchtete um sein Ansehen, besonders in der Bezirksleitung, gar, daß es ihn die Funktion kosten würde, wenn sie wahr machte, womit sie gedroht hatte.

Er war noch am selben Abend zu ihr gegangen, gedrängt von einer tiefen Unruhe, die ihr Anruf in ihm ausgelöst hatte. Was konnte sie damit wohl meinen: Oder es wird etwas Schreckliches geschehen? Dachte sie etwa an Selbstmord? Was denn sonst wäre schrecklicher als das? Später sprach sie auch davon manchmal, aber nie mit einer solchen bis zum letzten entschlossenen, völlig apathischen Traurigkeit, daß sie ihn, obgleich er trotzdem bei dem Gedanken daran Bestürzung empfand, überzeugte. Nein, Lina war ihrem Wesen nach viel zu gierig, stets auf Leben aus, als daß sie sich mit dem Tod hätte einlassen können.

Als er in den Korridor trat, schmiegte sie sich an ihn, als hätte es nie ein Zerwürfnis zwischen ihnen gegeben, nicht einmal dieses Telefongespräch vom Nachmittag. Ihre Arme um seinen Hals waren nackt wie gewohnt, und ihre Achselhöhlen dufteten betörend.

Er wartete, daß sie ihm erklärte, was sich hinter ihrer Drohung verbarg. Sie tat es nicht. Schließlich fragte er sie danach.

»Du hast mich sitzen lassen. Im eigenen Saft hab ich geschmort, wie der Kalbsbraten in der Röhre, von Weihnachten bis heute. Ich wollte dich wiedersehen, und zwar schnell. Reicht dir das nicht?«

Ein wenig enttäuschte ihn sogar ihre Antwort. Dergleichen Harmlosigkeit hatte er nicht vermutet. Und hätte er vorher davon gewußt, wäre er wahrscheinlich noch immer nicht gekommen.

Dennoch versuchte er ein Lächeln, froh darüber, daß sich all seine Ängste als Hirngespinste seiner Überreiztheit erwiesen, er sich Linas Hingebung, ihrer Treue sicher sein konnte. Er war zufrieden mit sich, und außerdem, die Abstinenz, die er während der beiden Wochen ohne sie hatte üben müssen, überlagerte nun ebenfalls seine Vorsätze. So dicht jetzt an ihrer Seite, ihren Körper spürend, hatte er anderes im Sinn. Er knöpfte ihre Bluse auf, streichelte ihre Brust und sagte, erleichtert, schnurrend, völlig nebenhin und nur mit einer gewissen Anzüglichkeit: »Was ist daran so Schreckliches, Süße?«

Vielleicht aber hatte sie gerade diesen Augenblick abpassen wollen. Sie entzog sich, entriß sich ihm, schloß die Bluse, erwiderte scharf: »Kannst du dir das nicht selber zusammenreimen?«

Er stutzte, wirkte verstört. Wie ein Trunkener mußte er erst wieder zur Nüchternheit zurückfinden. Dieser

Ton, dieser Ton. Er erinnerte ihn erneut an splitterndes Glas. So grell und kalt klang er.

»Wenn du auch nur ein einziges Mal noch mich so betrügst ... Wenn du nicht tust, was ich will ... Ich schwöre es dir. Ich werde zu dieser müden Frau gehen und ihr alles über uns beichten, alles ... Die Nächte auf deiner Couch, während sie nebenan schlief. Die Schuhe aus Oberhausen, wem sie wirklich gehörten. Die zwei Jahre inzwischen, die du, nein, die ihr beide mir gestohlen habt, wenn du mich verlassen solltest ...«

Da sprang er auf, irrte im Zimmer auf und ab. So sehr erregte ihn, was sie an Absichten preisgab.

»Nein, nein«, rief er. »Nie. Das wirst du nicht tun. Du hingest selber mit drin.« Er dachte bereits an die Folgen. Ilse – daran zweifelte er keine Sekunde – würde sich an die Bezirksleitung wenden. Die Moralpredigten dann. Die hämischen, grinsenden Fressen seiner Mitarbeiter. Die Parteikontrolle. Sieh mal an, Genosse Lutter, also hast du uns über Jahre hinweg hinters Licht geführt. Und wir glaubten schon, dich für die Funktion des Wirtschaftssekretärs vorschlagen zu können ... Münz. Er und seine Lissy ... »Nein. Sie würden auch dich ausbooten. Weg vom Fenster als Chefreporterin. Ab in die Wüste. Ans Fließband irgendwo in einer Fabrik. Nein, das wagst du nicht ...«

»Und ob«, sagte sie schneidend. »*Mich* stört es nicht. Denn ich will nicht bis ans Ende meiner Tage als alternde Tante über den Bildschirm flimmern, sondern als *Frau* leben. Mit einem *Mann*. Und zwar mit *dir*!«

Es waren Schreie, die sich aus ihr herauspreßten. Und nachdem sie so ihren geheimsten, langangestauten Wünschen freien Lauf verschafft hatte, fügte sie leiser, doch mit nicht weniger Nachdruck hinzu: »Und wenn es nicht sein kann, wenn du dich davonschleichen willst, glaub mir, dann gehe ich unter mit fliegenden Fahnen. Dann reiße ich alles mit, was mich gehindert hat, Liebe zu geben und zu empfangen. Du kennst mich noch nicht. Ich warne dich. Du ahnst nicht, wozu *ich* fähig bin.«

Es blieb alles beim alten, bis auf jene von Lina inszenierte Rollenverschiebung. Zwar hatte sie damit erreicht, daß Frank sie wieder regelmäßig besuchte, doch bald, nachdem er sich ihres Harrens und Hoffens, ihrer Großzügigkeit und vor allem Verschwiegenheit erneut sicher sein konnte, fiel er zurück in den früheren Trott, folgte den schon einmal erprobten und sich für ihn als brauchbar erwiesenen Gepflogenheiten. Er wohnte bei Ilse und seinen Kindern, aber bei Lina nahm er von ihnen Urlaub, verbrachte bei ihr sozusagen seine Ferien. Dort lebte er auf und genoß, sie dankte es ihm, und so, von gegenseitigem Nehmen und Geben wieder beherrscht, währte ihre Zufriedenheit mit sich selber (ein restloses Glücklichsein wollte sie es nicht nennen) über den Winter hinweg, immerhin fast drei Monate lang. Bis sich Frank eines Tages wieder empfahl, sie vergebens auf ihn gewartet hatte und er sich später mit Vorwänden entschuldigte, die sie aufhorchen ließen. Bis er ein zweites Mal sie versetzte und sie ihn bei seiner Lüge ertappte. Er sei kurzfristig in die Leunawerke abkommandiert worden, um dort im Auftrag der Bezirksleitung am Empfang für eine japanische Wirtschaftsdelegation teilzunehmen, eine Gruppe Experten, die mit der Republik ins Geschäft kommen wollten. Lina erstarrte bei seinen Worten. O diese Unverschämtheit, diese Beleidigung, die er ihr zufügte! Sollte denn alles von vorn beginnen, sich wiederholen wie nach dem Sommer? Sie, ja, sie war in Leuna gewesen, hatte den Leiter der Delegation interviewt, einen gewissen Herrn Torisawa, Vertreter eines der größten Chemiekonzerne Japans, ihn mit Stimme und in voller Person auf Tonband und Film gebannt, beim Stehbankett Spanferkel und Räucheraal mit ihm gegessen, und von Frank war weit und breit keine Spur zu sehen gewesen.

Bereits seine erste, Reue heuchelnde Entschuldigung hatte ihr Mißtrauen geweckt. Sie hatte darüber nachgedacht, wie sie ihn, da offenbar ihre Drohung, Ilse alles zu verraten, nichts genutzt hatte, ein für allemal von sich in Abhängigkeit bringen könnte. Im ersten zornigen Aufbegehren kam ihr der Gedanke, ihm mitzuteilen, auch wenn es nicht stimmte, daß sie schwanger sei. Doch sie verwarf ihn. Zum einen – und ein wenig Aberglaube war wohl dabei – wollte sie nicht berufen, was ihr bisher nicht geglückt war, wonach sie sich aber noch immer am meisten sehnte, nach einem Kind, und zum anderen nicht Gleiches mit Gleichem vergelten, eine Lüge mit einer Lüge.

Sie faßte einen anderen Plan. Sie würde ihn dort pakken, wo er, wie sie wußte, am verwundbarsten war, weit mehr als in seiner privaten Sphäre. Sie würde, bis auf den Grund, seinen politischen Ehrgeiz erschüttern. Bis ins Mark wollte sie ihn diesmal treffen.

»Ich habe dich gewarnt«, sagte sie. »Ich bin nicht die müde Frau, der du Märchen erzählen kannst, die dich anhimmelt, dich anschwärmt wie einen Prinzen aus dem Wunderland. Statt dessen ... Ich werde dich an ein paar Geschichten erinnern, dir Fakten auftischen, deren Zeuge ich war und die auch noch andere interessieren sollten. Deine Genossen in der Bezirksleitung zum Beispiel. Münz. Ich sagte dir doch, klipp und klar: Entweder wir beide besteigen gemeinsam deinen Thron in den Wolken oder wir fahren gemeinsam zur Hölle ...«

Frank hörte anfangs kaum hin. Er kannte inzwischen

die Litanei, ihre Drohungen, bildreich zwar, doch hohl wie schon nach Weihnachten. Die Japaner, na schön, ich habe geflunkert, verzeih ... Er hatte den Kopf, weiß Gott, mit anderem voll. Robbi ... Wenn er nicht dem Treiben seines Sohnes sofort ein Ende setzte, würde er ihm aus der Hand gleiten. Ilse war dem Jungen schon längst nicht mehr gewachsen. Das überschattete seit einiger Zeit all seine anderen Sorgen, auch die Vorwürfe jetzt, mit denen Lina ihn überschüttete.

»Küß mich«, sagte er, »laß uns vergessen, und alles renkt sich wieder ein.«

»Du hörst mir nicht zu. Und so muß ich wohl deutlicher werden.«

Oberhausen, der Ostermarsch. Doch der entscheidende Schauplatz, den sie ihm jetzt vor Augen zu führen versuchte, war Essen, die Geschäftsstraße, der entscheidende Tag für sie während der Reise, der Dienstag nach Ostern. Was aber bezweckte sie damit? Weshalb diese ollen Kamellen?

Doch endlich verstand er, rüttelten ihn ihre Worte hellwach. Sie griff ihn an. Sie wollte ihn politisch fertigmachen, *politisch*. In diesem Moment gärte in ihm ein Gefühl, das er so noch nie empfunden hatte. Zum erstenmal spürte er ihr gegenüber Haß. Er sah, wie sie sich ereiferte, genüßlich nahezu, mit blühender Phantasie die Dinge beschrieb und sich lustig über ihn machte, manchmal auch seine Reaktionen von damals auf dieses und jenes mit beißendem Spott geißelte.

Das vertrug er nicht. Halt den Mund! wollte er schreien. Aber er saß wie gelähmt, ließ sich vom Schwall ihrer Rede überschwemmen, ihre Abrechnung mit ihm schweigend über sich ergehen. Als was für eine Natter entpuppte sie sich da. Ja, er hatte sich während der gesamten Reise beobachtet, verfolgt gefühlt, hatte in jedem Passanten mit Regenmantel und Hut, sobald er nur ein paar Schritte hinter ihnen herlief, einen Mann vom Verfassungsschutz vermutet. Was aber war denn daran so lächerlich, daß es jetzt Lina zum Kichern animierte? Frank war politischer Funktionär, gehörte zur Führungsspitze der SED, und wenn er auch bei der Paßkontrolle hinter der Grenze seinen Journalistenausweis vorgezeigt hatte, so war er trotzdem davon überzeugt, daß ihn die Staatsdiener von drüben längst in ihr Fahndungsbuch eingetragen und sich Spitzel an seine Fersen geheftet hatten. Furcht oder gar Feigheit? Nein. Vorsicht, ja. Denn den Schergen des Kapitalismus, dem Klassenfeind traute er alles zu. Natürlich erinnerte er sich. Deshalb brauchte sie nicht solchen Lärm zu schlagen. Sie hatten, mit Huberts Ortsbeschreibung im Kopf und seinem zum Kauf beigesteuerten Hundertmarkschein in der Tasche, auf dem schnellsten Weg vom Hauptbahnhof aus das nächste Schuhgeschäft aufsuchen wollen. Statt dessen jedoch bummelten sie durch den Stadtkern, die Kettwiger Straße entlang, über den Kurienplatz mit seinen Teichen gegenüber dem Münster bis zu den Märkten, Lina in geborgten Sandaletten, die ganz und gar nicht zu ihrer sonstigen Aufmachung paßten. Sie aber störte es nicht. In typisch weiblicher Neugier blieb sie immer wieder vor den Schaufenstern stehen und begutachtete die Ausstellungswaren und deren Preise. Es war nicht zu verkennen, die Leute blickten sich nach ihr um, starrten auf ihre Füße. Frank jedenfalls erschien es so. Ihm war es peinlich.

»Komm doch«, flüsterte er, »kauf dir endlich die Schuhe und zieh diese Trittchen aus. Wir erregen schon Aufsehen. Dort ... Nein, dreh dich nicht um. Dieser Kerl dort am Zeitungsstand. Der sich hinter der WAZ versteckt. Auch er schielt in einem fort zu uns herüber.

Das ist wieder so ein Spürhund, sag ich dir. Ich hab's im Urin.«

»Quatsch«, entgegnete sie und lachte. »Geh lieber mal pinkeln. Dann drückt dich die Blase nicht mehr. Du bist ihn los, deinen Urin, und für die nächsten Stunden auch deine Angst.«

Endlich standen sie vor einem Schuhgeschäft. Lina ging allein hinein, er sah noch durchs Fenster, daß sie, die einzige Kundin, unentwegt die Verkäuferinnen bemühte, sich aus einem Karton nach dem anderen bediente, Schuh um Schuh anprobierte und jedesmal, offenbar vor einem Spiegel, auf und ab wanderte. Ihm wurde es langweilig. In der Nähe entdeckte er einen Laden, der allerhand Geschenkartikel feilbot, darunter auch Trachtenpuppen. Er zählte sein restliches Westgeld und kaufte jenes Schwarzwälder Paar, das seither ebenfalls Linas Sammlung schmückte, sogar den Blickfang in einer Vitrine bildete. Als sie dann wieder auf die Straße trat, in eleganten, ziemlich hochstöckligen Pumps, die, da sie darin eigentlich nur auf den Fußballen schritt, ihren ohnehin schöngeformten, schlanken Waden zusätzlich eine reizvolle Wölbung verliehen, wirkte sie wie neu eingekleidet, und ihm war wohler. Jetzt fand auch er plötzlich Gefallen daran, ausgiebig die Auslagen zu betrachten. Bisher, immerzu auf dem Marsch, hatte sich dafür keine Gelegenheit geboten, und bis zur Abfahrt des Zuges verfügten sie noch über hinreichend Zeit.

Schon während des Bummels, vom Bahnhof bis hierher, waren der Glanz und der Flitter nicht spurlos an ihm vorübergegangen, hatten sie, doch mehr im Unterbewußtsein, wie aus der Ferne noch, ein diffuses Unbehagen in ihm geweckt. Jetzt aber? Bei wachen Sinnen? Er konnte es später nicht anders bezeichnen: Es war das

Blendwerk des Teufels, das ihm in die Augen stach, so daß er sich bald benommen fühlte, aus dem Erstaunen, wohl gar dem Erschrecken fürs erste nicht herauskam. Ihm schwirrte der Kopf davon. So deutlich, so zum Anfassen nahe hatte er sich noch nie ein Bild davon machen können, was es hieß: die Gesellschaft hier sei übersatt, lebe in Saus und Braus und korrumpiere die Menschen mit ihrem Überfluß. Pyramiden von Südfrüchten türmten sich auf, Chiquita-Bananen und Marokko-Orangen, saftige Weintrauben (im zeitigen Frühjahr!) aus Haifa, mit grünen und blauen Beeren so groß wie die Kirschen in den Körben daneben. Leuchtendrote Tomaten, sauber geputzter, fingerdicker Spargel, ausgebreitet in Kisten und Stiegen vor einer Gemüsehandlung, so daß er fast darüber gestolpert wäre. Delikateßkonserven in knalligbunten Verpackungen, mit gleichsam sich gegenseitig niederschreienden Etiketts. Nescafé und Kaffee Hag, Coca Cola und Schweppes, Weine aus aller Herren Länder, Biere aus Dortmund und, o Wunder, sogar aus Radeberg, Batterien von Flaschen mit jedem Gesöff. Dann wieder nüchtern und streng, weiträumig aufgebaut aus massivem Holz gearbeitete Möbel, ganze Wohnungseinrichtungen für Neureiche. Herde, Kühlschränke. Fernsehapparate mit laufendem Programm. Teppiche, so farbenprächtig wie, wenn man dem Werbespot glauben konnte, der Orient selber. Schokoladenberge, Pralinenschachteln in einem Meer von Blumen. Glitzerndes Geschmeide hinter eisenvergittertem Glas, funkelnde Edelsteine, Silber und Gold. Die Peter Stuyvesant, der Duft der großen weiten Welt, Zigarren von den karibischen Inseln, Tabaksbeutel, Tabakspfeifen, die echte Bruyère, alles für den Rauchgenuß. Ungarische Salami, russischer Kaviar. Schaufensterpuppen im Negligé und im Abendkleid, so natürlich, als sei ihnen Leben eingehaucht, doch nein, tatsächlich, sie blinzelten mit den Augen. Es waren Mannequins, leibhaftige junge Frauen, die nur wie Puppen hinter den Scheiben posierten und die neueste Mode ausstellten. Und über allem, obgleich noch mitten am Tag, zuckten, liefen, blitzten, sprangen an, sprangen aus die Namen der Firmen in Leuchtschrift, die Sprüche der Neonreklame, verliehen dem Ganzen etwas Unwirkliches, Traumhaftes. Frank sah sich genarrt. Wie überrumpelt kam er sich vor. Was aber das Schlimmste daran war, sein Gefühl, überwältigt zu sein, zum Narren gehalten zu werden, rührte nicht von dieser Flut des Überangebots, der Schwemme von Waren her, nein. Er dachte: Wie schäbig, wie so winzig klein schneiden wir dagegen ab, wir zu Hause mit unseren grauen, stupiden und oft auch leergekehrten Läden. Was haben wir denn erreicht, nach fast zwanzig Jahren Sozialismus, wenn dieses Land hier im Überfluß schwimmt, alles, aber auch alles in Hülle und Fülle besitzt, hingegen wir uns ein paar von den Dingen, die das Leben angenehmer gestalten könnten, noch immer aus den Fingern saugen müssen. Mein Gott, Bananen und Apfelsinen. Warum bringt es die Republik nicht zuwege, sie einzukaufen?

»Nein«, protestierte er, »das ist nicht wahr. Ich war geblendet, das gebe ich zu. Mir war, als müßte ich fliehen, um mich zu retten. Doch schon im Zug, auf der Heimreise, wußte ich, was mit mir geschehen war. Für eine Stunde vielleicht, keine Minute länger, hatte der Feind mich in seinen Klauen, hatte er mich in die Lage versetzt, in der sich die Menschen drüben täglich befinden. Die Schaufenster prallvoll, das Geld jedoch knapp ...« Und witzelnd, um einen Scherz bemüht, fügte er hinzu: »Nicht anders erging es mir. Ich brauchte ja nur in mein Portemonnaie zu sehen, um zu erkennen, daß ich mir von den letzten Pfennigen darin nicht einmal mehr eine Schachtel Zigaretten hätte leisten können.«

»Im Zug?« fragte sie, und ihr Spott war bissiger denn je. »Weißt du nicht, was du mir da, du verliebter Kater, ins Ohr geschnurrt hast? Wörtlich: Manchmal denke ich ... *Du* dachtest es, *du* ... Wenn wir ganz einfach hierblieben. Mit einem Schlag wären wir aller Sorgen ledig. Nur noch wir beide. Und glaubst du nicht, daß wir auch hier wieder Boden unter die Füße kriegten, ohne zu Verrätern zu werden?«

»Nein! Du lügst! Nie kam mir ein solcher Gedanke in den Sinn, geschweige denn über meine Lippen. Nie!«

»Bist du dir sicher? Und wenn ich dir deine Worte vorführen würde? Wenn ich im Zug das Tonband habe mitlaufen lassen?«

Nein, nein, nein. Es war unmöglich. Doch der Schreck senkte sich ihm wie Blei in die Glieder.

»Was meinst du, was deine Genossen zu alledem sagen würden?«

Frank befand sich in Linas Hand. Anders sah er es nicht. Auf Gedeih und Verderb war er ihr ausgeliefert, und sosehr er auch sann, ihm kam kein rettender Einfall, er wußte nicht, wie er sich nun noch ihr befreien sollte, außer, ihn erlöste der Tod von ihr.

Einmal dachte er auch daran: Wenn sie jetzt stürbe ... Einmal, da brach sein Jähzorn in ihm aus, und er schlug sie.

Das war, als zugleich dieses schreckliche Brüllen ins Zimmer dröhnte und seine Nerven peitschte.

So früh am Tag hatte er Lina noch nie besucht. Auch diesmal wäre er lieber zu Haus geblieben, um Robbi zu überwachen. Ob er nach dem Fußballspiel des halleschen Clubs pünktlich vom Stadion heimkehrte oder nicht doch wieder mit seiner Bande durch die Stadt streifte. Die Sorgen mit seinem Sohn beschäftigten auch hier seine Gedanken. Und zu allem Verdruß hatte Lina erneut behauptet, er habe im Zug hinter Essen davon gesprochen, die Republik zu verlassen. Zwar nur im Konjunktiv. Was wäre, wenn ... Als Möglichkeit nur erwogen. Aber immerhin.

»Das Tonband«, sagte er. »Rück das Tonband heraus. Vernichte es.«

Lina lachte.

Er stürzte an die Vitrinen. Irgend etwas wollte er tun, was sie beleidigte, ihr Schmerzen zufügte, womit er sich rächen konnte. Er griff nach dem Schwarzwälder Paar und zerfetzte es vor ihren Augen. Langsam, fast mit Bedacht, und zuerst die Frau. Er riß ihr den Hut vom Kopf, zerpflückte die roten Wollbällchen darauf, zerrte, daß die Nähte platzten, an ihrer Tracht, den Puffärmeln, dem bauschigen Rock, bis sie entkleidet war, nackt, ein häßlicher Lumpen, ein deformiertes Knäuel aus Leinen und getrocknetem Leim, das nur noch entfernt an einen dem Menschen nachgebildeten Körper erinnerte.

»Die hat ja nicht mal was drunter«, höhnte er, indem er den Zeigefinger zwischen die schlenkrigen, kalkweißen Stoffschenkel der Puppe bohrte.

In ihrem Gekränktsein, ihrer ersten Wut schrie Lina auf. Dann aber versuchte sie sich zu wehren, sprang auf ihn zu wie eine Katze, auch mit glühenden grünen Augen, hängte sich an seinen Arm, den er mit dem zerfetzten Bündel weit von sich streckte, umklammerte ihn, biß ihn in die Hand.

Er schlug mit der anderen zu. Sie taumelte zurück. Er hieb ihr die Puppe um den Kopf, traf ihr Gesicht, sah sie bluten, aus Mund oder Nase, haßte sie in diesem Moment wie nie zuvor, schlug wieder zu. Und als sie sich krümmte, endgültig von ihm abließ, begann er auf gleiche Weise, mit derselben Gemächlichkeit den Mann zu zerstückeln.

Von irgendwoher gellte plötzlich ein Schrei, wie aus einer Trompete gestoßen. Frank zuckte zusammen. Ein Gebrüll folgte, noch unheimlicher, lauter, näher, so daß er erschrocken innehielt.

Lina wimmerte. Bei weit hintüber gebogenem Nakken, indes ihr schwarzes, wallendes Haar tief ihren Rükken bedeckte, betupfte sie mit einem Taschentuch Lippen und Nase. Doch sofort, als sie bemerkte, daß er mit einem Mal, vom Jähzorn erholt und offenbar lustlos geworden an seinem Zerstörungswerk, die Puppe zu Boden warf, gewann sie ihre Beherrschung zurück, hatte wieder Gewalt über sich. Das Blut war gestillt, und der Schmerz betäubte sie nicht mehr. Jetzt bin ich an der Reihe, dachte sie, und als sei nichts geschehen, was sie rasend hätte machen können, ging sie an die Vitrinen, öffnete Tür um Tür, sagte: »Tob dich doch aus. Warum bedienst du dich nicht? Da, bitte ... Schau doch mal dieser hier unters Kleid. Vielleicht hat sie was darunter ...«

Sie hielt ihm die Rokokodame entgegen, eins der Prachtexemplare ihrer Sammlung, lupfte den Reifrock. »Nichts, nein? Du siehst nichts? Und wie steht es bei ihrem Herrn?« Obszön betastete sie die Kniehosen des Mannes, als suche sie den Latz. »Nein, auch nichts. Wie jammerschade ...«

Mit der gleichen, überdrüssigen Geste wie soeben noch Frank warf auch sie die Puppe auf den Teppich, mit dem zentimeterdicken, mit exotischen Blumen und Ranken bedeckten grünen Gewebe. Armenier, Tscherkessen, Ukrainer, die Paare aus den Beskiden, der Pußta, Tirol folgten, nachdem auch sie ihrer Prüfung nicht standgehalten hatten. »Impotent«, kommentierte sie, »geschlechtslos und impotent alle.«

Der Kasper und die Hexe flogen durchs Zimmer. Vom Fußboden her schauten sie auf mit ihren in Holz geschnitzten, starren, grinsenden Gesichtern. Ohne Rücksicht auf sie schritt sie über sie hin, trat achtlos auf ihren teils kostbaren Kostümen herum, zog lediglich ihre Hauspantöffelchen aus, lief in Strümpfen, schoß die Köpfe wie Bälle durch den Raum. »Und hier? Der Fischer und sine Fru? Das Ilschen aus Rügen? Hat denn sie was zu bieten?« Aufreizend, mit kindlich verstellter Stimme, als spiele sie Puppendoktor, wispelte sie: »Nein! Wie arg. Nicht einmal das winzigste Löchlein. Zugenäht alles, wo sonst die kleinen Buben und Mädchen hinein und heraus schlüpfen. Ist das denn die Möglichkeit? Das müssen wir aber ganz schnell ändern.« Mit Fingernägeln und Zähnen riß sie den Faden auf. Von ihren Lippen wurden ein paar restliche Tropfen Blut auf das Leinen geschmiert. »Ach«, sagte sie. »Welch ein Wunder. Nun hab ich sie gar defloriert.«

Wieder ertönte der Trompetenschrei. Da auf einmal begriff er. Um diese Zeit, am frühen Nachmittag. Es waren die Rufe der Elefanten. Die Löwen und Tiger brüllten. Die Schakale heulten, die Hyänen. Im Zoo, nur unweit von Linas Wohnung gelegen, warteten die Tiere auf die Fütterung und meldeten ihren Hunger an. Wie Urlaute klang es. Sie durchbebten das Zimmer. Und der Alkohol wirkte. Und Lina in seiner Nähe, warm, heiß. »Zieh dich aus«, sagte er, mit heiserer Stimme, mehr einem Röcheln ähnlich, so daß er wähnte, es stamme von einem Fremden, »zieh dich aus ...«

Sie lächelte. Ihr wunder, von seinen Schlägen angeschwollener Mund deutete jedenfalls an, daß sie lächelte. Es schmeckte süßlich, als er sie küßte, sie auf den

Teppich sanken, die grüne Wiese mit Blumen vom vietnamesischen Dschungel, sie sich ihm gierig entgegenstemmte und er sie immer noch küßte.

Erschöpft, außer Atem warf er sich von ihr, fiel in den Haufen der Puppen. Um ihn herum die vielen Gesichter, aus Plaste, Holz und Zelluloid, reglos, wie tot ihn anstarrend. Und wieder brüllten die Löwen. Er schloß die Augen, dachte an Robbi, der ihm seit Wochen keine Ruhe mehr gönnte, ihn überallhin in Gedanken verfolgte. Ein gräßliches, wie von Irren angestimmtes Gelächter drang in seine Ohren. Die Hyänen jaulten. Der Kasperkopf grinste ihn an. Robbi, sein Sohn, das war, als sollte sein ganzes, bisher gelebtes Leben an ihm zerschellen. Mit gespreizten, bleichen Stoffbeinen, hochgerafften, volantbesetzten Röcken und verbogenem Reifgestell lag neben ihm die Rokokodame.

Frank überkam plötzlich Reue. Was hatte er angerichtet! Was war der Grund, daß er – und nicht zum ersten Mal – die Beherrschung verloren hatte? »Lina, verzeih«, sagte er. »Die Wut ... Ich kenne mich selbst nicht mehr ... Deine schönen, schönen Puppen ...«

Sanft verschloß sie ihm mit den Fingerkuppen den Mund. »Was ist schon dabei. Ich ertrag alles. Wenn du mir nur ein richtiges Püppchen herbeizauberst ... Ein süßes, krabbliges, wirklich lebendiges Wesen.«

Das? Nein! Das nie! Als er ihren schlanken, sehnigen, weit hintüber gebeugten Hals unter sich sah, dachte er einmal: Wie leicht ist es, sie jetzt zu erwürgen ... Wenn sie tot wäre ... Er preßte ihn ein wenig zu fest zwischen seinen Händen, wühlte in ihrem Haar, griff wieder nach ihrem Hals.

»O laß, o laß«, stöhnte sie und wand sich unter ihm. »Ich ersticke ...«

Wo war er? Wo befand er sich denn? Das Hungergebrüll der Löwen. Die Bestien … Ihn schauderte. Ihm war, als wollten sie sich im nächsten Augenblick über ihn stürzen und ihn zerfleischen. Doch dann sah er sie vor sich im Käfig. Von Eisenstäben umgeben, hinter Gittern. Die Wildnis hörte er brüllen und heulen. Er schmeckte das Blut von Lina. Die Puppen grinsten ihn an. Seine Sinne verwirrten sich.

ACHTES KAPITEL

Schlag ins Wasser

Die Zeit der großen Reden war vorbei, zumindest erwiesen sich die *langen* Reden als zunehmend unrentabler, als Zeit*verschwendung*. Wo geändert werden soll, dort muß gehandelt werden. Unter diesen Druck geriet im Frühjahr auch das Geiseltal. Nach allem Hin und Her, für seine Zukunft schien gesorgt zu sein, die Prognosen waren ausgeschöpft, und in die eigens zu diesem Zweck gebildeten Expertengruppen zog Zufriedenheit ein, aber auch schon Gedankenlahmheit. Gewiß, die Variantendiskussionen gaben nichts mehr her, hatten sich erledigt, die Akten konnten zugeklappt, die Computer abgeschaltet werden. Die Dinge drängten nun zum Konkreten, was für ökonomische Prozesse, jedenfalls im Sozialismus, immer auch bedeutet, daß sie nicht nur politisch, sondern (sofern sich beides überhaupt voneinander trennen läßt) *sozial* gesteuert werden müssen. Wenn, wie geplant, keine neuen Gruben mehr erschlossen und die alten nach und nach stillgelegt werden sollten, dann mußte an ihre Stelle etwas anderes treten. Was dabei die Kohle selbst betraf, ihre Funktion als Rohstoffbasis für die Chemie und die Energieerzeugung, so bestand kein Zweifel: Erdöl statt ihrer und Atomkraft. Wie jedoch verhielt es sich mit der Schaffung neuer Arbeitsplätze? An den Aufbau von Betrieben der Metallindustrie war gedacht. Das aber hieß, es mußten Tausende von Bergarbeitern entsprechende Berufe erlernen und umgeschult werden.

An diesem Punkt plötzlich schieden sich erneut die Geister. Es brach ein Murren aus, und es kam – woher sonst – von der Kohle, von all jenen, die seit einem Jahrhundert, in der vierten und fünften Generation nun schon, nichts anderes getan hatten, als nach ihr zu buddeln, die Berge über den Flözen wegzuräumen, sich in sie hineinzuwühlen wie Würmer in die Erde, nach dem schwarzen Gold zu schürfen in der Hoffnung, daß davon für sie und ihre hungrigen Familien ein paar kupferne oder silbrige Münzen mehr an jedem Zahltag abfallen würden. Schlachten hatten sie dafür geschlagen, Auszehrungen erduldet in oft wochenlangen Streiks gegen Riebeck und später das Mitteldeutsche Braunkohlen-Syndikat, für eine Lohnerhöhung letztlich trotzdem nur um Pfennige. Gegen Kapp hatten sie gekämpft und gegen Hitler, und in der revolutionären Nachkriegskrise zu Anfang der zwanziger Jahre, während der bewaffneten Aufstände des Proletariats gegen die Versuche des Monopolkapitals, seine Herrschaft zu restaurieren, waren wohl nirgends in Deutschland so viele Arbeiter gefallen und ermordet worden wie in diesem Landstrich zwischen Bitterfeld und Leuna, Mansfeld und dem Geiseltal.

Einer, der davon noch wußte, war der Direktor des nunmehr längst volkseigen gewordenen Braunkohlenkombinats. Er stammte selber aus einer Familie, in der die Männer unterm Kugelregen der Truppen Maerckers, des Reichswehrgenerals, und der Hörsing-Polizei verblutet waren.

Otto Schneidewind, Ende Fünfzig, mit schiefem, von tiefen Narben entstelltem Mund, die von einem Überfall herrührten, bei dem die SA mit Schlagringen auf ihn eingeprügelt hatte, sagte bissig: »Auch wenn ich mich wiederhole … Dasch Gansche is ein Wahnschinn …« Sobald er sich erregte, hatte er Schwierigkeiten mit den Zischlauten. Er versuchte sich zu fassen, sprach ruhiger. Doch sosehr er sich auch mühte, von seinen verkrüppelten, zerfetzten Lippen wirkten seine Worte stets verbissen, bissig. »Die Republik braucht die Kohle. Eines Tages wird sie bereuen, daß sie auf sie verzichten wollte, und alles zurückdrehen. Deshalb ist es Wahnsinn, die Kumpel erst in andere Berufe zu zwingen. Das ist kein Umschulen, Mensch, sondern ein gottverdammter Umweg … Fragt sie doch selber. Dann hört ihr, wie sie darüber denken. Sie weigern sich. Ich weisch es.«

Frank Lutter saß ihm gegenüber. »Ich hab die Nase voll jetzt. Seit einem halben Jahr von dir immer nur dasselbe. Du hintertreibst mit deiner Sturheit die Beschlüsse. Oder klammerst du dich etwa nur an deinen Sessel als Direktor?«

Schneidewind zischte. Seine Zahnprothese wackelte. »Das nimm zurück, du Arsch. Sofort. Ich musch mich nicht von dir beleidigen laschen.«

»Gut. Ich entschuldige mich. Aber ich zeig dir jetzt, wie es gemacht wird. Wie man die Kumpel überzeugt, wenn man nur selbst von einer Sache überzeugt ist. Komm mit. Wir fahren ins Revier.«

»Warum erst solche Umstände? Da, guck aus dem Fenster. In all den Häusern, die du siehst … Unter jedem Licht, das dort brennt … Überall sind unsere Bergarbeiter. Geh in ihre Wohnungen. Sprich auch mit ihren Frauen.«

»Dann los. Doch du begleitest mich.«

Es dunkelte bereits, als sie das Direktionsgebäude verließen und über die breite, von Marmorsäulen bestandene Treppe nach unten auf die von der Dämmerung verhängte Straße traten. Wieder einmal hatte die Sitzung länger gedauert als veranschlagt, und das lag tatsächlich an der Uneinsichtigkeit, der Störrigkeit der Genossen aus dem Kombinat. Frank verständigte seinen Fahrer, daß er sich noch gedulden müsse und nicht im Auto auf ihn zu warten brauche. Von Minute zu Minute, mit denen das Ende der Beratung hinausgezögert worden war, hatte er sich wütender gefühlt. War nicht schon alles durchgekaut, hundertmal und öfter? Warum aber tauchten immer wieder neue Bedenken auf, Zweifel und Widerreden? Entweder man setzt Beschlüsse durch oder – wenn man meint, sie nicht billigen zu können – man dankt ab. Davor bewahren einen auch keine noch so großen Verdienste aus der Vergangenheit, kein noch so arg von den Banditen Hitlers zerschundenes Gesicht. Für Heldentaten gibt es Orden. Damit ist der Fall erledigt. Für Versäumnisse beim nächsten Mal hingegen hagelt es Kritik. Er wußte, von welchen Prinzipien er sich leiten ließ. Mit Fritz Diepold und Erich Höllsfahrt war es im Eisenwerk dasselbe gewesen. Doch nicht sie, sondern die Rüst hatte gesiegt. Und auch im Geiseltal würde es nicht anders sein. Das endlich mußten die Genossen hier begreifen. So wenig, wie es Höllsfahrt genützt hatte, daß sein Vater meuchlings von Faschisten erschossen worden war, so wenig würde es Schneidewind helfen, daß engste Verwandte von ihm, Brüder, Onkel und Cousins, zu den Ermordeten des Generalstreiks nach der Novemberrevolution und zu den Gefallenen von Leuna während der Märzkämpfe gehörten.

Die dunkle Straßenschlucht mit ihren in die Dämmerung hineingeduckten, grauen Häusern vor Augen, sagte er: »Führ mich, zu wem du willst.«

Zwar war die Straßenbeleuchtung noch nicht angezündet, aber hinter den Wohnungsfenstern sprangen immer mehr Lichter an. Da es hier nicht üblich war, bereits so früh die Läden vorzuklappen, konnte man durch die Scheiben und Gardinen in die Zimmer blicken und das ungenierte Treiben darin beobachten.

Schon nach wenigen Schritten klopfte Schneidewind an ein Fenster. Eine breitschultrige Männergestalt schob sich innen vor das Lampenlicht und warf ihren Schatten nach draußen. »Wer ist da? Was gibt's?«

»Ich bin es, Joscha. Ich, Otto ... Und ich bringe noch die Bezirksleitung mit.«

Der Mann öffnete die Haustür, die über ein paar Stufen unmittelbar an den Bürgersteig grenzte. Durch einen mit schon ausgetretenen Mauersteinen gepflasterten Flur geleitete er seine Gäste in die Wohnung, die gute Stube offenbar. Aus der Küche von nebenan roch es nach Bratkartoffeln, Schinkenspeck und Zwiebeln. Hier aber erweckte alles den Eindruck, als würde der Raum nur selten benutzt. Auf den Möbeln, Kredenz und Vertiko im Stil der dreißiger Jahre, dem wuchtigen Eßtisch und selbst über der Rückenlehne der Couch, sorgsam ausgebreitet, ohne jedes Fältchen, lagen Spitzendeckchen.

»Nehmt Platz, Genossen.« Der Mann mit Namen Josef Drommler fuhr im Tagebau vor Mücheln einen Absetzer.

»Haben wir dich beim Abendbrot gestört?«

»Nein, nein. Sind gerade fertig. Ein Bier ... Wollt ihr ein Bier mittrinken?« Er rief nach seiner Frau, einer fülligen Person, nicht anders als er, mit frisch frisiertem Haar, ebensolchen roten Bäckchen wie er und auch etwa Mitte Fünfzig, so daß man sie durchaus für seinen Zwilling hätte halten können. Sie brachte drei Flaschen und drei Gläser, setzte sich neben ihm auf die Couch, nachdem sie die Deckchen abgenommen hatte, während er erwartungsvoll wiederholte: »Also, wo drückt der Schuh? Was gibt's?«

Frank sah keinen Grund, sich länger zurückzuhalten. Nachdem er sich nochmals vorgestellt und seine Funktion erklärt hatte, ging er zur Sache. Die Gruben liefen aus. An ihren Platz würden Betriebe der Metallverarbeitung treten. Hier, in dieser Stadt, sei es ein Drahtseilwerk. Das bedeute Umschulung. Die Kumpel müßten den Beruf wechseln: »Doch wie man hört, ihr weigert euch.«

Drommler schüttelte den Kopf. »Nee, nee. Nicht direkt, Genosse. Wir fragen uns bloß ...« Er rieb Daumen und Zeigefinger aneinander. »... wie steht's mit unserem Lohn? Kommen wir aufs selbe Geld?«

»Das ist doch längst beschlossen. Es wird ein Ausgleich gezahlt, in voller Höhe der Differenz.«

Die Frau sagte: »Und was wird mit der Miete? Achtzehn Mark sechzig im Monat. Weil die Häuser hier dem Kohlekombinat gehören und es zuschießt. Übernimmt das später auch die Drahtseilbude?«

»Selbstverständlich. Sogar eure Deputatkohle kriegt ihr weiterhin, kostenlos und frei Haus geliefert.«

»In Ordnung.« Drommler griff zum Bierglas, trank und gab sich offenbar zufrieden. »Doch wir wollen es bestätigt haben. Schriftlich. Jeder einzelne von uns. Verstehst du? Mir ist doch gleich, ob ich meine paar Jahre bis zur Rente noch den Absetzer karre oder 'ne Ziehmaschine.«

Nichts hatte sich ereignet, an diesem Abend nichts, was, wie von Schneidewind angedroht, alarmierend gewesen wäre. Frank war mit ihm auch noch in andere Haushalte gegangen. Nein, nichts deutete darauf hin, daß sich die Bergarbeiter den Beschlüssen des Ministerrats und der Parteiführung widersetzten, gegen die ökonomische Umwälzung im Geiseltal stemmten, sich ihr gar verweigerten. Sie sprachen über ihre Sorgen, gut, das war normal. Hin und wieder mißtrauten sie den Maßnahmen, doch sobald man ihnen zuhörte und mit Geduld die Politik erläuterte, schwenkten sie ein, beteuerten, sie seien zur Mitarbeit bereit. Vor allem hatte Frank geredet, Schneidewind hingegen die meiste Zeit geschwiegen, und so verstärkte sich in ihm der Verdacht, den er seit langem hegte: Die eigentlichen Gegner der neuen Wirtschaftsstrategie, die Feinde des Erdöls und der Wissenschaft saßen in den Leitungen des Kohlekombinats. Sie allein stifteten die Panik. Folglich mußten sie bekämpft werden, unbarmherzig, ohne Gnaden, bis sie sich fügten oder ihrer Ämter enthoben wurden.

Auf der Straße, beim Abschied, der ohnehin kühl ausfiel, sagte Frank zu Schneidewind: »Zwischen uns, nein, zwischen der Partei und dir steht das Gespräch noch aus. Mir ist klar geworden, der einzige, der hier zum Generalstreik bläst, der den bewaffneten Aufstand proben will, das bist du. Doch wir leben nicht mehr neunzehneinundzwanzig. Und ich habe dich gewarnt. Es hagelt Strafen. Schon morgen früh werd ich ein Parteiverfahren gegen dich einleiten.«

»Dasch wagscht du nich.«

»Du kannst dich drauf verlaschen.«

Frank genoß seine Überlegenheit. Sie verführte ihn sogar dazu, dem Direktor die Mühe nachzuahmen, die er ständig mit den Zischlauten hatte.

An diesem Abend aber ahnte er noch nicht, daß sich inzwischen auch die Zweifel an der Richtigkeit der Beschlüsse, rundweg die Kohle durch Erdöl zu ersetzen, in seine Abteilung eingeschlichen hatten. Als er daher beim Frührapport am nächsten Tag von seinem Triumph im Geiseltal berichtete, ihn feiern wollte und seinen Vorschlag unterbreitete, Otto Schneidewind vor die Kontrollkommission zu laden und von seinem Posten abzulösen, falls er nicht endlich seinen Anarchismus revidiere, stieß er zumindest bei zweien seiner Mitarbeiter auf Skepsis, was er, argwöhnisch sofort, an ihren verkniffenen, sich seinen Blicken beharrlich entziehenden Gesichtern bemerkte. Es waren mit seinem hageren, von einer kräftigen und wie ein Vogelschnabel spitzen Nase geprägten Profil Stefan Klaus, der den Sektor Chemie leitete, und Ossi, der schwerfällige Kohlemann, der sich von ihm, wie sich später zeigte, hatte anstacheln lassen.

»Was ist?« fragte Frank, nachdem er geendet hatte, Zustimmung bei den anderen fand, die beiden jedoch schwiegen. »Hat's euch die Sprache verschlagen?«

Ossi druckste: »Ich weiß nicht ... Ausgerechnet Otto. Der alte Kämpe. Ein Parteiverfahren gegen ihn. Ich weiß nicht ...«

Stefan Klaus kam ihm zu Hilfe: »Und vielleicht für nichts und wieder nichts ...«

Frank, aufgebracht, richtete seinen Zorn sofort gegen ihn. Klaus, das kannte er von ihm aus ihrer jahrelangen Zusammenarbeit, benahm sich ihm gegenüber ohnehin stets kritischer als dieser Ossi. Er würde den Mund nicht halten, wenn er anderer Meinung war, Frank ihn reizte, und nicht selten hatten sie sich auf diese Weise schon in den Haaren gelegen. »Was heißt das? Der Defätismus etwa auch schon mitten unter uns? Los, quatsch dich aus.«

»Gut. Doch vorerst ...« Der Sektorenleiter sah ihm jetzt voll ins Gesicht, wich seinen Augen nicht mehr aus. »Ich mag nicht deine großen Worte, Frank, deine – bombastischen Geschosse. Anarchismus, Defätismus.

Du gebrauchst sie stets wie Etiketts, beklebst damit den einen und den anderen, die Menschen, die Genossen wie Gegenstände, wie ...« Er zögerte, überlegte, hackte dann jedoch mit seiner Nase wie ein Kampfhahn mutig zu. »Wie Konservenbüchsen, leere Flaschen ...«

»Na! Na!«

»Doch, doch. Vor einer Woche ... Als du verhindert warst und mich nach Leuna schicktest, zum Empfang für die Japaner. Da hättest du mal Mäuschen spielen sollen. Beim Spanferkelessen ... Doch sie hatten sich ja schon auf der Leipziger Messe ganz ähnlich darüber geäußert. Ich sprach dann selbst mit Mister Torisawa, dem Leiter der Delegation. Sie begreifen uns nicht, halten uns für naiv, kurzsichtig. Weil wir die Braunkohle dicht machen wollen. Sie auf ihren Inseln, weit und breit kein Erdöl, dächten nicht daran, sich in Abhängigkeit von den Lieferungen aus Übersee zu begeben. Obwohl sie die größten Tanker der Welt bauen. Trotzdem. Sie würden sich lieber, jedenfalls vorrangig, auf ihre landeseigenen Ressourcen stützen. Das sei die Kohle. Wenn du mich fragst ... Japan ist ein hochentwickelter Industriestaat. Wir sind es auch. Wenngleich ... Die Unterschiede kennen wir. Doch in dem einen Punkt, was die Rohstoffbasis betrifft, können wir uns durchaus mit ihnen vergleichen.«

Er schöpfte Atem, sog die Luft durch seine Habichtsnase.

»Bist du fertig?«

»Fast.«

»Dann spar dir den Rest. Mir reicht's. Da haben dir also schon die Japaner den Kopf verdreht. Die blanke, kalte Computerideologie des Monopolkapitals hält Einzug in unsere Bezirksleitung. Mein lieber Mann! Da müssen wir aber ganz schnell zum eisernen Besen greifen und einen gründlichen Kehraus machen. Vom Geiseltal bis hierher an eure Schreibtische.«

Die Beratung war beendet.

Selbst wenn seine Worte zu scharf, *bombastisch* – wie es dieses Vogelgesicht ausdrücken würde – geklungen haben sollten, Frank war mit sich zufrieden. Es mußte Klarheit herrschen, wie in den Gruben und Bergarbeiterdörfern, so erst recht in seiner Abteilung. Nein, er durfte keine Schwäche zeigen, sich jetzt, so dicht vor dem Ziel, keine Blöße erlauben. Kommissarisch vertrat er längst den Wirtschaftssekretär. Es war nur noch eine Frage der Zeit, daß man ihn in der neuen Funktion bestätigte. Was also hatte er zu fürchten? Nur einen eigenen Fehler! Deshalb: Eher als eine zu weiche eine harte Antwort. Mehr als eine vom Schwanken diktierte eine mit Konsequenz verfochtene Parteilinie. Und außerdem wußte er ja, daß in allem auch Matthias Münz hinter ihm stand.

Nur wenig später, Anfang Mai, trat Rosi Schulze in sein Zimmer. Zwar hatte Frank täglich mit ihrem Erscheinen gerechnet, doch nun sah er sich trotzdem davon überrascht, denn es geschah unangemeldet.

Die Tür ging auf, und sie stand vor ihm: »Hallo, Genosse Lutter. Ich grüße dich. Da also bin ich.« Nicht einmal seine Sekretärin, die beflissene Eva, hatte ihn noch kurz von nebenan verständigt, wie sonst üblich zwischen ihnen, wenn ihn jemand sprechen wollte.

Rosi Schulze aber gehörte ja in diesem Sinn auch gar nicht zu den üblichen Besuchern, die er hin und wieder hier empfing. Sie sollte, wie beschlossen, ab sofort seine Mitarbeiterin sein.

Er hob die Augen, setzte seine Lesebrille ab, die er neuerdings benötigte, strich sich den Bart und schickte ihr über den Schreibtisch seine Blicke entgegen. Sonderbar, als allererstes fielen ihm ihre strammen, von den Knöcheln bis zum Rocksaum mit den prallen Waden wie umgestülpte übergroße Weinflaschen geformten Beine auf. Sauerkohlstampfer hätte er sie in seiner Jugend genannt. Sie trug ein schilfgrünes Kostüm, dessen Stoff sich straff über ihre breiten Hüften und den gewaltigen Busen spannte, darunter eine ockergelbe Bluse, am Revers des Jäckchens natürlich das Parteiabzeichen. Sehr vorteilhaft stand ihr die Kleidung nicht. Was aber wirkte denn an Rosi Schulze überhaupt ansehnlich, anziehend gar? Als Frau war sie so unscheinbar, nichtssagend wie ihr Name. Er hatte, seit er wußte, sie würde in seine Abteilung kommen, einmal überschlagen, wie vielen Rosi Schulzes er in seinem Leben schon begegnet war. Sie zählten mindestens ein halbes Dutzend.

»Willst du mir nicht einen Platz anbieten?« fragte sie unwirsch und schob dabei trotzig ihre Unterlippe vor.

»O, entschuldige. Bitte, setz dich. Einen Kaffee?«

»Nein, danke. Hab ihn soeben schon bei Matthias getrunken.«

Aha, folglich war sie bereits von Münz empfangen worden! Doch da er, Frank, nicht hinzugezogen worden war, konnte es sich nur um den üblichen Antrittsbesuch ihrerseits gehandelt haben.

Er rückte sich ihr gegenüber einen der gepolsterten Stühle zurecht, nahm ebenfalls Platz und forschte trotzdem: »Und? Gibt's was Besonderes?«

»Nö. Du sollst mich so schnell wie möglich einarbeiten.«

Er folgte ihren Blicken und bemerkte, wie sie durchs Zimmer schweiften und es musterten. Ein wenig geriet er darüber in Verlegenheit. Oder lag es nicht auch daran, daß ihn von Anfang an die Selbstverständlichkeit, mit der sie auftrat, unsicher machte? Gewiß, als Frau würde sie so manches hier auszusetzen haben. Frank hatte niemals in seinem Büro Wert auf Wohnlichkeit gelegt und war deshalb auch schon von Ilse und Lina (wie sich die Weiber gleichen!) mit Tadel überhäuft worden. Wie kann man nur so schnoddrig, so geschmacklos mit seiner täglichen Umgebung umgehen! Mein Zimmer ist zur Arbeit da, hatte er geantwortet, nicht zum Ausruhen oder gar zum Schlafen. Seinen Schreibtisch bedeckten Stapel von Papieren, die er abends in den Safe einschloß und morgens wieder je nach Bedarf herausholte und in denen sich tatsächlich nur er durchfand, nicht einmal Eva, seine Sekretärin. An der einen Längsseite, wie der gesamte Raum billig tapeziert, stand eine Schrankwand, deren Borde und verglaste Fächer mit Parteiliteratur gefüllt waren, reihenweise auch mit Jahrgängen der »Einheit«. An der anderen hing eine kolorierte Photographie von Walter Ulbricht. Vor dem Fenster, das zur Straße hin führte, fristeten ein paar Grünpflanzen, Monstera und Bogenhanf, ihr kümmerliches Dasein. In der Mitte des Raumes streckte sich der Konferenztisch hin, umstellt von zehn Polsterstühlen. Zwei Aschenbecher standen auf seiner Platte und eine Vase aus blau gefärbtem Kristall, leer gewöhnlich, nur selten mit Blumen geschmückt, zuletzt zu seinem Geburtstag am fünften Dezember, als er neunundreißig geworden war.

»Na gut«, sagte er. »Doch es muß ja nichts übereilt werden. Zunächst einmal: Sei herzlich willkommen. Wir freuen uns alle, in dir Verstärkung zu erhalten. Bei Stefan Klaus im Zimmer haben wir für dich einen Tisch freigeräumt. Später werden wir dann weitersehen ...«

Damit entließ er sie bereits, schob sie fast ab. Obwohl ... Ihm lag noch manches auf der Zunge. Zum Beispiel hätte er sie fragen sollen, wer sich um ihre drei, allesamt schulpflichtigen Kinder kümmerte, wenn sie, was nicht zu vermeiden wäre, im Auftrag der Partei bis in die Nächte hinein unterwegs sein würde. Daß andere für sie die Arbeit täten, durfte sie wohl kaum erwarten. Jeder steckte schon bis zum Hals im Wuste der Verantwortung für sein eigenes Ressort. Warum bloß, dachte er, hat uns Münz dieses Weib geschickt?

Es war nicht zum ersten Mal, daß Frank sich insgeheim darüber ärgerte. Sofort, nachdem in Betracht gezogen worden war, Rosi Schulze in die Bezirksleitung zu holen, hatte er sich gründlich, obwohl sie keine Unbekannte für ihn war, ihre Kaderakte vorgenommen. Proletarischer Herkunft, verheiratet mit einem Finanzkaufmann, der irgendwo im Staatsdienst angestellt war, Mutter von einer Tochter und zwei Söhnen. Sie hatte an der Bergakademie in Freiberg studiert und war von dort in das Braunkohlenkombinat auf der dem Geiseltal gegenüberliegenden Seite von Halle, am Rande der Dübener Heide, gegangen. Im Verlaufe von zehn Jahren hatte sie sich zum Werkdirektor hochgearbeitet, und vor noch gar nicht allzulanger Zeit war sie als Wirtschaftssekretär in der Kreisleitung Bitterfeld eingesetzt worden. Dort hatte Frank sie kennengelernt, seitdem mit ihr zu tun gehabt, oder nein, früher schon, als sie noch bei verschiedenen Anlässen, Konferenzen und Feierlichkeiten, in der traditionellen schwarzen Bergarbeiterkluft umherflaniert war, über der Brust voll behängt mit glitzernden Medaillen. Rosi Schulze, ja, hatte stets als besonders energisch gegolten. Sie war berühmt geworden, nachdem unter ihrem strengen Regime die permanenten Planrückstände des Kombinats im Norden innerhalb kürzester Frist auf Null zusammengeschrumpft waren.

Dieser Ruf also eilte ihr voraus. Und trotzdem. Frank fühlte sich unwohl bei dem Gedanken, sie nun in seiner Abteilung zu wissen, zumal angesichts der Hast, wie er empfand, mit der ihr Einsatz beschlossen worden war. Es mochte vielleicht noch angehen, daß sie die Stelle von Ossi antrat, dem etwas müden, nicht gerade entscheidungsfreudigen Mann. Doch wozu überhaupt dieser Wechsel, wenn die Gruben ohnehin ausliefen, die Braunkohle dem Erdöl weichen würde? Warum dann noch jemanden mit einer solchen Funktion betrauen, der zwar den Bergbau beherrschte, aber weder von der Petrolchemie noch von der Metallindustrie einen blassen Schimmer besaß? Dagegen spielte sogar der Umstand, daß sie eine Frau war, eine untergeordnete Rolle.

Und schließlich geschah das:

Routinebesprechung. Abstimmung der Termine, die nächsten Aufgaben wurden verteilt. Auf den Polsterstühlen rings um das schlanke Oval des Tisches in seinem Zimmer die Runde seiner Mitarbeiter.

Kaum hatte die Beratung begonnen, regte sich Rosi schon auf, daß er das Rauchen gestattete. »Bei mir hat es das nie gegeben. In der Kreisleitung nicht, auch nicht im Kombinat, und da saßen die hartgesottensten Knasterbrüder. Man erstickt ja im Qualm, und kannst du nicht wenigstens frische Luft hereinlassen? Draußen der herrlichste Frühling. Doch wir schmoren hier wie in 'ner Räucherkammer und gehen als Bratwürste wieder hinaus.«

»Gut, mäßigen wir uns«, versuchte Frank einzulenken. »Nicht jeder verträgt es. Vor allem keine solche zarten Wesen wie Rosi.«

Ein Schmunzeln legte sich diesem und jenem auf die Lippen. *Zart* war nun wirklich ein Attribut, das auf die Genossin Schulze am wenigsten zutraf.

Frank drückte seine Zigarette aus, zwängte sich hinter die Blumenbank mit der traurig dahinvegetierenden Monstera und dem ebenfalls bedauernswert siechen Bogenhanf, zog die Gardine zurück und entriegelte die Knebel. Bald aber mußte er das Fenster wieder schließen, da von der Straße her laut der Verkehrslärm ins Zimmer drang und man sein eigenes Wort nicht mehr verstand.

Rosi mokierte sich erneut. Einmal gereizt, störte sie fortan offenbar schon die geringste Kleinigkeit, und sie war auf Angriff eingestellt. Als daher Ossi wieder drucksste, Stefan Klaus nochmals auf Schneidewind zu sprechen kam und Frank ihm über den Mund fuhr, nahm sie plötzlich ebenfalls den Direktor aus dem Geiseltal in Schutz.

»Entschuldige«, sagte Frank. »Das kannst du freilich noch nicht wissen. Das war unter uns längst ausdiskutiert. Gegen Otto Schneidewind haben wir ein Parteiverfahren beantragt.«

»Nein. Da mach ich nicht mit. Ich kenne ihn mindestens seit zehn Jahren. Selbst wenn du – formal – im Recht wärest ... Das hat er nicht verdient. Nicht er. Bei seiner Herkunft, seiner Haltung ...«

»Hier zählt nicht das Gestern, sondern das Heute.«

Wütend stampfte sie unter dem Tisch mit ihren kräftigen Beinen auf. »Ich protestiere.«

»Das steht dir frei.« Er wandte sich an Eva, die neben ihm saß. »Wir nehmen es zu Protokoll ...« Und wieder an Rosi Schulze gerichtet, befahl er: »Du jedoch, bitte: Schweig jetzt.«

»Ich lasse mir von keinem, Genosse Lutter, auch nicht von dir den Mund verbieten.«

Er fühlte sich einsamer werden, mehr und mehr allein gelassen. Der Widerstand in seiner Abteilung wuchs, und seit auch Rosi Schulze daran teilhatte, ihn schürte, fanden sogar Leute wie Ossi die Courage, sich gegen ihn zu wenden. Wem also sollte er sich noch anvertrauen, wo seine Gedanken wälzen, seine Ansichten äußern, seine Pläne? Mit Lina Bonk hatte er vereinbart, daß sie sich vorläufig nicht mehr träfen, bis zu jenem Tag jedenfalls nicht, an dem er nicht nur kommissarisch den Wirtschaftssekretär vertrat, sondern in aller Form in die Funktion gewählt sein würde. Nichts, was ihm den Weg dorthin verbauen könnte, wollte er riskieren, auch nicht ihre heimlichen Begegnungen, und Lina brachte Verständnis dafür auf. Nach der *Puppenschlacht*, wie sie fortan die wilde, von triebhafter Leidenschaft erfüllte Szene zwischen sich nannten, hatte er sie damit getröstet, daß es solange mit seiner Beförderung nicht mehr dauern könne. Sie, Münz und die Mitglieder des Sekretariats, hätten keinen anderen, keinen Besseren als ihn. Nur einmal, vom Landwirtschaftsfritzen, sei Klute Bartuschek vom Metalleichtbauwerk in Eisenstadt in Erwägung gezogen worden. Doch dieser Vorschlag habe sich schnell erledigt. Er sei an Klutes krankem Kehlkopf, an seiner heiseren Stimme gescheitert.

Somit entfielen also die späten Abende bei Lina. Frank weilte wieder regelmäßig bei seiner Familie, war öfter zu Haus als in den Monaten, den zwei Jahren zuvor, und das blieb auch Ilse nicht verborgen.

»Ich freue mich«, sagte sie, »daß du wieder mehr Zeit für uns hast, das Geiseltal dich nicht länger frißt. Woran liegt es eigentlich? Hat sich dort nun endlich die Erkenntnis durchgesetzt, daß die Republik auf Dauer von der Braunkohle nicht leben kann? Ich wette, ohne deine Tätigkeit rund um die Uhr, ohne deine Festigkeit in diesen Dingen wäre das nie geschehen.«

O Gott, war sie naiv! Oder tat sie nur so, spielte ihm was vor?

»Jaja, du hast recht«, erwiderte er.

Er sah sie durch die Wohnung schleichen, mit eingezogenen Schultern, krummem Rücken, wie ihm schien, so als bewege sie sich ständig unter einer unsichtbaren Last. Dann aber, wenn sie sprechen, über ihn verfügen konnte, in einem fort die Unterhaltung mit ihm suchte und sich angehört fand, straffte sich ihr Körper. Ihre Worte klangen fröhlich, froh zumindest, und es war, als würde jede Antwort seinerseits sie aufrichten. Ihre Augen begannen zu leuchten und wie früher wieder schön zu sein.

Er dachte: Nein, ich darf ihr diese Freude nicht nehmen. Vielleicht hilft ihr das über ihre Krankheit hinweg.

»Was würdest denn du tun, Ilschen ... Stell dir vor. Rosi Schulze. Drei Kinder. Im Alter von unseren beiden. Sie kommt hereingeplatzt, fast ohne Vorankündigung, und schert sich einen Dreck darum, daß sie sich die Nächte wird um die Ohren schlagen müssen. Ich frage mich, wer versorgt indessen ihre Sprößlinge? Hat sie einen Waschlappen zum Mann?«

»Nein, ich könnte das nie. Mir würde das Herz brechen, wenn ich an Robert und Clara denke.« Sie setzte sich, faltete die Hände über ihrem Schoß zusammen, blickte ihn an, beinahe bettelnd und – was er erst nach ihren Worten begriff – um ein Lob von ihm bemüht: »Bist du nicht stolz darauf, wie wir unser Leben gestaltet haben? Ist es nicht gut, daß du mich hast? Ich nehme dir alle Sorgen zu Haus ab, und du kannst dich ungehindert deiner Arbeit widmen.«

»Ja, Ilse. Das ist wirklich ein Glücksfall.«

»Du wirst sehen, du steigst noch ganz nach oben.«

Jetzt wich er ihren Blicken aus. Es lag darin soviel Anhänglichkeit, Hingabe und Bewunderung für ihn, daß er sich dessen sogar schämte, Gewissensbisse empfand und es nicht länger still über sich ergehen lassen wollte. Den

Mut jedoch, ihr zu sagen, daß sie sich irrte, er nicht mehr derjenige sei, für den sie ihn hielt, den sie vor fünfzehn Jahren geheiratet hatte, brachte er ebenfalls nicht auf.

Manchmal zog sie sich zurück und schrieb. An einem Porträt, wie er wußte, über Rosa Luxemburg, in Fortsetzungen für das Frauenjournal. Sollte sie doch. Er ließ sie gewähren, versuchte nicht mehr wie noch vor kurzem mit spöttischen Bemerkungen ihr Erzähltalent anzuzweifeln. Sie brauchte diese Arbeit, mehr noch als sie ein kleines Stück Glauben an sich, eine Selbstbestätigung, daß sie auch zu etwas Nützlichem fähig sei, das in der Öffentlichkeit anerkannt würde. Die Beschäftigung allein im Heim und mit den Kindern füllte sie nicht aus. Und immerhin, ihr Debüt in diesem Genre literarischer Biografien, das Lebensbild über Clara Zetkin, hatte schließlich einen breiten Kreis von Leserinnen erreicht, und sie war daraufhin mit einer Medaille ausgezeichnet worden, der Ehrennadel des Demokratischen Frauenbunds. Auch das hatte sie aufgerichtet. Sie war wieder fast wie früher zu Scherzen aufgelegt gewesen und schien selbst von ihren Leiden seltener geplagt zu werden.

Frank konnte eine solche Entwicklung nur beruhigen. Wenigstens brauchte er künftig keine allzu große Rücksicht auf Ilse zu nehmen, wenn er seine eigenen Wege ging. Die, dachte er, lagen ihm im Blut, er vermochte sich nicht dagegen zu wehren. Vielleicht war es das, was die Amerikaner, ihre Sexuologen, neuerdings die *midlife-crisis* des Mannes nannten. Er näherte sich dem entsprechenden Alter, und wenn er sich Gewalt anzwänge, seine Gefühle in Ketten schmiedete – wäre nicht er dann das Opfer, das Schaden litte, dessen Seele verkrüppelte? Aber es war ja auch alles anders geworden in seiner Ehe. Das Bild, das er von Ilse noch aus der Studentenzeit in seiner Erinnerung trug, war verblaßt, hatte seine Farbe verloren, ganz in der Art von Fotos, die nach und nach vergilbten. Abgeblättert war von ihm der Lack der Romantik. So wenig, wie es stimmte, daß ihr Vater einst, der olle Söchting, als Kapitän die Weltmeere durchschifft hatte, so wenig erwies sich Ilse als Piratenbraut. Der Seetiger Klaus Störtebeckers und die Santa Maria des Kolumbus hatten sich als Fischkutter vom Greifswalder Bodden entpuppt. Aus einer stolzen, unter vollen Segeln am Wind dahinjagenden Viermastbark war eine alte, lecke Schaluppe geworden. Nein, dachte er, die Ehe ist kein Sakrament, geschlossen nicht für die Ewigkeit. In ihrer europäischen Form ist sie allenfalls eine von christlichen Glaubensrelikten geprägte und noch dem bürgerlichen Moralkodex verhaftete Institution, die schon der ersten, mit marxistischen Maßstäben angesetzten Kritik nicht standhielte und auseinanderzubröckeln begänne. Scheiden lassen wollte er sich nicht. Doch er konnte auch nicht garantieren, nicht voraussagen, was werden würde, wenn erst die beiden Kinder, Clara und Robert, der ihm schon jetzt die Nerven zersägte, aus dem Haus gingen.

Kein Mensch ist frei von Schwächen. Auch Genies sind es nicht. Doch werden sie davon befallen, so erreichen selbst ihre Fehler nicht selten eine genialische Höhe, schon deshalb, weil sie sich wie in ihren Stärken so auch hier nicht mit Halbheiten zufriedengeben. Hinzu kommt, daß ihnen ein Versagen, als seien sie nicht ebenfalls aus Fleisch und Blut, doppelt und dreifach angerechnet wird. Es multipliziert sich, besonders in seiner Wirkung auf jene, die darunter zu leiden haben.

Von Matthias Münz wissen wir seit langem, daß nicht

gerade Menschenkenntnis zu seinen Vorzügen gehörte. Er unterlag Irrtümern in der Beurteilung des einen oder anderen Genossen, kam zu Fehlschlüssen, schätzte er diesen oder jenen Charakter ein, wobei er allerdings später, nach besserer Einsicht, auch die Souveränität besaß, sich zu korrigieren und für sein Verhalten zu entschuldigen. Auch setzte er manchmal bei anderen etwas voraus, was für ihn zur Selbstverständlichkeit geworden war, die Betroffenen jedoch, wurden sie damit konfrontiert, aus ihrer Ahnungslosigkeit gerissen, tief erschrecken mußte. Fragte man Münz danach und warf ihm vor, er sei mal wieder wie die Axt im Walde vorgegangen, zeigte er sich ehrlich bestürzt und konnte sogar verlegen werden. Eine Garantie jedoch, daß ihm von nun an dergleichen nicht mehr widerführe und er in jedem Fall gerecht urteilen würde, war es nicht.

In einem solchen Augenblick, in dem er sich offenbar wieder einmal seiner Schwäche nicht bewußt war, rief er Frank Lutter zu sich, und so entbehrte das Gespräch zwischen beiden von vornherein der Gegenseitigkeit, beruhte nicht auf gleichberechtigter Grundlage. Münz war bereits an Entscheidungen gebunden, von denen Frank nicht die leiseste Ahnung besaß. Seine spätere Empörung, Erschütterung läßt sich daraus erklären. Denn zunächst kam er mit den allerbesten Gefühlen. Seit Tagen spürte er, daß die Frage nach dem Nachfolger des Wirtschaftssekretärs unmißverständlich auf eine Lösung drängte, womit endlich auch die Unsicherheit, die führungslose und zuletzt bis zu einem gewissen Grade sogar konzeptionslose Zeit in seiner Abteilung ihren Abschluß fände.

Doch es begann, als redeten sie über das Wetter, unverbindlich, harmlos. Kaum hatte sich Frank im Sessel gegenüber Münz eingerichtet, innerlich zwar voller

Spannung, doch äußerlich sich betont gelassen gebend, die Beine übereinandergeschlagen, mit Daumen und Zeigefinger seine Bartspitzen drehend, hörte er sich als erstes über Rosi Schulze ausgefragt.

Vorgeplänkel, dachte er und sagte: »Sie läßt sich gut an. Anfangs hatte ich so meine Zweifel. Daheim drei Kinder, die versorgt sein wollen. Und eine Übersiedlung nach Halle steht demnächst wohl auch nicht in Aussicht ... Aber sie beruft sich nicht darauf, will unsererseits keine Zugeständnisse – alle Achtung – und fährt täglich mit dem Auto hin und her. Allerdings, wir kennen sie ja. Sie bringt Parteierfahrung mit. Immerhin war sie eine unserer besten Wirtschaftssekretäre in den Kreisen ...«

»Deshalb haben wir sie geholt. Außerdem: Es kann nicht schaden, wenn wir alle, ich einbezogen, den alten Adam in uns überwinden. Es gibt keine vernünftige Begründung dafür, warum Frauen sich nur für leitende Funktionen in den Bereichen Kultur und Volksbildung eignen sollten. Dort machen sie zwar den Männern manchmal das Leben zur Hölle. Andererseits, in der Ökonomie, scheint's, rächen sich die Kerls an ihnen.«

Frank schmunzelte, nickte. Münz wäre nicht Münz gewesen, wenn er nicht wieder einen seiner Sprüche abgelassen hätte, die nicht protokollreif waren.

Er beugte sich weit nach vorn, bis an die Kante des niedrigen Tisches, schmirgelte die Handflächen gegeneinander, bog die Finger, daß ein Knacken in ihren Gelenken zu vernehmen war, und begann mit dem Oberkörper zu wippen. Frank kannte ihn genug, um zu wissen, daß er sich solcher Gesten stets bediente, wenn er nach Worten suchte, die überlegt sein wollten.

»Es gab Streit zwischen euch«, sagte er, rückte an seiner verrutschten Brille, schob sie höher auf die Nasenwurzel und blickte ihn jetzt ernst und forschend an. »Es ist jedoch das allerwenigste, was wir künftig von euch gebrauchen können: Rechthaberei auf beiden Seiten, einen Kleinkrieg.«

So dicht sah Frank die Augen vor sich, das Grau um die stechenden Pupillen, vergrößert durch die stark konvex geschliffenen Gläser, daß sie ihn unangenehm berührten, er ihre Blicke fast körperlich auf seiner Haut zu spüren glaubte. »Nichts von Bedeutung«, versuchte er zu beschwichtigen. »Eine Meinungsverschiedenheit, wie sie alltäglich ist ...«

»Und Otto Schneidewind betraf, nicht wahr? Das Parteiverfahren, das du gegen ihn einleiten wolltest.«

Mit einem Ruck setzte Frank sich auf. Irgend etwas in dieser Antwort glich einem Mißklang. Es war das Imperfekt, natürlich, die Vergangenheit: einleiten *wolltest* – so als sei sein Antrag, den Werkdirektor zu bestrafen, abgetan, erledigt. Doch wieso? Hatte etwa Rosi Schulze mit ihrem Standpunkt recht behalten? Galt das Gestern doch mehr als das Heute?

Aber noch ehe er sich darüber Klarheit verschaffen konnte, traf ihn ein weiterer Schlag. Er ließ ihn erstarren. Ihm war, als schwänden ihm die Sinne.

Münz fuhr fort: »Nun gut. Schwamm drüber. Weshalb ich dich zu mir bat, Frank ... Im Sekretariat haben wir den Beschluß gefaßt, die Genossin Schulze als neuen Wirtschaftssekretär zu bestätigen. Und zwar mit sofortiger Wirkung und mit allen Kompetenzen selbstverständlich. Was wir von dir erwarten ...«

Frank verstand nichts mehr. Ein Rauschen drang in seine Ohren, kam von innen, überdeckte jeden Laut von außen. Zwar vernahm er noch die sonore, stets etwas kratzige Stimme von Münz, hörte ihn sprechen, doch er verstand ihn nicht. Wie ein Gebrabbel klangen seine

Worte, eins ins andere vermischt, als würde jedes vom Echo des vorangegangenen überlagert, überhallt. Er sah die Lippen sich bewegen, starrte auf die schiefen, gelbgerauchten Zähne, gewahrte sogar die glitzernden Klammern der Brücke im Gebiß des Unterkiefers, aber er begriff nicht, was aus dem Mund hervorquoll, breiig, ein undefinierbarer zäher Teig, eine schleimige Blase von Geräuschen. Doch er wollte auch nichts wissen. Er schirmte sich ab. Gegen jede weitere Enttäuschung. Er schloß die Augen, angeekelt, stellte sich taub, und so würde er nie erfahren, was das Sekretariat von ihm erwartete.

Er fühlte sich hintergangen, mehr als das: verraten. Man hatte ihn nicht einmal mehr zu der Beratung eingeladen, in der über ihn das Urteil gefällt worden war. Bartuschek, ja, wenn es Klute Bartuschek gewesen wäre, den man statt seiner zum Sekretär berufen hätte … Vielleicht hätte er das verstanden, verwunden jedenfalls. Sie beide hatten schon einmal die Rollen getauscht. Auch Klute, bis dahin sein Vorgesetzter, hatte sich ihm unterordnen müssen, und er tat es, ohne mit der Wimper zu zucken. Die Partei, die kommunistische Moral der Partei verbot es, Funktionäre wie im bürgerlichen Klassenstaat als Beamte auf Lebenszeit zu wählen. Wer dagegen aufbegehrte, wollte sie zum Klüngel degradieren, wollte ihren Tod. Frank bekannte sich dazu. Doch jetzt? Mit Rosi Schulze an seiner Stelle? Was hatte sie ihm denn voraus?

Matthias Münz unterbrach sich. Ihm entging nicht, was mit Frank geschah. Er sah die Spuren, die sich plötzlich in seinem Gesicht abzeichneten, bemerkte die Veränderung, die sich mit einem Mal an ihm vollzog. Die Röte auf seiner Stirn und seinen Wangen, mit den wie erhitzt, fiebrig wirkenden Flecken über den Backenknochen, war einer fahlen Blässe gewichen. Seine anfangs betont lässige Haltung hatte sich in eine ihm unerklärliche Steifheit verwandelt. Nun schloß er gar die Augen, verzerrte die Lippen unter seinem Bart. Und hörte er ihm überhaupt noch zu?

»Fühlst du dich nicht wohl?« fragte er.

Aber er erhielt keine Antwort. Er dachte: Oder ist der Streit zwischen beiden, Rosi Schulze und ihm, doch von grundsätzlicher Natur, von tieferer Bedeutung, als er vorhin eingestehen wollte? Und wenn, würden sie sich dann bekämpfen, Kleinkrieg führen? Er schwieg erneut. Auf den Gedanken aber, daß sich Frank seit einem halben Jahr bereits, seit ihrem Gespräch in seiner Wohnung als den künftigen Sekretär für Wirtschaft gesehen und von Tag zu Tag mit größerer Ungeduld nur noch auf die Bestätigung gewartet hatte, kam er mit keiner Silbe. Wieso auch. Nie war eine solche Bemerkung, die darauf hätte schließen lassen können, ihm gegenüber auch nur angeklungen.

Frank hingegen, nach dem ersten Schreck, schoß es wie Wirbel durch den Kopf. Er suchte nach den Gründen, daß er gewogen und zu leicht befunden worden war. Nicht anders empfand er es. Seine Arbeit, sein Einsatzwille, seine Zuverlässigkeit? Nie hatte es darüber Klagen gegeben. Im Gegenteil. Man hatte ihn stets gelobt, wegen seiner Standfestigkeit, seiner Prinzipientreue. Was also war es dann? Lina ... Sein erster Verdacht fiel auf Lina, auf sein heimliches Verhältnis mit ihr. Wenn ihn nun doch jemand bei Nacht und Nebel zu ihr hatte schleichen sehen? Oder ... Schon der geringste Hinweis von einem der – Klassenbrüder drüben, aus Oberhausen oder Essen, hätte genügt, um ihn hier anzuschwärzen. Aber nein. Die Mühlen der Partei mahlten schneller als die Gottes. Er wäre sofort zur Rechenschaft gezogen worden. Robbi? Sein Sohn machte ihm in letzter Zeit zu schaffen. Er hatte sich einer Clique von Jugendlichen angeschlossen. Mit Krawallen auf Fußballplätzen fing es an. Jetzt, hieß es, seien Flugblätter bei ihnen aufgetaucht, die einen tschechoslowakischen Sozialismus forderten ...

Weiter gelangte er nicht. Münz sprach auf ihn ein, und diesmal vernahm er seine Stimme wieder klar, mit jedem Worte deutlich.

»Seit reichlich sechs Jahren, Frank, bist du jetzt Abteilungsleiter, und ich glaube, wir sind dir eine Erklärung schuldig, warum unsere Wahl gerade auf die Genossin Schulze fiel. Abgesehen von ihren Verdiensten, die sie sich in ihren bisherigen Funktionen erwarb, hängt es vor allem mit ihrer Qualifikation zusammen. Dir muß ich nicht sagen, von welchen Strukturen die Wirtschaft in unserem Bezirk geprägt wird. Die Chemie bestimmt sie. Im Kreis Bitterfeld war Rosi hautnah mit ihr verwachsen. Was jedoch noch wichtiger ist: Wir brauchen eine Fachkraft für die Braunkohle ...«

Das war erneut ein Reizwort. Frank war sofort hellwach. Wieso ... Die Kohle wurde ausgekehrt. Die Tagebaue hatten keine Zukunft mehr.

»Sie kennt sich bestens darin aus als ehemaliger Direktor. Es gibt inzwischen andere und – wie ich finde – ausgewogenere Überlegungen. Das nächste Plenum des Zentralkomitees wird dazu die Beschlüsse fassen. Ja, es war ein Irrtum. Wir haben uns übernommen, als wir ausschließlich auf die Petrolchemie setzten. Die Republik benötigt beides, das Erdöl *und* die Kohle. Sie muß sich, bei der immer angespannteren, täglich sich mehr zuspitzenden Lage auf dem Weltmarkt, ihrer eigenen Ressourcen besinnen. Also, das bedeutet, daß wir so manches, was uns lieb war, womit wir unsere Möglichkeiten überschätzten, wo wir zu weit vorgeprellt sind, wir unsre Träume mit der harten Wirklichkeit verwechselten ...«

Er schöpfte Atem, legte eine Pause ein, als scheute er die nächsten Worte, die Konsequenz daraus. »Rückgängig müssen wir es wieder machen. Abblasen unsern Sturmangriff auf die Kohle. Korrigieren unsre Politik gegenüber den Kombinaten im Bitterfelder Kreis und im Geiseltal. Du siehst, insofern hat auch dein Antrag auf ein Parteiverfahren gegen Otto Schneidewind jeden Sinn verloren. Wenn er überhaupt jemals berechtigt war ...«

Wieder spürte Frank das Rauschen. Es hämmerte in seinem Blut. Stärker noch als vorher schrie es in ihm: Das ist Verrat! Wie einen Hund habt ihr mich scharf gemacht und auf die Kohle gehetzt, doch nun ... Ihr laßt mich fallen. Alles, was ich tat – umsonst. Ein Haufen Asche bleibt zurück von meiner Arbeit. Ich hab gekämpft, hab mich geschlagen. Feinde hab ich mir gemacht. Und wofür? Es war ein Schlag ins Wasser ...

Seine Lippen zuckten. Er wollte seine Wut nicht länger unterdrücken, sie hinausschreien, von sich werfen. Doch es gelang ihm nicht. Er schwieg. Disziplin, dachte er, Disziplin. Matti darf nicht merken, daß ich mich von der Partei verraten fühle. Schweiß trat ihm auf die Stirn.

Münz aber mochte ahnen, in welcher Verfassung Frank sich jetzt befand. Er schien darauf vorbereitet, denn als wollte er ihm Mut zusprechen, sagte er:

»Ich weiß, daß es dich treffen muß, Frank, dich besonders. Wenn ich dir raten darf, ruh dich mal gründlich aus. Du brauchst eine Atempause. Ich habe mich erkundigt. Dir stehen vom letzten Jahr noch zwei Wochen Resturlaub zu. Nimm alles zusammen. Du hast es verdient. Fahr irgendwohin. In einen Kurort der Sowjetunion, wenn du willst. Mit deiner ganzen Familie. Du mußt dich auch mal um sie kümmern. Wie übrigens geht es deiner Frau? Wie deinem Sohn? Ist er nicht ein Fußballfan vom FC Chemie?«

Zugleich aber klang es, in den empfindlichen Ohren von Frank, als beendete er damit die Unterredung.

Er nahm seinen Urlaub. Mit dem Rest vom letzten Jahr sechs Wochen hintereinander. Doch weder nach Jalta noch nach Sotschi fuhr er, wie ihm angetragen wurde. Er blieb zu Haus. Robbi war es. Münz hatte es angedeutet. Mit seiner letzten Frage. Nicht anders sah es Frank. Robbi hatte ihm seinen Aufstieg verdorben. Er sollte es büßen.

NEUNTES KAPITEL

Flucht

Der Schule blieb bereits über Jahre ein Rätsel, wieso sich zwei Geschwister, wohlbehütet gleichermaßen, in einem harmonischen, fortschrittlich ohnehin gesonnenen Elternhaus aufgewachsen, so gegensätzlich verhalten konnten. Lag es nur daran, daß sie unterschiedlichen Geschlechts waren, oder spielten nicht doch Unstimmigkeiten zwischen Vater und Mutter bei der Erziehung der beiden eine größere Rolle, als man von außen zu beurteilen vermochte? Der eine und andere Lehrer fragte schon nicht mehr danach, ließ es geschehen. Mit der Tochter des Ehepaares Lutter jedenfalls, der jüngeren Clara, hatte man weit weniger Mühe. Sie war folgsam, lernte recht fleißig, wenngleich sie es wie bisher wohl nie zu überdurchschnittlichen Leistungen bringen würde und man sie manchmal sogar ermutigen mußte, ihre Zagheit, Ängstlichkeit nahezu vor dieser oder jener Aufgabe zu überwinden und mehr Selbstvertrauen zu zeigen. Das stille, in sich gekehrte Mädchen nahm dann jeden Zuspruch mit Dankbarkeit an, plusterte schon beim geringsten Lob freudig erregt seine Pausbäckchen auf und erhöhte mit noch größerem Fleiß seine Anstrengungen.

Der Sohn hingegen schien von völlig anderer Mentalität zu sein. Zwar neigte er nicht mehr zu jenen Streichen, derentwegen er früher so oft zu Tadeln Anlaß gegeben hatte, fesselte etwa keine Kleinkinder mehr an Bäume, um sie anschließend zu zwingen, sich mit einem Lösegeld von ihm freizukaufen, aber an Arbeitseifer, Strebsamkeit in allen schulischen Belangen fehlte es ihm wie eh und je. Bei ihm, sagten die Lehrer, hätten sie das Gefühl, er verberge nur mittlerweile seine Aufsässigkeit und sei Punkt Glockenschlag, mit dem zum Unterrichtsschluß geläutet würde, wieder der alte Rowdy. Tückisch könne man ihn nennen, verstockt. Sein herausragender Charakterzug sei die Faulheit, aber das sei sie schon immer gewesen, und somit brauche sich niemand zu wundern, wenn es ganz einfach seine Zensuren nicht erlaubten, ihn, worauf seine Eltern so großen Wert legten, an die Erweiterte Oberschule zu delegieren. Robert befand sich in der achten Klasse, und kein noch so gutes Zureden, schon seinem mit seiner Funktion nicht gerade hinterm Berge haltenden Papa zuliebe, hatte geholfen, ihn über das Mittelmaß hinauszubewegen. Nach seinem Berufswunsch befragt, antwortete er, Autoschlosser werden zu wollen. Dazu allerdings benötigte er wahrhaftig kein Abitur. Und außerdem: Er bastelte ja jetzt bereits in seiner Freizeit mehr an seinem Moped herum, das ihm zur Jugendweihe geschenkt worden war, als sich den Schularbeiten zu widmen.

Doch was auch immer die Lehrer rätselten, Frank und Ilse sich Gedanken machten über die Unarten des Jungen, sein aus der Art geschlagenes Verhalten, wie sie es nannten – Auskunft darüber konnte am besten nur er selber geben.

Nicht selten war er geprügelt worden, wegen nichts und wieder nichts, empfand er, einmal sogar, was ihn noch heute mit ohnmächtiger Wut erfüllte, wegen eines Buches, das er gelangweilt bereits nach den ersten Seiten aus der Hand gelegt hatte. Von einem gewissen Ostrowski stammte es, und schon sein Titel klang, als sollte ihm beigebracht werden, wie einer hart werden könne wie Stahl, wenn es nur ordentlich Hiebe setzte. Sein Vater empfahl ihm diesen Roman, mit leuchtenden Augen übrigens, wobei er in Erinnerung schwelgend sein Bärtchen drehte und eine Schote nach der anderen aus seiner FDJ-Zeit erzählte. Nachdem Robert jedoch trotz aller Versuche, ihm die Lektüre schmackhaft zu machen, nichts unternommen hatte, sich einer ähnlichen Begeisterung hinzugeben, brach ein Unwetter los, hagelte es auf ihn ein. Sein Alter verstand ihn nicht, und bei jedem Schlag, mit dem er ihm das Buch um die Ohren drosch, schrie er ihm auch seine Verachtung ins Gesicht. Hatte denn er aber jemals gefragt, ob es umgekehrt nicht dasselbe war, er, sein Sohn, ihn ebenfalls nicht verstand und in diesem Moment sogar haßte? Er demütigte sich, weinte, winselte, warf sich dem Vater vor die Füße. Nur noch ein Dröhnen spürte er hinter den Schläfen, das seinen Kopf wie einen Luftballon aufzublähen und zu zerplatzen drohte. Doch noch mehr als der körperliche Schmerz quälte ihn, daß er wehrlos war, er von alledem nichts begriff. Warum, warum, wimmerte er in sich hinein, warum ... Das Buch mit dem blauen Leinen war auseinandergefetzt. Dicht vor seinen Augen sah er ein Bild, auf dem ein Junge an Gitterstäben rüttelte. Und genauso fühlte auch er sich jetzt. Zum ersten Mal vielleicht löste dieser Anblick in ihm den Vergleich aus, daß auch er nur eine Beute der Erwachsenen sei, er ebenfalls in einem Gefängnis sitze, und das, schien ihm, sei sein Elternhaus.

Monate vergingen, zwei volle Jahre. Er schloß sich ab, kapselte sich ein. Daheim, gewahrte er bald, wurde ihm seine Schwester immer mehr vorgezogen. Auch Clara, die falsche Schlange, das Kriechtier – und mit welch ähnlichen Ausdrücken er sie sonst noch bezeichnete –, schien die Vorteile zu bemerken, die sie ihm gegenüber in der Familie genoß, und bediente sich ihrer weidlich. Sie heuchelte Gehorsamkeit, redete allen nach dem Munde, den Nachbarn, den Lehrern, aber besonders der Mutter, der sie nicht von der Schürze wich, die Taschen bei Einkäufen trug und in der Küche half. Manchmal rächte er sich dafür an ihr, indem er ihr in unbeobachteten Augenblicken – wegen nichts und wieder nichts – die Ohrfeigen zurückzahlte, die er von seinem Vater erhielt.

Da eines Tages kam die Clique auf ihn zu. Es war auf dem Fußballplatz des FC Chemie, nachdem Robert seine neue Leidenschaft entdeckt hatte und nun jedes Heimspiel der Oberligamannschaft besuchte. Das Stadion lag nur eine Viertelstunde zu Fuß von der elterlichen Wohnung entfernt, und längst hatte auch er sich wie andere Jungen in seinem Alter mit einer Fahne und einem beidseitig bis zu den Knien reichenden Schal in den Vereinsfarben Rot und Weiß versorgt. Der Club kämpfte weder gegen den Abstieg noch mischte er ganz oben an der Spitze mit, bei der Vergabe der Meisterschaft. Jahrelang schon tummelte er sich im Mittelfeld der Tabelle, rutschte mal höher und mal tiefer. Doch gerade das erhitzte immer wieder die Gemüter seiner Anhänger, stürzte sie von einem Wochenende zum anderen in Wechselbäder zwischen überschwenglicher Freude und überschwappendem Ärger. Was die Kicker zu müde waren, die Spieler, obwohl einige mit Auswahlerfahrungen, dort unten auf dem Rasen nicht zuwege brachten, nämlich schlicht und einfach Siegpunkte zu sammeln, schob man auf andere Ursachen, auf Antipathien der Schiedsrichter oder gar der obersten Sportführung mit Sitz in Berlin. Auch Robert, inmitten der jugendlichen Zuschauer, die ihren Stammplatz auf den Traversen gegenüber der Ehrentribüne hatten, verschaffte sich fortan jeden zweiten Sonnabend auf diese oder jene Weise Luft. Ein Anstifter war er nicht, nein. Aber er stieß mit dem Mut, den ihm die krakeelende Menge ringsum einflößte, genauso lautstark ins Horn, in seine Schalmeienflöte, wenn seine Mannschaft ein Tor schoß, stimmte ins gellende Pfeifkonzert ein, sobald ein Schiedsrichter eine – in den meisten Fällen nur vermeintliche – Fehlentscheidung traf, damit nach Ansicht der tobenden Fans den Gegner begünstigte, schrie, daß ihm der Hals schwoll und die Kehle trocken wurde, mit den anderen im Chor: schwarzes Schwein, schwarzes Schwein, und sein Blut wallte, sein Zorn kochte über, erhielten die Berliner zum Beispiel noch in letzter Minute einen Elfmeter zugesprochen, wodurch der FC Chemie die Partie verlor, übte, glaubte er jedenfalls, mit seinem Protest endlich jene Gerechtigkeit, wie sie ihm sonst, sowohl in der Schule als auch zu Haus, niemals gestattet wurde …

Mit solchem Gebaren mußte er Karsten Hohlkamp aufgefallen sein, einem Burschen mit Muskelpaketen und pickligem Gesicht wie dem seinen, drei Jahre älter als er. Der wandte sich an ihn und sagte: »Ich find's Klasse, wie du hier ständig für Stimmung sorgst. Beim nächsten Mal, wenn Halle in Jena spielt, komm doch mit. Wir sind 'ne dufte Truppe, du, und brauchen Schekser wie dich. Haste nich auch schon mal früher, wo sie dich beim Rauchen in der Pißbude erwischt haben, dem Hausmeister von eurer Penne vors Schienbein getreten?«

Woher wußte er das? Hohlkamp, soviel er erfuhr, war in einem anderen Viertel zur Schule gegangen, in dem

Rattennest Glaucha. Das aber konnte ihm ja egal sein. Vielmehr fühlte er sich plötzlich erhoben, wie aus dem Nichts gerissen. Verschafften nicht diese Worte ihm endlich die Anerkennung, die er so lange vermißt hatte? Und trotzdem, obwohl ihm das Angebot schmeichelte, nicht weniger verblüffte es ihn. Er schwieg zunächst verdattert, und auch später antwortete er darauf nur mit einem zusammenhanglosen Gestammel. Ja, nein, ja, wenn ihr meint ... Was dachte sich dieser Karsten, den sie den Chef nannten oder den King! Woher sollte er, Robert, das Geld nehmen, wenn er's nicht klaute, um zu den Spielen des Clubs in andere, weit entfernte Orte zu fahren, und was überhaupt würden seine Eltern dazu sagen? Gewiß, die Mutter hatte ihm in ein paar nachgiebigen Stunden aus Stoffresten die rotweiße Fahne genäht und den Schal gestrickt. Gegen seine Besuche im heimischen Stadion wandt auch der Vater nichts ein, obwohl er sie ihm gelegentlich wieder verbot, immer dann, wenn er ihm mit miesen Zensuren die Laune verdarb.

Das Gefühl jedoch, gebraucht zu werden, zumal von Burschen seinesgleichen, ließ ihm nun Tag und Nacht keine Ruhe. Es stachelte in seinen Gedanken, und er sann, wie er dem Angebot nachkommen, seine Träume in die Tat umsetzen könnte. Er durfte sich nur keinen Fehltritt erlauben, mußte vorsichtig sein, den Braven mimen. So begann er, stärker als bisher seine Eltern zu beobachten, stets auf der Hut, ob er in ihrem Verhalten zueinander nicht etwas entdeckte, womit sie sich bloßstellten und das er für sich ausnutzen konnte. Clara, das Luder, hatte es ihm ja schon vorgeführt.

Die Mutter und der Vater stritten sich selten. Sie war sanft, und er, wenn er mit der ihm eigenen Unregelmäßigkeit, bedingt wohl durch seine Funktion, zu Haus weilte, gab sich gelassen, setzte sich, kaum daß er die

Schuhe ausgezogen, vor den Fernsehapparat, verabreichte zuvor vielleicht noch ihm und der Schwester einen Gutenachtkuß und wartete auf Bewirtung. Ilse tat ihm den Gefallen. Sie las ihm alle Wünsche von den Augen ab, brachte ihm das Bier oder den Tee mit Rum.

Robert, Robbi, Robin, wie ihn die Clique nun nannte, nach dem Rächer der Armen in England (und was ihn mit Stolz erfüllte), sah darin nichts Ungewöhnliches. So, dachte er, müßten Ehen wohl sein. Der Mann bestimmte, und die Frau unterwarf sich ihm.

Was ihn dagegen weit mehr störte, das war: Schon beim geringsten Versagen seinerseits wurde ihm von der Mutter stets sein Vater als Vorbild gepriesen, dem es nachzuahmen gelte. Ein Heiliger der Familie. Ein Ritter ohne Fehl und Tadel. Fleißig und klug, von der Arbeit besessen. Im Gegensatz zu ihm, der immer nur von schlechten Zensuren, Beschwerden der Lehrer und ins Hausaufgabenheft eingetragenen Rüffeln lebte. Aber hatte sein Alter denn wirklich die Gloriole um seinen von Jahr zu Jahr glatzköpfiger werdenden Schädel verdient? Als er von ihm geprügelt worden war, wegen eines Buches, das er langweilig fand und nicht hatte lesen wollen, waren zum ersten Mal für ihn die goldenen Strahlen um das Haupt seines Erzeugers zerfranst, zerstiebt, verloschen. Seitdem fragte er sich, ob so die Welt aussehen solle, die die Kommunisten wollten – und sein Vater bezeichnete sich ja als einer von ihnen. Alles, was er danach dann trotzdem noch an Lehren von ihm erhielt und sich anhörte, als würden Ideale behauptet, Sprüche, wie sie ebenfalls seine Pauker klopften, zog er in Zweifel, empfand er als Heuchelei. Die Gleichberechtigung unter den Menschen, auch zwischen den Geschlechtern, die Befreiung der Unterdrückten, wofür schon Robin Hood gekämpft hatte, das gegenseitige Verständnis ganz einfach zwischen den unterschiedlichsten Geschöpfen, einem Vater und seinem Kind zum Beispiel – leere Worte, dachte er, hohles Geschwätz, *Leeren* statt *Lehren* ... An mir wird immer nur herumgenörgelt. Dort mit Fünfen und hier mit Schlägen.

Das Vorbild, nein, den Heiligenschein nahm er seinem Vater längst nicht mehr ab. Mochte er sich auch an der Schule einst bessere Noten als er geholt haben, lauter Einsen gar an der Universität und dazu einen Doktortitel mit protzig umrahmter Urkunde über dem Schreibtisch. Sollte die Mutter ihn deswegen anhimmeln, er tat es nicht. Sie ließ sich ja selber inzwischen mit Frau Doktor anreden, von der Postbotin, den Verkäuferinnen im Konsum um die Ecke, sogar von seiner Klassenlehrerin, und klärte niemanden auf, daß sie es nicht einmal bis zum Staatsexamen gebracht hatte. War das denn nun das Leben, das ihren Wünschen entsprach, mit dem sie zufrieden sein konnte, ein Leben im Schatten ihres Mannes? Robert glaubte es nicht. Sie schrieb und schrieb, kriegte dafür zwar eine Medaille, aber ihren Jugendtraum, für den sie sich jahrelang abgerackert hatte, ihr Glücklichsein holte sie damit nicht ein. Einmal hörte er, wie der Vater sich über sie lustig machte. Er sagte: Du, mein Ilschen, mit deinen kitschigen Gefühlen ... Nie wird aus dir eine richtige Dichterin ...

Und dann sah er sie vor dem Spiegel.

Es war wenige Tage vor seiner Jugendweihe. Schon das nächste Wochenende sollte ihm gewidmet sein, mit einer prächtigen Feier, bei der er ins Reich der Erwachsenen eingeführt werden sollte.

Die Mutter schien an nichts anderes mehr zu denken. Sie wurde zunehmend nervöser, wischte hin und wischte her. Doch heute verhielt sie sich besonders eigenartig. Ihm kam es vor, als schnitte sie Grimassen. Ein stetiges Zucken quälte sich durch ihr Gesicht, und im ersten Augenblick war ihm zum Totlachen zumute. So komisch wirkte das alles.

Er kämmte soeben sein störrisch hartes, strohblondes Haar, das er wie die meisten seiner jetzigen Freunde nach der Mode der Beatles kappenförmig tief in die Stirn und über die Ohren hatte wachsen lassen. Vor dem Spiegel im Korridor, im Halbdunkel, das ihn dort verbarg, konnte die Mutter ihn nicht erkennen. Sie jedoch stand bei geöffneter Tür im hell erleuchteten Badezimmer, so daß der Spiegel der Toilettengarnitur ihr Mienenspiel in den der Garderobe zurückwarf.

Nein, dachte er, nun schon im zweiten Hinsehen, das kann nicht wahr sein!

Was er bisher für Grimassen, gar Fratzenschneiden gehalten hatte, entpuppte sich jetzt als etwas, das einem Lächeln glich, doch dem eines Clowns, der seine Mimik trainiert.

Ilse – und ach, so häßlich fand er seine Mutter nicht – zog zunächst mit einem Stift ihre schmalen, mit einer Pinzette bearbeiteten Augenbrauen nach, griff dann zu Rouge und Puder und schminkte sich. Sie bemalte ihre Lippen, bleckte die Zähne, wobei Robert wußte, daß sie im Oberkiefer einen Ersatz trug.

Wie gebannt blickte er auf das Bild, gespannt darauf, was folgen würde.

Nein, er täuschte sich nicht. Immer wieder probierte sie ein Lächeln aus, vielmehr: unterschiedliche Arten zu lächeln. Sie verstellte, verzog, verzerrte ihren Mund, beugte ihn abwechselnd rechts hinüber und links, warf die Lippen auf, kniff sie ein, krümmte sie nach oben, nach unten, bis sie offenbar einen Ausdruck gefunden zu haben glaubte, den sie für sich als vorteilhaft empfand. Denn daraufhin ließ sie ihre Züge erstarren, schaute minutenlang in ihr Gesicht, verzog es erneut, wiederholte kurz die Prozedur, kam aber sofort auf ihre Galapose zurück. Bei unbeweglichem Mund, steif wie der einer Maske, zupfte sie nun an ihrem Kleid, am Kragen, schloß dessen Knöpfe, öffnete sie zu einem breiten Ausschnitt. Ihr Hals und die Ansätze ihrer Brüste wurden sichtbar, rundliche Wölbungen. Plötzlich fiel ihr Gesicht zusammen, nahm das Aussehen wieder wie vor den Übungen an. Mit zittriger Stimme fragte sie leise, in sich hinein, nur an ihr Spiegelbild gerichtet: Bin ich nicht trotzdem noch hübsch, in meinem Alter und nach allem, was ich durchlitten habe, wenn es mir nur gelingt zu lächeln? Es war ein Flüstern, doch Robert vernahm jedes Wort deutlich.

Er stahl sich davon, wollte verhindern, daß sie ihn doch noch bemerkte. Ihn durchrann ein Schauder. Ein wenig spürte er sogar Abscheu, fühlte sich abgestoßen von ihrem Getue. Schließlich aber, allein in seinem Zimmer, fand er es nur noch lächerlich. Warum vergißt sie sich so, dachte er, warum ... Was trieb sie, sich so zu erniedrigen, ihr angeknackstes Selbstvertrauen hinter einer solchen Maskerade zu verstecken, auch wenn es nur im stillen Kämmerlein, vor ihrem Spiegelbild geschah? Bloß um schön sein zu wollen? Mit einem eingeübten, erzwungenen, eingebimsten Lächeln! Ich mag dich doch, Mutter, und zwar so, wie du bist. Vor mir brauchst du dich nicht zu verstellen. Du hast mich niemals verhöhnt, verachtet. Wenn du mich auch nicht verstanden hast, in Schutz genommen hast du mich stets. Hast mich umarmt und gekost. Ach, Mama, wie leid du mir tust ... Und jetzt konnte er sich seiner Tränen nicht länger erwehren.

Zur Feier seiner Jugendweihe, die im kleineren Kreis mit Nachbarn und einigen Bekannten der Eltern in einem nahen Lokal stattfand, war auch Lina gekommen, hübsch wie immer. Sie hatte sich lange nicht in der Familie sehen lassen, und um so mehr freute sich Robert über ihren Besuch, obgleich er sie diesmal nicht ohne Argwohn betrachtete. Er erinnerte sich an den Abend im Schneetreiben, als er vor ihrer Haustür gestanden und nach ihrem Namensschild gesucht hatte.

Von den Eltern war ihm zu seinem Ehrentag ein Moped geschenkt worden. Glitzernd in Chrom und Lack, prangte es als Hauptattraktion in dem Raum der Gaststätte vor dem Gabentisch mit der Masse von Blumen. Lina überreichte ihm nun einen Tonbandrekorder mit mehreren Kassetten. Dergleichen gab es noch nicht einmal in den Geschäften zu kaufen. Sie war als Rundfunkreporterin daran gelangt, und er geriet über ihr Geschenk genauso außer sich vor Freude wie über das fabrikneue Fahrzeug.

Sofort hängte er sich an sie. Er roch den Duft ihres Körpers, spürte die Weichheit ihres Fleisches, die Festigkeit ihrer Brust, als er sich mit aller Heftigkeit an sie schmiegte, um sich zu bedanken.

»Na, na«, rief sie und lachte, indem sie sich von ihm zu befreien suchte. »Robbi, du Schlingel! Du bist jetzt ein Mann. Und du wirst mich doch nicht gleich vernaschen wollen ... Gib mir 'nen Kuß, aber nur auf die Wange.«

»Danke, danke, Tante Lina ...«

Doch wie früher bereits, seit er denken konnte, empörte sie sich, spielte zumindest die Entrüstete, weil er es nicht bei ihrem Vornamen beließ und sie Tante nannte.

»Entschuldige ... Ich finde den Rekorder Spitze, und du riechst so gut ...«

Da entfuhr es ihr: »Wild wie dein Vater ...« Aber sie nahm es sofort zurück, ergänzte gedankenschnell: »Du schlägst ganz nach deinem Vater, wie? Der schmust mit deiner Mama gewiß ebenso gerne ...«

Frank saß weitab, war mit irgendwem in ein Gespräch verwickelt. Ilse jedoch stand unmittelbar neben den beiden. Sie lächelte. Und Robert sah es. Maskerade. Wie auf Befehl. Es war dasselbe Lächeln, Zug für Zug, das sie vor dem Spiegel eingeübt hatte.

Später einmal hörte er, wie sie sich, untermalt von der Musik aus dem Rekorder, bei der Freundin beklagte. Warum sie so lange nicht zu Besuch gekommen sei, fragte sie vorwurfsvoll, und ob es wohl daran liege, daß sie sich wieder in festen Händen befinde ...

Robert hatte Lina stets gemocht. Ja, er verehrte sie heimlich, und je älter er geworden war, desto öfter hatte er an sie gedacht, manchmal auch im Bett, und sie sich nackt vorgestellt. Niemand, fand er, war schöner als sie. Er kramte in den Alben und Kästchen seiner Eltern, in denen sie alle möglichen Photographien aufbewahrten. Auf mehreren war auch Lina zu sehen, auf einer gar, einem Schnappschuß, im Bikini mit verrutschten Trägern, aufgenommen an irgendeinem See, dem sie soeben entstiegen sein mußte. Das Bild zeigte sie in voller Gestalt, weit jünger als heute, und der noch feuchte, dünne Stoff zeichnete deutlich ihren Körper nach. Da es lose zwischen einer Menge anderer steckte, konnte er es leicht entfernen. Niemand würde es vermissen. Er verbarg es in seinem Zimmer, holte es gelegentlich hervor und benutzte es als Vorlage.

Der eigentliche Grund jedoch dafür, weshalb sie ihn in Gedanken verfolgte und er sie nun, während der Feier, mit derselben Aufmerksamkeit zu beobachten begann wie seit langem seine Eltern, rührte von etwas anderem her.

Es war mitten im Winter gewesen.

Ein stürmischer Wind überschüttete die Stadt mit Schnee wie mit einer Lawine. Schon spät am Abend stand Robert auf dem Marktplatz, im Schutze des Roten Turms, und wartete auf die Straßenbahn, die ihn nach Haus tragen sollte. Doch plötzlich, im dichtesten Flokkenwirbel, glaubte er, an der Haltestelle auf der gegenüberliegenden Seite mit dem Händeldenkmal im Hintergrund seinen Vater erkannt zu haben. Es verwunderte ihn, denn Frank hatte wegen einer Reise nach Berlin seine Heimkunft erst für die Nachtstunden angekündigt. Nur deshalb auch hatte es Robert gewagt, sich länger als sonst mit der Clique herumzutreiben, der *Kanne von Glaucha,* wie sie sich nannte und der er nun fest angehörte. Vor der Mutter besaß er keine Angst. Bei ihr würde er sich für seine verspätete Rückkehr damit entschuldigen, daß mal wieder eine Straßenbahn nach der anderen ausgefallen sei, was ja auch täglich, da sie mit dem Eis und der Kälte zu kämpfen hatten, in der Zeitung zu lesen war.

Sein Verdacht bestätigte sich. Jeder Irrtum war ausgeschlosssen. Denn je näher er sich an die vermummte Gestalt, die seinem Vater glich, heranpirschte, geschickt das Schneetreiben als Deckung nutzend, desto mehr erhielt er die Gewißheit: Er war es, auch wenn seine tief in die Stirn gezogene Pelzmütze und der hochgeschlagene Mantelkragen sein Gesicht nur ahnen ließen.

In diesem Moment erschien die Bahn, die Linie Drei, auf dem Gleis, das in Richtung Norden führte. Frank stieg in den Triebwagen ein. Und Robert durchzuckte es. Im letzten Augenblick, schon während des Abklingelns, sprang er noch auf die hinterste Plattform.

Ein dumpfes Gefühl drängte ihn. Er wollte wissen, wohin sein Vater so spät am Abend und bei dieser Witterung fuhr, wenn nicht nach Hause an den warmen Ofen, wohin sonst, wo er *sein* Berlin angesiedelt hatte.

Immerzu spähte er durch die vereisten Scheiben, hauchte und rieb ein Loch in die Kruste, lugte bei jeder Haltestelle, vom Universitätsring bis über das Reileck hinaus, sobald die Tür sich automatisch öffnete, vorsichtig in die Dunkelheit draußen und musterte die aussteigenden Personen. Jedesmal war er darauf gefaßt, um sich nicht zu verraten, erst mit dem Klingelzeichen zur Abfahrt die Bahn zu verlassen.

Da, am Zoo. Dort sah er ihn wieder. Nun hatte er ihn fest im Blick. Er konnte ihm nicht mehr entwischen, und Robert trat auf die Straße. Wie ein Detektiv kam er sich vor, wie einer der knallharten Jungs aus amerikanischen Krimis, als er ihm mit gebührendem Abstand folgte.

Doch es währte nur kurz. Es waren nur wenige Schritte, keine hundert Meter, schätzte er, die sein Vater vor ihm herlief.

Plötzlich, mit einer ruckartigen Wendung, wie ein Dieb, dachte er, der seine Spur tilgen will, verließ er den Fußweg und bog in einen schmalen Vorgarten ein, hinter dem sich mit hier und dort erleuchteten Fenstern eine mehrstöckige Villa erhob.

Robert duckte sich sofort hinter einen der mächtigen Baumstämme, die beiderseits die Straße säumten. Kalter Schnee, vom fauchenden Wind gejagt, klatschte ihm in die Augen und erschwerte die Sicht.

Aber nein, er brauchte keinen weiteren Beweis. Er hätte jetzt blind sein können und wäre trotzdem sehend gewesen. Denn wie ein Blitz schoß es ihm durch den Kopf. Obwohl er sie nie besucht hatte, wußte er jedoch von den Eltern, daß Lina hier wohnte, ganz in der Nähe des Zoos.

Um sich dennoch zu vergewissern, schlich er sich an

die Haustür, nachdem sein Vater dahinter verschwunden war. Er zündete ein Streichholz an, eins nach dem anderen, da der Wind immer wieder die Flammen ausblies, leerte fast die Schachtel und las die Namen auf den Schildern neben den Klingelknöpfen. Endlich, in der obersten Reihe fand er jenen, den er suchte, in Maschinenschrift und in Großbuchstaben: LINA BONK.

Er fühlte sich saumäßig, war sich nun sicher, daß seine Mutter, noch dazu mit ihrer besten Freundin, von seinem Vater betrogen wurde, schlug sich auf ihre Seite, war bitter enttäuscht auch von Lina, spürte gar etwas wie Eifersucht in sich aufflackern, dachte: Und dieser Mistkerl, dieser Heuchler, der sich mein Vater nennt, soll für mich ein Vorbild sein? Nie und nimmer! Spielt zu Haus die Sittenpolizei und schleicht sich nachts zu anderen Weibern ... Predigt öffentlich den Kommunismus und lebt nach Dienstschluß wie ein Bourgeois ... Ach, Mama, du tust mir leid ... Ich aber bin nicht wie du. Ich unterwerfe mich nicht. Ich habe Kumpel gefunden, die mich besser verstehen als ihr. Die Kanne. Dort hört mir jeder zu.

Nachdem er sich entschieden hatte, auf Gedeih und Verderb die Gruppe als sein zweites Ich anzuerkennen, war erneut Karsten Hohlkamp, der Chef, Schlosserlehrling in einer Reparaturwerkstatt für Autos, auf ihn zugetreten und hatte gesagt: »Ehe wir dich bei uns aufnehmen ... Eine Mutprobe mußt du schon ablegen. Doch wir sind demokratisch. Welches Ding du drehst, das kannste dir selber aussuchen. Klau Zigaretten oder 'ne Schnapsflasche aus der Kaufhalle. Schlag 'n Feuermelder ein und gib Alarm. Was glaubste, wie lustig das ist, wenn dann der Löschzug anrollt, völlig umsonst, und die Spritzenheinis sich verarscht sehen. Oder hau deinem Alten, hat er dich geärgert, eins in die Fresse. Natürlich unter

Zeugen. Das tat ich. In der Badewanne. Als er da lag, stinkbesoffen, und zuvor meine Mutter verdroschen hatte. Hier, Jockel war dabei und kann's bestätigen. Wir sind aus Glaucha, vom Proletenviertel. Die Häuser fallen ein. Niemand kümmert sich darum, und die Ratten lachen sich darüber kaputt. Also nehmen wir Rache.«

Robert warf sich in die Brust und erwiderte großmäulig: »Kleinigkeit für mich, hab Erfahrung. Auf mich kannst du dich verlassen, Chef. Ich hole uns auch noch Verstärkung, wenn du willst. Dufte Jungs aus unsrer Penne.«

Einmal setzte er einem Schüler, wie er es sich von Filmen abgeguckt hatte, ein Messer an den Hals. Ein andermal zwang er ein zwölfjähriges Mädchen aus den Villen in den Nebenstraßen, wobei er voller Haß an Clara dachte, sich mit ihm zu treffen. »Wehe«, drohte er, »du petzt. Hier schau dir den Dolch an. Wenn du auch nur ein Wörtchen zu anderen sagst, bring ich dich um.«

Sie zitterte vor Angst, versprach zu schweigen und erschien zur verabredeten Zeit. Kurz zuvor stahl er ein Motorrad, und mit ihr auf dem Sozius fuhr er fast bis Leipzig und zurück. Hohlkamp genehmigte die Wahl, die er getroffen hatte, zumal das Mädchen seither ebenfalls zur Kanne gehörte.

Knapp zwei Dutzend Mitglieder zählte inzwischen die Gruppe. Sonnabend für Sonnabend besuchten sie während der Oberligasaison die Fußballplätze, begleiteten den Club auch in andere Städte, zogen lärmend von den Bahnhöfen durch die Straßen in die Stadien, schwenkten ihre Fahnen, schrien sich an Sprechchören die Kehle heiser und ließen ihre Hörner quäken und ihre Trompeten heulen.

Eines Tages hatte der King eine Idee. Er bat um Ruhe, stellte sich in die Mitte seiner Gefolgschaft und kratzte seine Pickel im Gesicht. Sie alle mochten die Leipziger Lokelf nicht, die als eine Art Ortsrivale galt und außerdem schon seit Jahren besser abschnitt als die Rotweißen aus Halle. Nun hatte sie einen außerordentlichen Vergleich vereinbart, und zwar mit einem Team der Bundesliga. Der Gegner hieß Hertha BSC und stammte aus Westberlin.

Die Kanne (und bis in Ewigkeit wird unergründlich bleiben, woher dieser Name seinen Ursprung nahm) saß mal wieder im Rund in einem der bereits unbewohnten, abrißreifen Mietshäuser des Glauchaer Viertels. Aus Roberts Kassettenrekorder, der ihm bei Hohlkamp eine Sonderstellung verschafft hatte, dudelte Musik. Die Jungen und Mädchen, letztere nur zu dritt und ungeniert die Beine spreizend, hockten auf Kisten und von Mauersteinen gestützten Brettern, rauchten Zigaretten, tranken Bier, ließen von Mund zu Mund zwei Schnapsflaschen kreisen und kamen sich ansonsten, wie des öfteren, höchst überflüssig vor. Da sprach er es aus, der King, der Chef: »Wir fahren rüber. Wann geschieht das schon, ein solches Matsch ...« Nein, er hielt sich nicht an die Phonetik des Wortes *match*, sagte: »... ein solches Matsch zwischen hüben und drüben. Und ratet mal, wen wir dann anfeuern. Na? Na? Natürlich die Hertha. Als wär's für sie ein Heimspiel. Die Lok soll denken, daß sie rückwärts dampft, wenn sie uns hört. Und gnade euch Gott, es tanzt einer aus der Reihe. Der fliegt ... Topp?«

»Topp!« klang es im Chor. Man gab sich einander die Hand darauf.

Doch in Leipzig mußten die Sicherheitsorgane ähnliche Reaktionen landweit befürchtet haben. Sie hatten vorgesorgt, um nicht das Freundschaftsspiel zweier Vereine zu einem bürgerkriegsartigen Auftritt der beiden deutschen Staaten werden zu lassen. Aus allen Gegenden der Republik trafen Schlachtenbummler ein, selbstverständlich auch aus Westberlin. Über den Hauptbahnhof ergoß sich ein Meer von bunten Fahnen, nur nicht in Blau-Gelb, den Clubfarben der Lokmannschaft. Seit dem Mittag spien die Züge unentwegt Kolonnen von Jugendlichen aus, die sich bereits während der Reise mit alkoholischen Getränken vollgepumpt hatten. Krakeelend marschierten sie durch die Innenstadt, den Tröndlin-Ring und die Gustav-Adolf-Straße entlang, bis zum Zentralstadion mit seinem Fassungsvermögen von hunderttausend Zuschauern, wo das Spiel unter Flutlicht stattfinden sollte. Je näher sie aber dem Sportforum kamen, desto dichter auch wurde auf beiden Seiten die Kette der Polizeiposten. Das heizte die Stimmung der aufgeputschten Menge zusätzlich an. Erste Buh-Rufe ertönten, Pfiffe gellten, hier und dort gab es Anrempelungen, und schließlich brach eine wüste Schlägerei aus, als sich vor dem Stadioneingang die Getreuesten der Lok, nunmehr unübersehbar in Blau und Gelb, einem sich besonders wild gebärdenden Haufen, der lautstark seiner Sympathie für die Herthaner Luft machte, entgegenzustemmen versuchte.

Die Polizei rückte mit Wasserwerfern an und richtete ihre scharfen, wie Geschosse wirkenden Strahlen wahllos auf die sich prügelnden, übereinander und untereinander verschlungenen Knäuel.

Da hinein, mitten in den größten Trubel, geriet die Kanne.

Die Mädchen kreischten. Die Jungen boxten sich mit anderen die Nasen wund, schlugen sich die Augen blau und grün und gelb und holten sich lila Flecke. Das Blut floß rot, und manch einer wurde weiß wie Kreide in der Wut. So blieb nicht aus, daß auch die Gesichter der hier in Raserei verfallenen Fans bald bunt wie ihre Fahnen leuchteten, in allen Clubfarben von Westberlin bis Dresden.

Einer griff dann zum Messer, und ein anderer warf einen Stein, zertrümmerte mit ihm die Frontscheibe eines Mannschaftswagens der Polizei.

Damit war die Schlacht gelaufen, war entschieden, wer nun siegen würde. Die Genossen sprangen ab. Arme wurden auf den Rücken gedreht, Handschellen klirrten. Die Volkspolizisten sammelten an diesem späten Nachmittag rund hundert Randalierer ein, darunter auch einige aus der Kanne von Glaucha, den Chef, Jokkel Krause, einen Dickwanst aus der neunten Klasse, sogar Jacqueline Meier, jenes inzwischen dreizehnjährige Mädchen, das Robert einst auf das gestohlene Motorrad gezwungen hatte, Tochter eines Zahnarztes. Er selbst, Robbi, Robin Hood, blieb verschont, was daran lag, daß er sich von Anfang an nur am Rande des Geschehens aufgehalten hatte.

Die Verhaftungen jedoch, die eine Nacht, in der die meisten Radaubrüder im Gewahrsam der Leipziger Ordnungshüter ihren Rausch ausnüchterten, waren nicht einmal das Schlimmste. Ob Hertha oder Lok – das zog höchstenfalls ein Strafmandat nach sich.

Weit schwerer wog, daß man bei diesem und jenem Flugblätter fand, so auch bei Karsten Hohlkamp. Robert, wie sich später zeigte, besaß davon ebenfalls einen Pakken. Schon vor dem Krawall, auf dem Hauptbahnhof, sagte er in der Gerichtsverhandlung aus, habe ihn einer, der sich als Student der Leipziger Universität ausgegeben hatte, daraufhin angesprochen und sie ihm in die Tasche gesteckt. Sie hätten sie während des Fußballspiels ins Publikum werfen sollen. Die Texte forderten auf, den Sozialismus in der DDR demokratischer zu gestalten, griffen die Partei- und Staatsführung an und feierten die Reformer in der Tschechoslowakei.

Der Vater tobte, als er an diesem Abend, nach dem Gespräch mit Münz, nach Haus kam.

Robert, zurückgezogen in seinem Zimmer, das er seit einiger Zeit nicht mehr mit Clara zu teilen brauchte, da für sie der frühere Arbeitsraum der Mutter eingerichtet worden war, hörte von nebenan fast jedes Wort.

»Der hat mir den Aufstieg vermasselt. Der allein. Ist doch klar. Der mit seiner Clique, seiner Bande aus Glaucha. Konterrevolutionäre Flugblätter, wie sich nun vor Gericht herausstellte! Bei meinem Sohn!«

Irgend etwas entgegnete die Mutter. Leise und zaghaft, begütigend, wie ihm schien, aber sie verstand er nicht. Oder doch, das eine Mal: »Er ist erst vierzehn. Denk bitte daran, wie du in diesem Alter warst.«

»Efdejott«, schrie Frank. »Unser Knabe ist kein harmloser Pionier mehr. Seit März Mitglied der FDJ! Doch hast du ihn jemals seitdem im Blauhemd gesehen? Ich nicht. Statt dessen schließt er sich diesen ..., diesen Lumpenproletariern an. Diesen Asozialen. Diesen Säufern und Verführern von Minderjährigen! Politischen Feinden! Mit Flugblättern, die zum Sturz von Partei und Regierung aufrufen.«

Sein Vater kannte kein Maß mehr. Robert wußte, daß ihm sein Jähzorn jetzt glutrot im Gesicht stand.

»Na, hör mal! Und das in meinem Haus. Schöne Erziehung. Das Genick hat es mir gebrochen. Ist doch klar, daß auch die Bezirksleitung davon Mitteilung bekam. Auch Münz. Aber jetzt werd ich dem Bürschchen zeigen, was Sache ist, Sache der Arbeiterklasse. Ein für allemal, das schwör ich dir, soll er begreifen, was die Glocke geschlagen hat. Hier geht es nicht um irgendeine Fußballmannschaft, sondern darum, wer im Lande das Sagen hat ... Die Rowdys, wozu unser Sohn gehört, oder alle gesunden Kräfte der Gesellschaft ...«

Robert wußte weiterhin, was nun folgen würde. Schläge erwarteten ihn, furchtbare Schläge. Wenn er nicht floh ... Wenn er sich nicht in diesem Augenblick noch davonstahl ...

Durch die Tür aber konnte er nicht entweichen. Der Weg über den Korridor, vorbei am Wohnzimmer, war ihm so gut wie versperrt. Träte der Vater heraus, wäre all sein Trachten umsonst. Er sah aus dem Fenster, prüfte die Dunkelheit draußen, den Hof zwischen den Pergolen. Auch wenn es gefährlich war, halsbrecherisch, er mußte es wagen. Es blieb ihm keine andere Möglichkeit zu entkommen.

Sie wohnten im dritten Stock. Er öffnete die Flügel, stieg hinaus. Auf dem Gesims unterhalb des Fensters fand er Halt. Jetzt brauchte er nur noch zwei Schritte, um mit den Händen die Umrandung des Balkons erfassen zu können und sich hinüberzuschwingen. Er nahm allen Mut zusammen. Es gelang. Auf der anderen Seite führte eine Feuerleiter hinab in die Tiefe.

Wahrhaftig, wie vom Tode errettet kam er sich vor, als er wieder festen Boden unter den Füßen spürte und sich in den Schutz der efeuberankten Laubengänge drückte. Er überlegte nicht lange. Er wußte ja, wo er sich in den nächsten Tagen würde verstecken können. In den Ruinen von Glaucha. Und noch auf der Flucht, stellte er sich das Gesicht des Vaters vor. Wenn er vor dem leeren Zimmer stand ... Robert mußte lachen. Und er lachte so heftig und befreit, daß er sich kaum beruhigen konnte.

ZEHNTES KAPITEL

Wie ein Tonbandstopp

Da die Toten für immer schweigen und nicht mehr befragt werden können, bleibt nur als einzige Möglichkeit, sucht man nach Antworten, ihren Spuren nachzugehen, die sie bei Lebzeiten hinterließen. Genaueres, was Ilse Lutter betrifft, wissen wir daher nicht. Zu plötzlich, so daß sie nicht einmal ihre Artikelserie über Rosa Luxemburg zu Ende brachte, verschied sie, und wir müssen uns auf Vermutungen stützen.

Das taten auch die Beamten, als sie das Geschehen zu rekonstruieren versuchten, sachlich, fast routinemäßig, ohne alle Emotionen jedenfalls, denn dazu hielten sie sich nicht für berechtigt. Feststand, Ilse hatte seit Jahren unter mehreren Krankheiten zu leiden. Die Ärzte, in deren Behandlung sie sich befunden, sagten übereinstimmend aus, daß sie gelegentlich auch von heftigen Schmerzen geplagt wurde und man ihr deshalb Beruhigungstabletten verschrieben habe. Frank bestätigte es bei seinem Verhör, obwohl, fügte er hinzu, sie sich stets gezwungen habe, sich davon nach außen, anderen gegenüber nichts anmerken zu lassen.

Er wirkte niedergeschlagen, zerknirscht, so daß man nicht weiter in ihn drang und diesen Fall bald abschloß.

Nachdem Frank sich in Wut geredet hatte, noch unter dem Eindruck des Gespräches mit Münz, deprimiert wie selten und mit dem unbändigen Bedürfnis schließlich, sich abreagieren zu müssen, lief er aus dem Zimmer, um sich den Jungen vorzunehmen, und Ilse folgte ihm.

Sie wollte das Schlimmste verhüten. Sie kannte ihren Mann. In seinem Jähzorn würde er sich nicht mehr zu beherrschen wissen, und sie fürchtete, daß er den Sohn blutig schlüge. Nein, auch sie billigte keineswegs das Rowdytum Roberts, seine Verbindungen zu jener Gruppe von asozialen Jugendlichen, der Kanne. Als sie Einzelheiten erfuhr, regte sie sich dermaßen darüber auf, daß sie tagelang Herzbeschwerden verspürte, schlaflose Nächte verbrachte und tieftraurig war, von Scham ergriffen, weil es ihnen, Frank und ihr, immer weniger gelang, Robert, wenn schon nicht zu einem Musterschüler, so doch zu einem fleißigen, allseits geachteten, vollwertigen Mitglied der Gesellschaft zu erziehen. Die Verhandlung vor Gericht, obgleich er nur als Zeuge vernommen wurde und am Ende lediglich wegen des mißbräuchlich benutzten Motorrads eine Ordnungsstrafe erhielt – trotzdem, sie empfand es als Schande. Ihr Sohn mit vierzehn Jahren bereits ein Krimineller. Das blieb nicht verborgen. Wenn auch ohne Angabe von Namen, wurde über den Prozeß in der Zeitung berichtet. In ihrer Einbildung hörte Ilse seither hinter sich die Menschen hertuscheln. Und Frank, ja, davon war sie ebenfalls überzeugt, hatte es die Beförderung gekostet.

Doch dann ... Auf der Schwelle, Frank noch mit der Türklinke in der Hand, standen sie beide wie erstarrt.

Das Zimmer war leer. Breit geöffnet, die Gardinen zurückgezogen, sperrten sich die Fensterflügel. Laue Mailuft wehte herein. Aus der Dunkelheit draußen trieben wie Schneeflocken weiß die wolligen Samen der Pappeln vom Hof in den Raum.

Frank gewann zuerst seine Fassung zurück. Er stürzte an die Brüstung, beugte sich über sie, sah aber nichts und stieß einen gräßlichen Fluch aus.

Ihr hingegen stockte der Atem. Der Schreck jagte ihr einen Krampf durch die Brust. Und obwohl von Schwindel befallen, tastete sie sich ans Fenster, schaute hinaus, in die gähnende Tiefe.

Nichts. Nichts rührte sich dort. Keine Bewegung, kein menschenähnlicher Schatten. Im Laub der Pergolen glänzte nur matt der Widerschein vom Licht der Straßenlaternen.

»Abgehauen!« schrie Frank, dicht an ihrer Seite. »Entwischt! Dieser Sauhund! Nichts bleibt uns mit ihm erspart. Aber ich krieg ihn zu fassen ...«

»Und wenn er sich etwas antut?« jammerte Ilse.

»Der? Mach dich nicht lächerlich! In Verruf bringt er uns, weiter nichts. Frag du dich lieber, wie es soweit erst kommen konnte. Du hast ihn doch täglich um dich gehabt ...«

»Ich?«

»Wer denn sonst! Während ich mich abgerackert hab für die Partei ...«

Plötzlich rief Clara nach ihrer Mutter. Offenbar aus dem Schlaf gerissen durch all diesen Lärm, stand sie im Nachthemd in der Tür und weinte. Ilse ging zu ihr, schwankenden Schritts, mit einknickenden Beinen nach diesen Vorwürfen, drückte die Tochter an sich, doch so, als suche sie selber eine Stütze an ihr, tröstete sie und brachte sie zurück ins Bett.

Robert wurde gefunden, ausgegraben nahezu, allerdings erst nach Tagen. Eine Polizeistreife stöberte ihn im Keller eines der abbruchreifen Häuser des Stadtviertels Glaucha auf. Verschmutzt und krank vor Hunger kauerte er dort auf einem Lager aus Stroh und Säcken. Wie sich herausstellte, hatte er auf Unterschlupf bei Jokkel Krause gehofft, doch der befand sich ebenso wie der Chef, Karsten Hohlkamp, inzwischen in Haft und büßte seine Strafe ab. Ein anderer aus der ehemaligen Kanne hatte Robert nicht mehr aufnehmen wollen.

Wider Erwarten, ob nun aus Mitleid, aus ebenfalls ausgestandener Angst oder allein deshalb, weil sein Zorn verraucht war, prügelte Frank ihn nicht. Er gab sich sogar in den noch verbleibenden Wochen seines Urlaubs die größte Mühe mit ihm. Der Juni wurde heiß. In einem See vor der Stadt gingen sie gemeinsam baden. Auch später noch, im August, hockten sie oft zusammen vor dem Fernsehapparat und schauten sich, gegenseitig Kommentare austauschend, die Übertragungen von den Olympischen Spielen in Mexiko-City an.

Manchmal allerdings schien es, als sei Frank nur darauf bedacht, seinen Sohn zu bewachen, ihn keine Sekunde aus den Augen zu verlieren. Dann starrte er ihn mit seltsam forschenden, beunruhigt wirkenden Blicken an.

Während Roberts Abwesenheit, in banger Sorge um ihn, hatte Ilse sein Zimmer durchsucht. Nicht die geringste Kleinigkeit, die einen Hinweis darauf hätte geben können, wo sich ihr Sohn nach seiner Flucht aufhielt, wollte sie unbeachtet lassen. Und da, in einer Schublade, versteckt in einer Hülle mit Altenburger Skatkarten, entdeckte sie das Bild, das Photo von Lina, das sie im Bikini zeigte, die eine Brust halb entblößt, und das, wenn sie sich recht erinnerte, zu ihrer Studentenzeit am Auensee bei Leipzig aufgenommen worden war.

Sie irrte sich nicht. Sie berichtete Frank von dem

Fund, äußerte auch ihren Verdacht, wozu der Junge das Bild benutzt haben könnte, und er entsann sich sofort, daß er damals die Freundin photographiert hatte. Was Ilse jedoch aufhorchen ließ, er sagte es mit merkwürdig rauher, belegter, fast befangen klingender Stimme.

Argwohn beschlich sie. Sollte es etwa zwischen ihm und Lina ... Aber nein! Sie war überreizt. Ihre Phantasie ging mit ihr wieder einmal durch, sie war – kitschig, und sofort wies sie den Gedanken weit von sich. Einen solchen Betrug traute sie beiden nicht zu, und überdies hatte Frank, nach seiner großen Enttäuschung in der Bezirksleitung, genug mit sich selber zu kämpfen, als daß sie ihm noch mit einer blöden Eifersucht zusätzlich das Leben schwer machte.

Zweifel blieben trotzdem. Zwar betrafen sie anderes, waren jedoch nicht weniger zermürbend, zerstörerisch. Immer wieder drängte sich ihr die Szene auf, die sich in Roberts leerem Zimmer abgespielt hatte. Frank geifernd vor Wut, mit einem Haß schließlich, der nicht nur dem Sohne galt, sondern auch ihr, den er auf sie übertrug, nachdem ihm sein bisheriger Prügelknabe entronnen war, nicht mehr zur Verfügung stand. War das denn nur damit zu erklären, gar zu entschuldigen, daß ihm soeben Münz alle Flausen genommen hatte, er könne auf seiner Karriereleiter erneut eine Sprosse höher steigen, und ihm als Wirtschaftssekretär eine Frau vor die Nase setzte? Was es auch war, Ilse begann sich zu fragen, ob sie sich nicht von ihm hatte täuschen lassen. Ob das Bild denn noch stimmte, das ihr von ihm von Jugend an vorschwebte. Und wenn doch, wenn es jemals der Fall gewesen sein sollte, ob es nicht längst angefangen hatte zu gilben ... Die Zeit des Turtelns, die Flitterjahre waren vorüber. Statt dessen begegnete er ihr immer öfter mit Ironie, manchmal auch schon mit beißendem Spott, so, wenn es um ihre literarischen Versuche ging, das Porträt über Rosa Luxemburg, und nun, nach Roberts Flucht, hatte er sie gar infam beleidigt. Sie trage alle Verantwortung an der mißglückten Erziehung des Jungen, sie allein. Während er sich für die Partei geschunden (was wohl auch hieß: umsonst, ohne Dank, ohne Lohn, verabschiedet mit einem Fußtritt), habe sie nicht einmal Ordnung geschaffen im eigenen Haus ... Ja, Frank wurde ihr zunehmend ferner. Sie betrachtete ihn jetzt mit immer größerem Abstand, und es war, als würde der Sockel, auf den sie ihn wie ein Denkmal – für sich und die Kinder – erhoben hatte, allmählich zerbröckeln. Schief sah sie ihn vor sich, beschädigt, angeschlagen seinen Charakter.

Rosa Luxemburg. Und vielleicht tat der scharfe, kritische Geist dieser Frau in ihr das übrige. Denn je näher Ilse in ihrer Biographie über sie dem jähen, erschütternden Ende kam, ihrer brutalen Ermordung durch konterrevolutionäre Offiziere, die mit dem Volksbeauftragten für die Armee, dem Sozialdemokraten Noske, enge Verbindung hielten, desto tiefer fühlte sie sich in sie hineinversetzt, wuchsen die großen Ideen ihrer Heldin von Menschlichkeit und einer Welt im Frieden in sie über. Sie las zuletzt Rosas Briefe aus dem Gefängnis, konnte sich kaum noch von ihnen trennen.

WRONKE, 2. Mai 1917: »Aber ich bin ja natürlich krank, daß mich jetzt alles so tief erschüttert. Oder wissen Sie? Ich habe manchmal das Gefühl, ich bin kein richtiger Mensch, sondern auch irgendein Vogel oder ein anderes Tier in Menschengestalt; innerlich fühle ich mich in so einem Stückchen Garten wie hier oder im Feld unter Hummeln und Gras viel mehr in meiner Heimat als – auf einem Parteitag. Ihnen kann ich ja wohl das alles sagen: Sie werden nicht gleich Verrat am Sozialismus wittern. Sie wissen, ich werde trotzdem hoffentlich auf dem Posten sterben: in einer Straßenschlacht oder im Zuchthaus. Aber mein innerstes Ich gehört mehr meinen Kohlmeisen als den ›Genossen‹. Und nicht etwa, weil ich in der Natur, wie so viele innerlich bankerotte Politiker, ein Refugium, ein Ausruhen finde. Im Gegenteil, ich finde auch in der Natur auf Schritt und Tritt so viel Grausames, daß ich sehr leide. Denken Sie z. B., daß mir das folgende kleine Erlebnis nicht aus dem Sinn kommt. Vorigen Frühling ging ich in meiner stillen, leeren Straße von einem Feldspaziergang heim, als mir auf dem Boden ein dunkler kleiner Fleck auffiel. Ich bückte mich und sah ein lautloses Trauerspiel: ein großer Mistkäfer lag auf dem Rücken und wehrte sich hilflos mit den Beinen, während ein ganzer Haufen winziger Ameisen auf ihm herumwimmelte und ihn – bei lebendigem Leibe verzehrte! Mich schauerte es, ich nahm mein Taschentuch heraus und fing an, die brutalen Bestien wegzujagen. Sie waren aber so frech und hartnäckig, daß ich einen langen Kampf mit ihnen ausfechten mußte, und als ich endlich den armen Dulder befreit und weit aufs Gras gelegt hatte, waren ihm schon zwei Beine abgefressen … Ich lief fort mit dem peinigenden Gefühl, daß ich ihm schließlich eine sehr zweifelhafte Wohltat erwiesen habe.«

Monate zuvor, im ersten SPARTAKUSBRIEF vom 20. September 1916 hatte sie geschrieben: »Immer wieder und immer wieder muß den Genossen gesagt werden: erwartet von nirgends ein Heil als von euch selbst. Nur wenn ihr endlich wagt, in kühnen Massenaktionen von steigender Wucht, ohne Gefahren zu fürchten und Opfer zu zählen, eure ganze Macht zu entfalten, nur dann wird es gelingen, die Partei gegen die Ebert-Scheidemann« (was für Ilse bedeutete: für die Revolution, ein

Leben in Glück und Geborgenheit mit kommunistischer Standfestigkeit) »zu retten, den Frieden und die Freiheit aus dem Chaos der imperialistischen Bestialität zu erringen. Hier ist der Rhodus, hier gilt es zu springen.«

WRONKE, 23. Mai 1917, wiederum an Sophie, die Frau Karl Liebknechts, die sie Sonja nannte: »Sie überschätzen übrigens meine ›Abgeklärtheit‹. Mein inneres Gleichgewicht und meine Glückseligkeit können leider schon beim leisesten Schatten, der auf mich fällt, aus den Fugen gehen, und ich leide dann unaussprechlich, nur daß ich die Eigentümlichkeit besitze, dann zu verstummen. Buchstäblich, Sonitschka, ich kann dann kein Wort über die Lippen bringen. Zum Beispiel in diesen letzten Tagen, ich war schon so heiter und selig, freute mich der Sonne, da erfaßte mich plötzlich am Montag ein eisiger Sturmwind, und auf einmal wandelte sich meine strahlende Heiterkeit in tiefsten Jammer.«

Immer wieder las Ilse die Texte, strich das eine und andere an, wobei sie hoffte, auf irgend etwas zu stoßen, ein Wort nur, eine Stimmung, die ihr bisher entgangen sein könnten und durch die sich diese von ihr über alles bewunderte Frau noch tiefer erschließen ließe. Noch während sie schrieb, suchte sie nach Zeugnissen aus ihrem Leben, begab sich manchmal über Stunden in die Universitätsbibliothek und war für jeden Hinweis dankbar. Zwar neigte sich ihre Artikelserie dem Ende zu, doch wenn sie Rosa Luxemburg entdecken wollte, dann zuerst für sich selbst.

Ein wenig fand sie in dieser Arbeit, durch ihr Sichversenken ständig in den Stoff, wohl auch Ablenkung von ihren häuslichen Sorgen, den Nöten in der Familie.

Dann aber, mitten im August, erhielt sie diesen Brief. Anonym. Die Zeilen auf ein Blatt Papier geklebt, aus Druckbuchstaben zusammengefügt, die Überschriften aus Zeitungen zu entstammen schienen: »SeHR geEhrTe FraU LuTteR! Wir wOlleN diCh WarNEn. dein HeRR GemAl geHt FremD. MiT deINer FrEUNdiN LiNa BoNk.«

Sie entnahm ihn dem Briefkasten, mit der täglichen Post. Beim ersten Hinsehen schon irritierte sie die krakelige Schrift, mit der ihr Name und die Adresse angegeben waren.

Sie trug ihn nach oben, riß mit den Fingernägeln das Kuvert auf. Und in diesem Moment, das Gebilde vor Augen, beim Überfliegen des Inhalts, überkam sie wieder der Schmerz, den sie seit Wochen kannte. Es war, als krümmte sich ihr Herz unter Schlägen.

Sie mußte sich setzen. So saß sie noch lange, reglos und stumm, das Blatt Papier in den Händen. Sie starrte auf den Text, bis er zu flimmern begann, die Buchstaben zu tanzen schienen. Da erst raffte sie sich auf. Doch der Wirkung des Briefes konnte sie sich nicht mehr entziehen.

Hatte sie das alles denn nicht schon geahnt? War ihr nicht öfter bereits ein solcher Verdacht gekommen und hatte sie ihn nicht jedesmal nur verdrängt?

Die Schuhe aus Oberhausen. Frank und Lina. Sie hatten gemeinsam am Ostermarsch teilgenommen, waren kilometerweit gelaufen, und hatten sie sich dabei nicht auch die Füße wund gescheuert? Wieder daheim, war Lina in modernsten Pumps von der Firma Salamander umhergestöckelt.

Die Jugendweihe. Ihre Worte, als Robert sie umarmte und küßte. Aber auch Frank ... Einmal, gewiß, ein wenig schon angetrunken, ließ er seine Hand über ihr Haar gleiten. Obwohl – Lina wehrte ihn ab. Doch die Blicke der beiden ... War es nicht, als würden Verliebte sich einander anschmachten?

Ja, sie wußte es. Ihre Freundin, wenngleich im selben Alter wie sie, sah um Jahre jünger aus. Die winzigen Fältchen, die Krähenfüßchen um ihre Augen zählten nicht. Alles an ihr war noch straff. Stets trug sie Kleider, die ihre Figur, ihre Formen betonten. Die Männer, das hatte sie oft beobachtet, verrenkten sich die Hälse nach ihr, so daß sie, befand sie sich in ihrer Begleitung, gar nicht zur Kenntnis genommen wurde. Vom ersten Tage ihrer Freundschaft an hatte sie sie deswegen beneidet. So schön hätte sie selber sein wollen. Und waren nicht ihre Übungen vor dem Spiegel, um ein Lächeln einzustudieren, den gefälligsten Gesichtsausdruck für sich zu finden, nur eine Art Selbstverteidigung gegenüber diesem so ungemein hübschen, aber wohl auch von Eigenliebe bis zum Narzißmus besessenen Weib?

Nein, anmerken ließ sie sich nichts. Doch sobald sie allein war, geschah es nun immer öfter, daß sie still vor sich hin weinte. Sie überschätzen meine »Abgeklärtheit«. Mein innerstes Gleichgewicht und meine Glückseligkeit können schon beim leisesten Schatten, der auf mich fällt, aus den Fugen gehen, und ich leide dann unaussprechlich ... Da erfaßte mich plötzlich ein eisiger Sturmwind, und auf einmal wandelte sich meine strahlende Heiterkeit in tiefsten Jammer ...

Die Ärzte rieten ihr, maßvoll zu sein. Auch sexuell solle sie sich schonen, wie überhaupt körperliche Anstrengungen meiden. Ihr Kreislauf bedürfe der Ruhe. Sie solle mit ihrem Mann darüber reden und Verständnis bei ihm erwecken.

Aber ach, das war ja schon nicht mehr nötig. Er kam nicht mehr zu ihr.

Wenn sie Zärtlichkeit brauchte, hielt sie sich an ihre Tochter. Mit Umarmungen und mit Küssen. Robert war ihr längst entglitten. Aber Clara. Mit ihr ging sie Besorgungen erledigen. Manchmal ließen sie einen Stadtbummel ausklingen, indem sie sich in ein Café setzten und Eis schleckten. Sie hantierten gemeinsam in der Küche, wobei Ilse sie im Kochen anlernte. Schade, daß es dafür in der Schule kein Unterrichtsfach gab, denn das Mädchen, dessen Molligkeit nicht zuletzt von seiner Naschhaftigkeit herrührte, zeigte hierbei tatsächlich eine ungewöhnliche Wißbegier. Clara, so anhänglich wie sie war, blieb noch ihr einziger Trost.

Bis eines Tages ... Ilse fühlte sich nicht wohl und schickte sie allein in die Kaufhalle. Auf einem Zettel hatte sie ihr aufgeschrieben, was sie besorgen sollte. An der Kasse dann wurde Clara gebeten, ihre Rocktaschen zu leeren. Dort hielt sie versteckt, wovon kein Wort auf der Liste stand. Eine Tafel Schokolade und eine Packung Bonbons. Sie hatte sie gestohlen.

Ihrem Arzt verschwieg sie ihre Sorgen. Trotzdem, ihm war es fast unheimlich, mitansehen zu müssen, wie Ilse verfiel. Ohne jeden Zweifel glaubte er ihren Klagen, daß sie nachts kaum schlafen könne, und verschrieb ihr Tabletten. Lepinal. Zwei davon höchstens im Laufe des Abends. Und sollte sie immer noch keine Müdigkeit spüren, eine dritte zusätzlich.

In der Zeitschrift FÜR SIE arbeitete sie mit einer Redakteurin zusammen, die nur wenige Semester nach Frank und Lina ebenfalls Journalistik studiert hatte und beide vom Institut her noch kannte. Über die Jahre hatte sich Ilse mit ihr angefreundet, und vielleicht konnte sie sich einmal mit ihr aussprechen. Aber nein, die intimeren Dinge berührten sie nicht. Der übliche Tratsch, und sonst war von anderem außer ihren Artikeln kaum die Rede. Clara Zetkin und Rosa Luxemburg ... Das waren Frauen, Heldinnen, deren Idealen zumindest, wenn man schon selber ihre geschichtliche Größe nie erreichen würde, nachzueifern sich lohnte. Trotz aller persönlichen Mißgeschicke, sie wirkten stark. Immer wieder sammelten sie neue Kräfte, stellten sich mutig den Feinden der Menschheit entgegen, kämpften voller Leidenschaft für eine Welt ohne Kriege, für eine Gesellschaftsordnung, in der es weder Ausbeutung noch Unterdrükkung des Menschen durch den Menschen gab. Die eine noch als Greisin, kurz vor ihrem Tod, als Alterspräsidentin des deutschen Reichstags, Auge in Auge mit der faschistischen Horde auf den Abgeordnetenbänken, die andere ... Ständig schon mit der Gefahr lebend, wehrlos den Heckenschützen der Konterrevolution ausgeliefert zu sein, mit der Mordhetze täglich gegen sich ... So alt wie jetzt Ilse. Siebenunddreißig Jahre. Erschlagen, erschossen, verstümmelt. So schwamm ihre Leiche monatelang im Berliner Landwehrkanal ...

Die Redakteurin riet ihr, nicht allzusehr ihre Gesundheit zu strapazieren. Schreiben solle sie, ja, aber nicht so, daß sie sich dabei verausgabe. Ilja Ehrenburg, mahnte sie, habe einmal gesagt, Schriftsteller zu sein, das sei ein tödlicher Beruf.

Frank bezweifelte ihre Bemühungen, hielt sie für Ergüsse verspäteter Mädchenromantik, überschüttete sie mit seinem Spott. Sie aber wollte ihm beweisen, daß ihr Talent größer sei, als er von ihm behauptete. Vom Demokratischen Frauenbund wurde sie für ihre Artikel mit einer Medaille geehrt. Und konnte sie ihm da nicht mit einer gewissen Genugtuung antworten, daß andere sie, ihre Leser, mehr achteten als er? Doch der Brief war gekommen. Anonym sein Absender. Sie fühlte sich wie vernichtet. ... geHt FremD. MiT deINer FrEUNdiN ...

Als sie im Zirkel ein Kapitel aus ihrem Porträt über Rosa Luxemburg vorlas, wurde sie dermaßen scharf kritisiert, daß sie nichts darauf zu entgegnen wußte, sich dagegen zu wehren schon gar nicht vermochte. Achim Steinhauer aber sprang für sie ein, nahm sie in Schutz. Von ihm hatte sie es zuletzt erwartet. Er hüstelte, bevor er das Wort ergriff, begann sehr leise und redete sich dann, von Satz zu Satz sicherer werdend, in Fahrt. Dem Germanistikdozenten verpaßte er eine Lektion über revolutionäres Verhalten und Parteidisziplin, aber auch über literarisches Pathos. Natürlich, er wußte, wovon er sprach. Er war öffentlich, in der Zeitung gerügt worden. Danach jedoch: Er hatte in der Braunkohle gearbeitet, war als Fernfahrer kreuz und quer durch die Länder gereist, und seine Erzählung sorgte für Aufsehen. Achim – und warum bloß hatte sie ihn bisher so unausstehlich gefunden? – wurde zu ihrem Verbündeten. Frank hingegen ... Wieviel Unrecht hatte er auch ihm zugefügt?

Einmal erwog sie, seine Vorgesetzte um ein Gespräch zu bitten. Von Frau zu Frau, vielleicht konnte die Genossin Schulze ihr helfen, und die Bezirksleitung sollte, was Frank betraf, nicht länger im unklaren bleiben. Er belügt auch euch ... Sie unterließ es jedoch, schwieg. Nur daß ich die Eigentümlichkeit besitze, dann zu verstummen ... Und wenn es für immer wäre?

Es trieb sie, ein Hörspiel zu schreiben.

Von Robert lieh sie sich den Kassettenrekorder aus, den ihm Lina geschenkt hatte. Sie sprach ihre ersten Gedanken, ein Exposé aufs Tonband. Der vorläufige Titel lautete: DIE RABENMUTTER. Die Geschichte glich ihrer eigenen.

Schon kurz nach dem Mittag hatte sich Ilse ins Schlafzimmer zurückgezogen und ins Bett gelegt, nachdem sie zuvor ihren Kindern eingeschärft hatte, daß sie unter keinen Umständen gestört werden wolle. Sie sei krank, ihr Herz mache ihr wieder zu schaffen (kein Wunder bei all dem Kummer, den die Familie ihr bereite), und sie möchte sich gründlich ausruhen.

Obwohl Robert die Griesgrämigkeit seiner Mutter nie mochte, sie ihm *auf den Docht ging,* konnte ihm ihr Entschluß dennoch nur recht sein. Sollte sie schlafen, hoffentlich tief und fest. Denn so brauchte er auf niemanden (und Clara zählte nicht) Rücksicht zu nehmen, konnte sich unbehelligt seiner Lieblingsbeschäftigung widmen, Musik hören, etwas lauter als sonst und auch länger, bis in die Nacht hinein, und von allen möglichen Sendern aus dem Radio die neuesten Hits überspielen, die sie zum Mitschneiden anboten. Er warf seine Schulsachen in die Ecke und holte aus dem Arbeitszimmer, wo ihn die Mutter vermutlich wieder benutzt hatte, seinen Rekorder. Es steckte ein Band darin, besprochen gewiß mit einem ihrer Texte. Doch der interessierte ihn nicht. Er nahm die Kassette heraus und schob statt ihrer eine aus seiner inzwischen sehr stattlichen Sammlung hinein. Während der ersten Rhythmen bereits stieg seine Stimmung. Er fühlte sich *high,* konnte nun den ganzen Tag über völlig sich selbst überlassen, und wie froh war er erst, als endlich die Dunkelheit hereinbrach. Lampenlicht verabscheute er. Es gehörte nicht zu dem Ritual, mit dem er Vergessen finden wollte. Nur die rote Kontrolleuchte des Rekorders glühte, und von Zeit zu Zeit, da er rauchte, heimlich wie immer, durchzuckte das Aufglimmen seiner Zigaretten den Raum. Die Beatles ... I Want to Hold Your Hand, Yellow Submarine und Yesterday ... Er schloß die Augen. Die Klänge nahmen von ihm Besitz. Ihm war, als ränne sein Blut wie alkoholisiert durch die Adern, und er fühlte sich merkwürdig nach innen gekehrt.

Dann jedoch, als er wieder einmal die Kassette wechseln mußte, hörte er ein Tapsen auf dem Korridor und wenig später eine Tür klappen. Nach all den Jahren, die er mit seinen Eltern hier wohnte, unterschied er jedes Geräusch. Er vermochte auf Anhieb zu sagen, an welcher Stelle das Parkett knarrte, welche Klinke gerade niedergedrückt wurde, welche Tür sich in den Angeln drehte. Diesmal bewegte sich jene vom Wohnzimmer. Wie alles hatte auch sie ihren eigenen Laut.

Nein, die Schritte der Mutter waren es nicht. Der Vater befand sich ohnehin wieder auf Reisen. Vielleicht weilte er wirklich in Berlin, vielleicht auch nur dort, wo er nach *seiner* Geographie Berlin angesiedelt hatte. Aber was störte es ihn noch! Ihm, Robert, war es gleich, schnurzpiepe, wo sein Alter die Nächte verbrachte. Lina Bonk, nach dieser Enttäuschung, war nicht mehr sein Typ. Ihr Bild war ihm während seiner Abwesenheit entwendet worden. Aber selbst, wenn er es noch besessen hätte, er hätte es zerrissen und seine Fetzen durchs Klobecken gespült. Dort gehörten sie beide hin, sie und sein Vater …

Clara … Es konnte nur Clara sein, die so spät umhergeisterte. Eine dumpfe Ahnung befiel ihn, und er mußte ihr nachgehen. Was hatte denn sie noch, um diese Zeit, im Wohnzimnmer zu suchen?

Einige Male, obwohl zögernd, mit verhaltenen Worten, ihrer Sache nicht sicher, hatte sich in den letzten Wochen die Mutter darüber beklagt, daß ihr im Portemonnaie Geld fehle, und stets dabei ihn mit mißtrauischen, fast strafenden Augen angesehen. Nachdem jedoch seine Schwester in der Kaufhalle die Schokolade gestohlen hatte, waren ihre Blicke – und diesmal trauriger denn je, wie ihm schien – vom einen zum anderen gewandert. Er vermutete, daß es sich nur um Pfennigbeträge handelte, dieses oder jenes Markstück, aber er, das konnte er beschwören, mußte er wohl von sich selber hundertprozentig wissen, war in dieser Beziehung sauber.

Er kroch aus dem Bett, schlich sich durch den Korridor. Wenn das zuträfe, was er glaubte, sein detektivischer Spürsinn nicht trog und er sie auf frischer Tat überraschte ... Er könnte sich ein für allemal reinwaschen.

Und so geschah es.

Als er die Tür aufriß, sah er Clara über die Couch gebeugt, halb auf den Knien, im Nachthemd. Nur das Licht der Stehlampe in der Sesselecke funzelte. Dennoch war alles klar zu erkennen. Mit beiden Händen wühlte sie soeben in der Umhängetasche, in der die Mutter Papiere des täglichen Bedarfs aufbewahrte, ihren Personalausweis, Straßenbahnfahrkarten, ein Schlüsselbund, auch sonst eine Menge Krimskrams und – ihr Portemonnaie aus rotem Rindsleder.

»Ich hab dich erwischt«, schrie er. »Du gemeines Biest, du Diebin!«

O, jetzt konnte er wieder einmal Gerechtigkeit üben.

Er stürzte auf sie zu und versetzte ihr links und rechts Ohrfeigen.

Sie heulte, stotterte irgend etwas vor sich hin, wimmerte, bat ihn, halb erstickt unter Tränen, sie nicht zu verraten. Sie erschien ihm in diesem Zustand noch häßlicher als sonst. Er schlug ihr nochmals ins sommersprossige Gesicht und vernahm nur die Worte: »Bitte, bitte, wecke sie nicht. Sie will ihre Ruhe haben. Wir sollen sie nicht stören ...«

»Das könnte dir so passen ...«

Nein, diesen Gefallen würde er seiner Schwester niemals tun. Denn was für eine einmalige Gelegenheit bot sich ihm da, der Mutter zu beweisen, daß nicht er der ständige Sündenbock sei, sondern dieses ihm stets vorgezogene, mit Lobsprüchen noch bis vor kurzem überhäufte Töchterchen.

Er klopfte an die Tür des Schlafzimmers.

»Mama! Mama!«

Nichts aber rührte sich.

»Mama! Wach auf! Mir tut es leid, aber ich muß dich stören ...«

Er erhielt keine Antwort.

Das Schlafzimmer, so hatten es die Eltern bestimmt, war ein Bereich, den sowohl er als auch Clara nur mit ihrer Erlaubnis betreten durften. Nicht selten kam es auch vor, besonders in letzter Zeit, daß sich die Mutter, sobald sie sich unwohl fühlte, darin einschloß.

Robert zögerte einen Moment. Dann aber drückte er die Klinke nieder, sie gab nach. Endlich sollte die Mutter die Wahrheit erfahren, wissen, wer sie bestahl.

Er schaltete das Licht an.

Da sah er sie liegen. Auf ihrer Seite in den Ehebetten. So ungemein friedlich, wie es schien. Bis ans Kinn gezogen die Decke. Mit geschlossenen Augen. Doch verfallen, zusammengeschrumpft der Mund, ein wenig zwar geöffnet, aber mit ganz schmalen Lippen.

Er trat näher. Er vernahm keinen Atemzug an ihr.

Bleiern senkte sich etwas in ihn hinab. Yesterday, I Want to Hold Your Hand ... Es dröhnte in seinem Kopf. Jetzt sah er es deutlicher: Der Anblick seiner Mutter war so unnatürlich, daß es ihm ein Frösteln einjagte und seine Gedanken sich verwirrten.

Von einer unbestimmten Furcht gepackt, wagte er dennoch, sie anzurühren. Er versuchte, sie wachzurütteln, nur zaghaft, ängstlich.

Unter der Bettdecke glitt ein Arm hervor. Die Hand mit dem Ehering. Schlaff hing sie herunter.

Auf dem Nachtschrank stand ein Glas mit Wasser, in dem ihre Zahnprothese schwamm.

Daneben lag ein Blatt Papier, willkürlich mit Druckbuchstaben aus Schlagzeilen von Zeitungen beklebt: SeHR geEhrTe FraU LuTteR …

Er kannte den Text. Er war sein Werk, und er riß den Zettel an sich. Der Brief hatte sie doch nur warnen sollen, und niemals hatte er daran gedacht, daß sie sich deswegen …

Wie im Traum, benommen vor Schreck, gewahrte er noch auf dem Bettvorleger ein zweites Glas. Es lag dort umgekippt und leer.

Er rannte zurück in den Korridor. »Clara! Clara … Die Mama!«

Seine Schwester hockte nach wie vor winselnd in irgendeiner Ecke.

Ihn aber erfüllte nur noch Entsetzen, und nichts von alledem, was er jetzt tat, drang in sein Bewußtsein. Zwar begriff er, die Mutter war tot, doch er wollte sie immer noch retten, die Mutter, mit ihrer … Trotz allem … Mit ihrer großen Liebe zu ihm, ohne die er verloren sein würde …

Er lief ins Treppenhaus, klingelte bei den Nachbarn, hielt den Finger auf dem Knopf, bis ihm aufgetan wurde.

»Tante Gisela! Tante Gisela! Ich glaube … Es ist …« Er würgte an jedem Wort.

Clara hingegen ahnte noch immer nicht, was geschehen war. Sie tapste zurück in ihr Zimmer, versteckte sich, zog die Bettdecke über den Kopf und dachte nur daran, daß ihr Bruder sie verraten und sie nun die Schelte der Mutter und die Prügel des Vaters zu erwarten hatte.

Die Nachbarin, nachdem sie einen Blick ins Schlafzimmer geworfen, griff zum Telefon. Sie rief die Universitätsklinik an. Danach wählte sie eine zweite Nummer.

Robert hörte sie betteln: »So beeilen Sie sich doch. Genosse Frank Lutter ... Bitte, verständigen Sie ihn sofort ... Ich warte ...«

Von der Gegenseite scholl es kratzend zurück: »Bedaure. Im Dienst ist er nicht, schon lange nicht mehr. Auf Reisen ebenfalls nicht ...«

»Wo kann er denn sonst sein?«

Klicken. Eine andere Stimme! »Woher sollen wir das denn wissen ...«

»Aber es ist etwas Furchtbares geschehen ... Sie müssen ihn finden ...«

Die Nachbarin wandte sich an Robert. »Junge, mein armer Junge ... Hast du vielleicht eine Ahnung, wo sich dein Vater aufhalten könnte?«

Er nannte die Adresse. Zoo. Lina Bonk.

Bis Frank dann kam ... Und all die anderen Männer ... I Want to Hold Your Hand und Yesterday ... Doch er war auch neugierig geworden und schob die Kassette mit dem Band ein, das Ilse besprochen hatte. DIE RABENMUTTER.

Ihre Stimme! Manchmal ein wenig leise, unsicher, zitternd.

Und nun? War sie tot? Oder konnte sie noch gerettet werden?

Stopp.

Mitten im Satz brach ihre Stimme ab.

Frank traf erst ein, als die größte Erregung vorüber war, sich auch das Gedränge der fremden Personen in seiner Wohnung bereits gelegt hatte. Vor dem Haus stand mit hellerleuchtetem Inneren ein Rettungswagen. Hier und dort in der Straße hängten Nachbarn ihre Köpfe aus den

Fenstern. Ilse – oder was von ihr blieb: ihr bewußtloser, kein Lebenszeichen mehr von sich gebender Körper wurde soeben von zwei Pflegern auf einer Trage in die Transportkabine geschoben.

Mit einem Blick streifte er noch ihr Gesicht. Es wirkte, mit dem verkniffenen Mund, den blutleeren Lippen, wie das einer Greisin.

Der Arzt trat auf ihn zu. Irgend jemand mußte ihm gesagt haben, daß er der Ehemann der Verunglückten sei. Doch der Arzt hatte es eilig, auch mit seinen Worten. »Soviel nur«, erklärte er hastig, »unverkennbar: Eine Überdosis Schlaftabletten. Wir versuchen unser Möglichstes ... Doch Sie ... Machen Sie sich auf das Schlimmste gefaßt.«

Nein, tot war sie noch nicht. Sie starb erst in der Klinik.

»Und wenn sie am Leben geblieben wäre«, sagte ihm nächsten Tags ein anderer Arzt, »wenn wir sie durchgebracht hätten, glauben Sie uns, sie wäre trotzdem nicht wieder aufgewacht. Ihr Geist – na, Sie wissen schon – wäre auf ewig verworren gewesen. Lepinal, wie die Obduktion ergab. Mindestens fünfzig davon. Ihre Frau muß die Tabletten seit langem gesammelt haben. Es war kein Versehen, kein zufälliger, spontaner Suizid. Sie hat darauf hingearbeitet ...«

Die Kriminalpolizei (wie bei jedem Selbstmordversuch mit der Untersuchung beauftragt) war ebenfalls anwesend. Kaum war der Krankenwagen davongerast, wurde Frank verhört. Der Hauptmann, ein außerordentlich müde wirkender Mann, weit älter als er, stellte ihm routinemäßige Fragen. Wieso und warum.

»Sie befanden sich den ganzen Tag über außer Haus«, sagte er, und zwar mehr zu sich selbst. »Ein Verbrechen scheint also ausgeschlossen. Haben Sie eine Erklärung?«

Frank zuckte mit den Schultern. Nein, sann er in sich hinein, Ilses Gründe kannte er nicht, doch er vermutete, daß es ein Racheakt ihrerseits war. Ihre Zerstrittenheit in letzter Zeit. Wegen der Kinder. Und Lina Bonk, vielleicht hatte sie von seinem Verhältnis mit ihr etwas geahnt? Seinen Verdacht verschwieg er jedoch.

Sturm war auch bei Lina geklingelt worden. Die Haustür war bereits verriegelt. Sie öffnete das Fenster, sah hinaus auf die Straße. »Ja, was gibt es?«

»Befindet sich ein Herr Lutter bei Ihnen?«

Er kleidete sich an. Unterwegs im Auto der Bezirksleitung teilte ihm der Genosse vom Bereitschaftsdienst ein paar vage Informationen mit. Die Nachbarin habe angerufen. Herzanfall. Lebensbedrohlicher Zustand ...

Jetzt erwiderte er: »Ich weiß nur, daß sie sehr krank ist und ständig unter Schmerzen zu leiden hat.«

Der Hauptmann nickte, nicht ohne Mitgefühl, wie es schien, und kraulte sein weißes Haar, bevor er fortfuhr: »Es geht mich zwar nichts an, Ihre Privatsphäre, nicht mehr jedenfalls als nötig ... Aber Sie müssen sich weiterhin zur Verfügung halten. Die Spuren haben wir gesichert. Obwohl ... Es gibt da einige Ungereimtheiten. Nach Aussagen anderer hat ihre Frau stets Wert auf ein gepflegtes Aussehen gelegt. Wieso bewahrte sie dann ihre Prothese in dem Glas Wasser auf ... Und da muß sich auch noch etwas auf dem Nachtschrank befunden haben. Ein Blatt Papier vielleicht. Könnte sein, ein Abschiedsbrief. Möglicherweise würde er Sie entlasten ... Es geht mich zwar nichts an, wie gesagt ... Doch Ihr Sohn Robert. Er hat als erster Ihre Frau entdeckt ...«

Nach einigem Sträuben rückte Robbi den Zettel schließlich heraus. Er hatte ihn zerknüllt, war aber noch nicht dazu gekommen, ihn in Fetzen zu reißen, wie er es mit dem Bild von Lina Bonk getan hätte, und in die Kloake zu spülen.

»Sehen Sie, ach, doch wir sind an so vieles gewöhnt. Offenbar hat Ihr Sohn Ihnen diesen Streich gespielt. Verzeihung ... Man muß es wohl anders angesichts der Umstände sagen.«

Die Gerichtsmediziner sprachen ihr letztes Wort. Die Kriminalpolizei schloß den Fall ab. Was sonst noch seiner harrte, Frank wußte es nicht. In der Bezirksleitung. Wenn Rosi Schulze ihn um genauere Auskünfte bitten würde, sie und Münz und die Parteikontrollkommission.

Mit Robert war kein Reden mehr. Clara weinte nur, weinte und weinte.

Die Genossen in seiner Abteilung, spürte er, obwohl sie ihm ihr Beileid beteuerten, gingen ihm aus dem Weg. Hier würde er niemanden finden, der bereit wäre, ihm zu helfen, zumal sich gewiß herumgesprochen hatte, daß er in der Nacht bei einer anderen, Lina Bonk, der Redakteurin vom Fernsehfunk, aufgeschreckt worden war.

Da fiel ihm in seiner Verzweiflung nur noch einer ein: Achim. Sein alter Freund. Er rief ihn an. Ulrike meldete sich.

»Würdet ihr, seid ihr vielleicht in der Lage ... Ilse ist gestern gestorben ... Könntet ihr für die nächsten Tage meine Kinder zu euch nehmen?«

Ulrike, ohne sich vorher noch bei Achim zu erkundigen, sagte sofort zu.

ELFTES KAPITEL

Abschied vom Gebirge

Der Auersberg lag im dichten Nebel. Oberst Dehmols bedauerte es. Denn sonst, bei klarem Himmel, hätte man von hier aus beobachten können, durch die Fenster des Restaurants, wie auf der Haube des Aussichtsturms, angestrahlt von der untergehenden Sonne im Westen, das letzte Licht des Tages verglühe. Ein beeindruckendes Schauspiel, und ursprünglich habe er überlegt, ob sie nicht zum Abschied auch noch einen Ausflug auf den Berg unternehmen sollten, um das Panorama zu genießen, das sich von dort oben biete. Wenn es die Sicht gestatte, darauf schwörten hier alle Einheimischen, reiche der Blick bis hinüber nach Leipzig. Das Völkerschlachtdenkmal sei zu sehen und sogar, nur einen Daumensprung links daneben, der Petersberg bei Halle mit seiner Klosterkirche. Immerhin, das wäre ja dann schon ein vertrautes Zeichen aus ihrer gemeinsamen Heimat, ein Gruß von ihr an sie beide. Doch so, bei dieser Waschküche, lohne der Weg nicht hinauf.

Achim Steinhauer erwiderte, daß es ihm trotzdem gelungen sei, etwas von den Schönheiten der hiesigen Landschaft zu ergattern, so auch heute und wohl deshalb, weil er jeder Jahreszeit und jedem Wetter die spezifischen Reize abzugewinnen vermochte, ihn weder Regen störe noch Wind oder Nebel, im Gegenteil. Er finde alles im Leben interessant, ja, schön, wenn es nur natürlich sei, der Natur nicht zuwiderhandle, verständlich sowieso.

Sie waren im Auto, dem graugrünen Wartburg des Kommandeurs, von Bernd Höllsfahrt gesteuert, auf der Straße von Eibenstock nach Wildenthal gekommen, auf derselben, über die einst, auf anderem, noch nicht asphaltiertem Untergrund allerdings, der Geheime Rat von Goethe anno 1810 auf seiner Reise nach Karlsbad in einer Kutsche gerumpelt war. Ob jedoch er dabei ein Auge für die Landschaft gehabt hatte, bleibt fraglich, denn er war mit der Aufzeichnung autobiographischer Skizzen beschäftigt und soll hier sein Tagebuchgedicht geschrieben haben, das er bis zu seinem Tode nicht herausrückte.

Ihre Fahrt führte zunächst durch die dunkelste Schlucht unter riesigen, in den Wipfeln vom Nebel umwallten Fichten, vorbei zur Rechten an den aufsteilenden Hängen des Ellbogens, der dem Auersberg gegenüberliegt, zur Linken an der Großen Bockau, deren Lauf sich hier gurgelnd über rundgeschliffene Steine ergießt. Dann aber, plötzlich öffnete sich der Wald, als würde ein Vorhang aufgezogen, und die ersten Häuser von Wildenthal tauchten auf, an den Zufahrtswegen wie an einer Schnur aneinandergereiht, inmitten sanft ansteigender Wiesen gebettet, die zwar schon ihr vom Herbst gegilbtes Gras zeigten, aber immer noch blühten, mit Löwenzahn und Steinnelken.

An die Reise Goethes hatte ihn Oberstleutnant Sebastian erinnert, der Politstellvertreter im Regiment. Er selbst wäre nie darauf gekommen, obgleich er wußte, daß sich der Allgewaltige des öfteren in dieser Gegend aufgehalten hatte, und er schon einmal auf seine Spuren gestoßen war, damals am Filzteich zwischen Schneeberg und Hundshübel. Sofort dachte er wieder an Ulrike. Daß er sie morgen wiedersähe und sie heute noch anrufen müsse.

»Und das«, sagte Dehmols, »beziehen Sie, wie ich vermute, auch auf den Menschen. Ich meine, daß Sie alles im Leben interessant, ja, *schön* finden, *verständlich* sowieso, wenn es nur *natürlich* ist.«

»So ist es«, entgegnete Achim.

»Spricht nun aus Ihnen der Biologe oder der Dichter?«

»Nein, nein«, wehrte er sofort ab. »Weder – noch. Allein der Mensch, wenn Sie wollen, namens Steinhauer. Es liegt in meinem Charakter, und ich möchte mir diese Veranlagung auch gar nicht versauen lassen ... Aber Sie, Genosse Oberst, betiteln Sie mich bitte nicht immer als Dichter. Kaum, daß wir uns zum erstenmal gegenüberstanden, brachten Sie mich damit bereits in Verlegenheit. Die eine Erzählung, die von mir veröffentlicht wurde, besagt noch gar nichts. Es wird sich erst zeigen müssen, ob ich eine solche Bezeichnung verdiene, wenn ich mein Eigenes geleistet habe, etwas Unverwechselbares. Das ist mehr als nur hundert mit Wörtern bedruckte Seiten. Es betrifft den Nerv des Ganzen: die Ästhetik. Sie muß die meine sein und nicht die der anderen. Sie muß für sich strahlen, und zwar bei denen, für die *ich* schreibe. Sie muß die Kraft haben, das Schattendasein zu durchbrechen, in das die Dogmatiker, die schöpferisch Impotenten mich zwingen wollen: Bei Goethe war es so und bei Thomas Mann so, und wer sich daran nicht hält, sei ein Stümper ... Als ob sich nicht alles veränderte. Als ob wir nicht alles verändern, neu gestalten müssen, wenn es erforderlich ist. Wie im Leben, so auch in der Kunst. Die Novellentheorie zum Beispiel. Bei Goethe und Theodor Storm. Ich habe darüber so viel Dummes gehört, daß es jeder Beschreibung spottet.«

»Na gut«, beschwichtigte Dehmols, ein wenig erschrocken, wie es schien, über die Schärfe Achims. »Wir wollen uns nicht darüber streiten. Das ist nicht mein Metier.« Dann aber lächelte er und ergänzte: »Was mir allerdings gefällt – und das darf ich doch wohl sagen –, sowohl an Ihrer Erzählung als auch jetzt: Sie sind recht kampfeslustig.«

Sie saßen um einen quadratischen Tisch aus derbem Holz im Stile von Bauernmöbeln, auf ebensolchen Stühlen, in unmittelbarer Nähe des Kamins, in dem anheimelnd ein Feuer aus Birkenkloben prasselte. Nun hatte bereits die Dunkelheit vor dem Fenster und nicht nur der Nebel die Sicht auf den in Luftlinie etwa ein Kilometer entfernten Gipfel des Auerberges verhängt.

Als Achim von seinem Telefongespräch mit Ulrike zurückkehrte, fragte ihn Bernd Höllsfahrt: »Alles in Ordnung? Über die Maßen glücklich siehst du gerade nicht aus.«

Er schüttelte den Kopf, fing sich, winkte ab. »Kein Grund zur Beunruhigung. Es geht mal wieder ums Menschliche. Wie du weißt, wir haben die Kinder von Frank Lutter zu Haus.«

Inzwischen war das Geschirr abgeräumt, denn sie hatten vorher bereits zu Abend gegessen, wobei Achim nun doch zu dem vielgepriesenen Hirschbraten mit frisch aus dem Wald gesammelten Pilzen, Rotkohl und grünen Klößen gekommen war. Jetzt bedeckten den Tisch drei Flaschen Wernesgrüner Pils, eine vierte, zum eigenhändigen Nachgießen, mit sowjetischem Wodka, Stolitschnaja, und die dazugehörigen Gläser. Oberst Dehmols und Oberstleutnant Sebastian hatten sich bereits eingeschenkt, während die Flasche Bier, die für ihn bestellt war, noch unberührt stand. Er holte es nach, öffnete sie, man prostete sich zu und trank, indes Bernd Höllsfahrt, halb im Scherz, aber auch nicht ohne Ernst, zu jammern begann und sich darüber beklagte, daß er verdammt sei, den Fahrer zu spielen. So dürfe er nicht einmal zum Abschied mit dem Freund der Familie anstoßen und seines Bruders Erich gedenken.

Sebastian, äußerlich ganz das Gegenteil seines Vorgesetzten, vom Typ her das, was man einen Genießer nennt, von gedrungener Gestalt, schon mit arg kahlem Schädel und einem mächtigen Bauch, rief daraufhin die Bedienung, einen Kellner in der Tracht der hiesigen Gegend, und forderte ihn auf: »Bitte, mein Herr, bringen Sie auch diesem Jungen Pionier hier noch eine Flasche Wernesgrüner und zwei Gläser, eins für die Kurzen und 'ne Tulpe.«

Bernd protestierte: »Sie wollen doch nicht, Genosse Oberstleutnant, daß ich Sie nachher gegen die Bäume oder in einen Abgrund fahre.«

»Halten Sie den Mund, Genosse Oberleutnant! Weder das eine noch das andere. Das ist ein Befehl. Wir rufen den Stab an und lassen den Fahrer kommen. Beizeiten. Das allerdings übernimmst du, mein Junge, verstanden? Da müssen wir uns eben zu dritt in den Fond quetschen ... Besser jedoch das, als mit anzusehen, wie du vor Heimweh und Durst vergehst.«

Die Unterhaltung hatte sich längst gelockert. Zwar brachte Bernd den beiden ranghöheren Offizieren noch allen Respekt entgegen, sprach sie bis zum Ende des Abends mit Sie an, Sebastian jedoch duzte ihn fortan, und Dehmols, der nur sehr mäßig trank und bis zum Schluß seine straffe, militärische Haltung bewahrte, verfiel abwechselnd in die eine und in die andere Anrede. Desgleichen tat er auch gegenüber Achim. Doch endlich schien er des ewigen Hin und Her müde zu sein und bot ihm das Du an. »Wir sind beide Parteimitglieder, altgediente wohl schon«, wiederholte er sich fast wörtlich vom Anfang ihrer Begegnung. »Wie ich weiß, auch vom selben Jahrgang. Also, was soll's ... Benehmen wir uns nicht länger so, als käme jeder von einem anderen Stern, als klaffe eine Welt zwischen uns. Ich ein Soldat, in der Armee, und du weit weg, ein Zivilist, gar ein Drückeberger ... Nein, das ist nicht unser Prinzip, die Kastenmoral der Preußen. Und warst du nicht auch im August einundsechzig bei den Kampfgruppen in Berlin?«

Nun tauschten sie ihre Erinnerungen und Erlebnisse aus, und Achim erfuhr Näheres über die Person des Kommandeurs. Arbeiterkind. Sein Vater schon früh im Kriege gefallen. Die Mutter lebte allein, zog außer ihm noch weitere drei Geschwister auf, die alle ihren Platz in der Gesellschaft fanden. Schließlich heiratete sie wieder, einen Kommunisten, den die Nazis sechs Jahre in ihre Konzentrationslager eingesperrt hatten. Doch später ließ sie sich von ihm scheiden. Irgendwie war dieser Mann von seinem Schicksal aus der Bahn geworfen worden. Er soff, trieb es auch fortwährend mit anderen Weibern. Offenbar wollte er nach seiner Befreiung nachholen, was er in der Haft versäumt hatte. Dennoch, in seinen besten Stunden, wenn er nüchtern war, habe er ihm die ersten Begriffe vom Marxismus beigebracht, Lohnarbeit und Kapital, vom Ursprung der Familie, des Privateigentums und des Staats, das Kommunistische Manifest, und zwar alles so gründlich, daß er, Herbert Dehmols, nie wieder davon loskam. Er ging in die Lehre als Feinmechaniker, wurde in seinem Betrieb zum FDJ-Sekretär gewählt. Dann sprach die Partei mit ihm, noch frisch in Erinnerung den Putsch vom siebzehnten Juni dreiundfünfzig. Er ließ sich anwerben (oder handelte, wenn das besser klingt, im Klassenauftrag), besuchte die Offiziersschule, später die Militärakademie. »Tja, und seitdem bin ich dabei, trage die Uniform. Hab eine Frau, die mir treu zur Seite steht – was ungemein wichtig ist, Achim! – und drei Töchter. Mein lieber Genosse, das ist eine Umstellung, wenn ich zu Haus bin. In meiner Einheit fast ausschließlich Männer, doch daheim? Da führen meine Damen das Regiment.«

Oberstleutnant Sebastian sagte: »Wie bei den Hühnern. Ein Ei gleicht dem anderen. Mir ging es genauso. Nur daß mein Vater mich verstieß, als ich mich freiwillig zur Armee meldete. Er hatte geschworen, nach dem Krieg und der Gefangenschaft, nie wieder eine Waffe in die Hand zu nehmen. Das verlangte er auch von mir. Heute freilich ist es vergessen. Sobald ich ihn besuche, macht er sich einen Spaß daraus, mich zu fragen, ob er vor mir strammstehen muß, er als ehemaliger Obergefreiter der Wehrmacht, Sandlatscher vier Jahre lang bis Moskau und zurück.«

Eine kleine Pause trat ein, in der jeder seinen eigenen Gedanken anhing.

Dann aber brachte Dehmols das Gespräch wieder auf sein Lieblingsthema.

»Noch einmal zur Menschlichkeit«, sagte er. »Das erste Kriterium, woran man sie erkennt, besteht wohl darin, daß sie in jedem Fall konkret sein muß. Alles andere wäre, als würde man leeres Stroh dreschen.«

Plötzlich sah sich Achim dermaßen von Lob überschüttet, daß es ihm peinlich war und er nicht wußte, wohin er seine Blicke richten sollte, sie schließlich ins Bierglas vor sich vergrub und mit den Fingern an ihm herumspielte. Die wenigen Tage, mußte er trotzdem mit anhören, die er bei der Truppe verbracht habe, seien für alle ein Gewinn gewesen, nicht nur durch seine Lesungen, sondern auch durch sein Auftreten und – ja, so könne man es durchaus formulieren – seinen aktiven Anteil bei der Sicherung der Gefechtsbereitschaft ... Der Oberst schmunzelte. Er erinnerte an die Fahrt auf dem W 50 mit dem Gefreiten Dieter Landau. Zwar habe er, Herbert, sich sagen lassen, daß Achim mit Autos unterschiedlichen Typs umzugehen wisse, aber die Jagd über die kurvenreiche, abschüssige Straße, um den Mannschaftswagen vom dritten Bataillon mit voller Besatzung zu retten, sei ein Bravourstück gewesen, das alle Achtung verdiene. So etwas spreche sich herum, und er persönlich wünsche sich alle Schriftsteller so wie ihn. Mein Gott, so schwer sei das doch nicht zu begreifen. Über die Jahrhunderte hätten sich die deutschen Dichter stets außerhalb des Volkes gestellt und nicht selten im Elfenbeinturm gelebt. Erst mit Becher, Brecht und der Seghers sei es anders geworden ...

»Nein«, warf Achim jetzt ein, froh, daß er Grund zum Widersprechen hatte und nicht länger zu schweigen brauchte. »Das ist eine Vereinfachung, die ich nicht dulden kann. Grimmelshausen bereits. Georg Büchner, Heine. Selbst Goethe und Schiller ...«

»Zum Teufel! Also hab ich mich wieder aufs Glatteis begeben ... Einverstanden.« Trotzdem, fuhr er fort, bleibe als eisernes Gesetz: die moralisch-politische Einheit. Alles, auch die Armee und die Kunst, habe dem Volke zu dienen. Und was das betrifft, so müsse nicht eben er, Achim, sein Licht unter den Scheffel stellen. Allerdings ... Major Seydewitz. Bei ihm habe er sich wohl übernommen, sei einer Illusion aufgesessen. Ihr Gespräch im Wald – für die Katz, wie sich inzwischen zeigte. Heute früh habe Seydewitz sein Parteibuch auf den Tisch gelegt. Begründung: Nach reiflichem Überdenken – er könne die Maßnahmen der Warschauer Vertragsstaaten, den Einmarsch ihrer Truppen in die

Tschechoslowakei nicht mit seinem Gewissen vereinbaren.

Ja, diese Nachricht war wie ein Schlag für Achim. Sie meldete ihm seine Niederlage.

Der Soldat Gladisch. Mit sofortiger Wirkung sei er als eine Art Regimentsgärtner abkommandiert. Einen solchen brauche man auch dringend daheim, in der Garnison, für die Grünflächen um den Kasernenhof. Oberleutnant Gerstfeld, sein Kompaniechef, erhielt eine Mißbilligung, und der Unteroffizier, der ihm die Latrine mit der Zahnbürste zu scheuern befahl, wurde umgehend in Arrest genommen und wird degradiert werden. Das sei noch unmittelbar in der Stunde vor ihrer Abfahrt hierher in das Gasthaus erfolgt. Denn das habe er nicht verschieben, nicht auf sich sitzen lassen wollen bis nach ihrem Abschied voneinander. Menschlichkeit. Auch in der Armee. In ihr erst recht, wenn sie, was noch immer nicht auszuschließen sei, für den Ernstfall gerüstet sein soll. Höchste Waffentechnik – das sei nur das eine. Über sie verfügen auch die Gegner. Unsere Überlegenheit besteht vor allem in unserer sozialistischen Moral. Und in ihr haben Kadavergehorsam und preußische Überheblichkeit, Arroganz von Offizieren und Unteroffizieren gegenüber Unterstellten nichts zu suchen …

Jedes Wort von Dehmols war für Achim eine Selbstbestätigung. Bevor er hierher in das Lager der Soldaten gereist war, nein, weit länger, seit die Nationale Volksarmee existierte, hatte er sein Bild von ihr stets so und nicht anders vor Augen gehabt. So wollte er seine marxistischen Ideale verwirklicht sehen.

»Doch nun, mein lieber Genosse, nach unserem Dank an dich, nach dem dicken Lob auch noch eine dicke Bitte.«

Sebastian begann zu grinsen. »Ich weiß Bescheid.

Mach dich auf was gefaßt, Achim. Es ist von ihm eine fixe Idee, die er sich beim besten Willen nicht ausreden läßt.« Er lehnte sich zurück, griff zum Bierglas, blinzelte belustigt, bevor er trank, über den noch frischen Schaum seinen Kommandeur an und erwartete im nächsten Moment offenbar irgend etwas Amüsantes.

Dehmols hingegen, als wolle er nun dem Folgenden besonderen Nachdruck verleihen, straffte seinen Oberkörper, setzte sich kerzengerade hin, knöpfte sogar die Jacke seiner Dienstuniform bis obenhin wieder zu, schloß den Kragen mit den silberweißen Spiegeln, den er ungezwungen im Verlauf des Gesprächs geöffnet hatte. »Wie also wäre es, wenn du dich dazu bereit erklären könntest, für eine begrenzte Zeit in der NVA zu dienen? Erschrick nicht. Als Kulturoffizier allemal ... Wobei das nach meiner Vorstellung nicht einmal das Effektivste wäre. Nein, denn ich kann mir denken, daß du auch, bei deiner Parteierfahrung, einen guten Politstellvertreter abgeben würdest. Sagen wir: im Bataillon und nach entsprechender Grundausbildung. Deine Arbeit jedenfalls während der letzten Woche hier hat es bewiesen ... Das Ministerium würde gewiß zustimmen.«

Achim schöpfte tief Atem. Obwohl Sebastian versucht hatte, ihn darauf vorzubereiten, auch Dehmols ihm nicht zum erstenmal dieses Angebot machte, kam es dennoch für ihn überraschend. »Und das ist wirklich von dir keine Schnapsidee, Herbert? Du nimmst mich nicht auf den Arm?«

Bevor der Oberst ihm jedoch antwortete, herrschte er, nach dieser Frage etwas verunsichert, Bernd Höllsfahrt an. Der hatte, begeistert von dem Vorschlag, im Überschwange spontan in die Hände geklatscht.

»Das, Genosse Oberleutnant, sparen Sie sich gefälligst auf, bis unser gemeinsamer Freund ja gesagt hat.«

»Nein«, sagte Achim. »Nein. So verlockend es ist ... So bitte ich euch zugleich um Verständnis. Sechs Jahre lang bin ich durch die Gegend gekarrt. Im Gleisbau. Auf einem Kipper. Mit Lastkraftwagen durch eine Reihe von Ländern ... Nicht, daß ich mich zur Ruhe setzen will. Aber jetzt hat mich Professor Beesendahl zu sich geholt. Genetik. Darauf habe ich eigentlich studiert. Und ich bin achtunddreißig. Meine Frau nur ein Jahr jünger. Und wir haben Kinder. Und ich kann mich nicht zerstükkeln. Und wir beide wollen nicht mehr unsere Zeit verplempern, nicht ständig getrennt sein, sondern endlich etwas voneinander haben ...«

Sebastian nickte. Dehmols lächelte zwar ein wenig säuerlich, da er soeben eine Abfuhr erhalten hatte, schien aber seine Hoffnung noch keineswegs aufzugeben.

»Ich besuche euch, wenn der ganze Schlamassel hier vorbei ist und du es erlaubst. Ich spreche mit deiner – Ulrike.«

»Herzlich gern. Ich lade dich ein.«

»Was mir vor allem vor Augen schwebte: Einer wie du, Autor einer solchen Geschichte wie ›Der Grimm‹, sollte auch die Wahrheit über die Armee schreiben. Im Stile der Sowjets. Konstantin Simonow: ›Man wird nicht als Soldat geboren‹, Alexander Bek: ›Die Wolokolamsker Chaussee‹ ... Denn du hast auch als Journalist gearbeitet. Und käme es hart auf hart ... Du würdest wie sie Berichterstatter.«

Nein. Und nochmals: Nein!

Achim drechselte dennoch an Worten, um sich bei den Offizieren für das Vertrauen zu bedanken, das sie ihm schenkten. »Wenn es euch beruhigt«, sagte er. »Für mich war der Aufenthalt hier nicht umsonst. Wieder einmal habe ich etwas dazugelernt. Das ist meine ehrliche

Meinung. Diese eine Woche wird mir noch Jahre im Gedächtnis bleiben ...«

Später, als sie voneinander Abschied nahmen, umarmten und küßten sie sich, wenigstens das nach russischer Sitte, und versprachen sich hoch und heilig, sich nicht aus den Augen zu lassen.

Ab heute wird alles ein Ende haben! Schon wie der Tag anhebt, dachte Ulrike, als sie von hier oben, dem Chemiekabinett der Schule, durchs Fenster blickte und, von ihrer Warte aus unsichtbar, sich vollziehend im Rücken des mächtigen Backsteinbaus, irgendwo über der Stadt die Sonne sich offenbar eine Schneise durch die Wolken schlug. Es schien, als wälzte sie mit ihrem Licht den Nebel vor sich her, der im Westen über dem dichten Pelz der Heide hing. Achim kommt! Das klang wie ein Jubel in ihr. Für einen Moment unterbrach sie ihre Tätigkeit, hantierte nicht länger mit den Flaschen, Gläsern und Schalen auf dem Experimentiertisch, denn sie war soeben dabei, für die nächste Unterrichtsstunde einen Versuch vorzubereiten, die Geräte zu ordnen und den Bunsenbrenner mit dem Dreifuß darüber und dem Kolben auf dem Drahtnetz einzurichten. Soviel Zeit aber mußte noch sein! Sie preßte die Stirn gegen die Fensterscheibe, spürte wohltuend die Kühle, die von dem Glas ausging und auf ihrer erhitzten Haut das Fieber dämpfte. So jedenfalls empfand sie es. Achim kommt! Und wie war sie erregt ... Kaum den Schlaf hinter sich, eine Nacht mit schweren Träumen, fühlte sie sich seit dem Morgen schon ... Ja, wie denn? Halb benommen, halb überwach, voller Erwartung, Unruhe, Ungeduld ... Wie vor dem ersten Rendezvouz mit ihm ... Aber, Ulrike! Was für ein Unsinn! Du mit deiner Nüchternheit und ein solch erbärmliches – Klischee? Dergleichen, dachte sie, gibt es nicht zwischen uns. Das geschah nie. Immer nur ist es ein Wiedersehen gewesen, ein Sichwiederfinden nach einer langen Trennung, nach Wochen und Monaten und einmal sogar erst nach Jahren. *So* fühlte sie sich: auseinandergerissen – vereinigt, auseinandergerissen – vereinigt. Und nicht erst seit heute früh. Seit gestern abend bereits. Nachdem sie mit ihm telefoniert hatte. Seine Stimme, sein Atem, so nahe an ihrem Ohr, daß sie wähnte, er stünde neben ihr ... Nun wird er kommen. Er wird sie mit seinen Händen absuchen. Und sie ... Wird es ein neuer Anfang sein? Würde es wieder von vorn beginnen? Das wohl ebenfalls nicht. Nein, das glaubte sie nicht. Trotzdem ... Stets hatten sie sich so sehr ineinander vertieft, daß es wie ein gegenseitiges Versinken war. Bis auf den Grund ... Aber auch den gibt es nicht. Wir schauen hinab, schwindlig geworden, und wir erblicken auch dort vor uns und hinter uns, *in uns,* kein Ende. Achim wird kommen. Heute am Abend schon mit dem Zug. Und sie muß ihm dann sagen, auf die Lippen küssen, was sie fühlt. Vielleicht findet er die passenden Worte. Tiefer, höher, beides zugleich. Es wird kein Ende haben – aber: Es ist vorbei. Die Trennung ... Keinen Morgen wird sie nun noch allein sein, aufwachen ohne ihn. Er liegt in ihren Armen, sie in den seinen. Jetzt kühlte auch das Glas nicht mehr ihre Stirn, war erwärmt worden von ihrer Haut. Nach dem Unterricht, in der Pause würde sie ihren Schulleiter bitten, sie heute ein paar Stunden früher zu entlassen, und morgen würde sie ihren längst fälligen Haushaltstag nehmen. Er hatte ohnehin schon Verständnis gezeigt. Sie durfte Robert und Clara in die Schule mitbringen. Ihre Mutter, eine Freundin von uns (obgleich es nicht stimmte), ist plötzlich gestorben, und niemand anders als ich vermag sich um sie zu kümmern ... Ulrike, wenn es weiter nichts ist und *du* es sagst, so wird es seine Richtigkeit haben. Derbrot – wobei keiner, sogar er selber nicht wußte, ob er sich Derb-rot oder Der-brot aussprach, so daß sie ihn scherzhaft Das-Brot nannte, meist jedoch bei seinem Vornamen: Hagen und in Abwandlung manchmal: Häkchen – bewilligte ihr alles. Erstens: Sie war eine Fachkraft, nahm ihm ein gehöriges Pensum seiner Arbeit ab, zweitens: War er heimlich in sie verliebt? Manchmal verhielt er sich so. Wenn er vor ihr errötete, sagte sie: Hagen, du mußt nicht gleich rot werden, nicht gar so derb-rot ... Achim kommt! Und ab heute wird alles ein Ende haben ...

Er saß im Zug. Wie bei seiner Ankunft, hatte Bernd Höllsfahrt ihn auch zurück zum Bahnhof in Aue mit dem Wartburg des Kommandeurs gefahren. Unterwegs verhielten sie sich gegen ihre Gewohnheit in den Tagen zuvor ziemlich wortkarg. Vielleicht fiel ihnen der Abschied immer noch nicht leicht. Einmal sagte Bernd: »Übrigens, ich soll dich von Erich und Halka grüßen. Heute früh bekam ich Post von ihnen, und sie wissen ja, daß wir dich eingeladen hatten. Mein Bruder allerdings verflucht und beschimpft dich. Du sollst dich mal wieder sehen lassen, nachdem du nun nicht mehr auf Landstraßen und im Schilf irgendwelcher Teiche herumlungerst.«

»Ja«, erwiderte Achim. »Er hat gewiß recht.«

Auf dem Bahnsteig umarmten sie sich erneut, und bei der Abfahrt des Zuges winkte er Bernd ein letztes Mal aus dem Fenster zu.

Zweimal würde er umsteigen müssen, in Zwickau und Leipzig. Von den anderen Reisenden jeweils in seinem Abteil, ihrem Kommen und Gehen, nahm er kaum Notiz. Er starrte hinaus, sah die Landschaft vorüberfliegen.

Von anderen wußte er, daß sie in Zügen arbeiten konnten, sich wenigstens irgendeiner Lektüre hinzugeben vermochten. Ihm gelang das nie. Er legte sogar nach einem flüchtigen Durchblättern die Zeitung beiseite, die er am Bahnhofskiosk in Aue gekauft hatte. Zu sehr genoß er es, sich dahintragen zu lassen und mit den Blikken dieses oder jenes Detail einzufangen, das schon von weitem auf ihn zuraste, ein Dorf, ein markantes Gebäude, ein von Weiden gesäumter Bach, Erntemaschinen auf den Feldern, die Lachmöwen dort, der kreisende Bussard, ein Trupp, zählte er, von über zwanzig Rotmilanen auf einem Hochleitungsmast. Außerdem: Seine Gedanken eilten ja schon voraus, Ulrike und den Kindern entgegen.

Doch immer wieder kehrten sie auch zurück, beschäftigten ihn mit sich selbst. Und trug dazu nicht auch die Fahrt bei, indem er sie mit seinem Leben verglich? Im Zug durch die Landschaft zu rasen, dabei jedoch reichlich bequem am Fenster zu sitzen und die Dinge da draußen auf sich zukommen zu lassen. Nein, das war es nicht, was er erstrebte. So durfte er nicht länger sein Dasein fristen. Zurückgelehnt in ein weiches Polster, abgekapselt von der Wirklichkeit, geschützt vor ihr, lediglich als Registrator, als Beobachter fungierend. Hatte er aber nicht das gerade getan? In den letzten Jahren? Einsam im Fernlastzug auf den Straßen. Im Havelluch, am Gülower See, beim Zählen der Limikolen, der Gänse und Enten. Beim Betrachten der Kampfläufer aus dem sicheren Versteck heraus. Selbst während der Niederschrift seiner Erzählung DER GRIMM, auch wenn sie Protest enthielt …

Die Schritte darüber hinaus mußte er wieder wagen. Sich einmischen. Veränderung nicht nur wollen, sondern verantworten. Schöpferisch sein.

In diesem Augenblick wußte er, daß er Dehmols nicht belogen hatte, sein Versprechen ihm gegenüber keine Ausflucht gewesen war. Ja, die Armee hatte ihn erneut zu sich selbst finden lassen. Sein Aufenthalt bei ihr, besonders in diesen Tagen ihrer bisher größten Belastung, hatte auch ihn in die Bewährung gestellt. In den Wäldern, die Soldaten, hart an der Grenze zum befreundeten Nachbarland – und sie wußten noch immer nicht, wie sich ihr Auftrag später einmal vor der Geschichte ausnehmen würde. War der Friede denn schon gerettet? Hatten wir es vermocht, auch nicht einen Meter breit Boden vom Sozialismus herausbrechen zu lassen?

Plötzlich jedoch fielen ihm Verse ein, und zwar so zwingend, daß er sie festhalten mußte, obwohl sie, wie er fand, seiner Stimmung entgegenstanden. Oder waren sie schon ein Nachruf auf seine Erlebnisse in Gülow, auf das Gefühl des Alleinseins, das ihn dort beherrscht hatte?

Er holte aus seiner Tasche ein Blatt Papier und griff zum Füllfederhalter. Ein wenig feilte er noch, schliff den Text. Dann schrieb er ihn nieder:

Der See. Er träumt dahin
und regt sich nicht.
Ich aber seh mit unruhvollem Sinn
sein Widerlicht.

Es sind die Wolken, die da ziehen,
und hinter ihnen, sagt man, sei noch Land.
Ich möchte fliehen, fliehen, fliehen
ins Unbekannt.

Während der Fahrt mit der Straßenbahn quer durch die Stadt begann es bereits zu dämmern. Als er ausstieg, sah er fern am Horizont dunkel und drohend das hohe Gezack der Kiefernwipfel in der Dölauer Heide vor einem herbstscharfen, feurigroten Abendlicht stehen. Jetzt brauchte er bis nach Haus nur noch wenige Minuten zu laufen, bis er zu dem Wohnblock mit seinen vorgebauten, wie Attrappen wirkenden und mit Stellen abgeblätterten Putzes übersäten Spitzgiebeln. In ihm wohnten sie zur Miete, seit Ulrike sich hierher hatte versetzen lassen, damals schon, nachdem er dem Eisenwerk den Rükken gekehrt und in der Braunkohle angefangen hatte zu arbeiten. Die Freude auf das nahe Wiedersehen trieb ihn an. Er beschleunigte seine Schritte, ging schneller und schneller.

Angelangt vor dem Haus, spähte er die Fassade hinauf, suchte die Fenster im dritten Stock. Und bewegte sich da nicht soeben im Erker die Gardine? Er hastete die Treppen hinauf, die eine Hand am Geländer, in der anderen den Koffer, nahm die Stufen gleich doppelt. Die Wohnungstür stand bereits offen. Julia erwartete ihn auf dem Etagenabsatz, doch still, ruhig, nur mit einem Lächeln, beherrscht schon fast wie eine Erwachsene. Hingegen Soja ... Für den Bruchteil einer Sekunde entdeckte er ihr Gesicht im Türspalt. Dann war es verschwunden. Sie rannte zurück, und er hörte von drinnen ihre laut zwitschernde, sich vor Erregung überschlagende Stimme: »Mami! Mami! Da ist er, unser Papi ...« Ein paar Sätze folgten. Es klang daraus wie: unser Ausreißer, der Vagabund ... Im Korridor dann, nachdem er Julia einen Kuß auf die Wange gehaucht hatte, sprang sie ihn an, übermütig, akrobatisch, so wie sie beide es oft geübt hatten, umklammerte mit den Beinen seine Hüfte. Er mußte den Koffer fallen lassen, um sie festzuhalten. Sie war ein Wildfang, in ihrer Art zu schmusen weit spontaner und stürmischer als ihre Schwester, so daß er sich ihrer Liebkosungen kaum zu erwehren vermochte. Jedesmal, dachte er darüber nach, fragte er sich, ob dieses so völlig entgegengesetzte Benehmen der beiden nur von ihrem Altersunterschied herrührte oder nicht doch von einer bestimmten Anordnung der Desoxyribonukleinsäure, dem DNA-Doppelstrang, der ihnen bereits in die Wiege gelegt worden war …

Jetzt aber kam er gar nicht dazu. Soja hing an seinem Hals, und zwar so fest, daß er sich schier von ihr erdrückt fühlte, und ohne jeden genetischen Code. Über ihren blonden Scheitel hinweg erblickte er am Ende des Ganges Ulrike. Höchst amüsiert, sah er ihr an, beobachtete sie die Szene. Mit dem einen Arm hielt sie Clara umfangen, die sich an ihre Seite drängte. Später kommentierte sie den Empfang, den ihm seine Töchter bereiteten, mit den Worten: Die Heimkehr des verlorenen Vaters …

»Und hieß es da nicht auch in Sojas Gestammel: Unser Ausreißer kommt, der Vagabund?«

»So? Durchaus möglich.«

»Das hat sie doch nicht selber erfunden!«

Ulrike lachte. »Gewiß nicht …« Aber von wem seine Jüngste diese wenig schmeichelhaften Beinamen für ihn aufgeschnappt hatte, erfuhr er nicht. Er traute auch Julia, dem Kitz, zu, daß sie von ihr stammten.

Nachdem er nun alle weiblichen Wesen daheim begrüßt hatte, auch Clara, die ihm mit einem überhöflichen Knicks, doch ungemein schüchtern die Fingerspitzen reichte, legte er seine Sachen ab und fragte: »Und wo ist unser anderer Gast, der junge Mann?«

Mit einem leichten Kopfnicken deutete Ulrike hinüber zur Küche, hinter der sich die separate Kammer befand, ein Alkoven, der früher, als hier noch mittlere Beamte gewohnt hatten, dem jeweiligen Dienstmädchen zugewiesen worden war. Zugleich hob sie die Augen, was besagen sollte: Na, wo schon! Ich hab's dir doch gestern am Telefon erklärt.

Er betrat die Küche, und dort scholl ihm sofort aus dem hinter ihr liegenden Raum Musik entgegen oder mehr ein rhythmisches Gehämmer.

In der Kammer sah er dann Robert lang ausgestreckt auf dem für ihn provisorisch hergerichteten Lager, einem Campingbett, den Kassettenrekorder auf der Brust, mit geschlossenen Lidern und selbstvergessen den Klängen und dem Gesang in englischer Sprache lauschend, natürlich dem der Beatles. Erst als sich Achim mit einem lauten Hallo zu erkennen gab, bemerkte er, daß er nicht mehr allein war. Er blickte auf, schaltete das Gerät ab. »Ach, du bist es, Onkel Akki.«

Es klang nach gar nichts, weder überrascht noch unmutig, eher gleichgültig.

»Ja. Ich wollte nur wissen, wie es dir geht. Immerhin, wir haben uns eine Woche nicht gesehen.«

»Och, ziemlich okay. Und dir?«

»Na, etwa genauso ...«

»Dann ist es ja gut.«

Während Ulrike das Abendbrot zubereitete, das in Anbetracht seiner Rückkehr ein wenig festlicher ausfallen sollte als sonst, Julia und Clara dementsprechend den Tisch zu decken begannen, mit dem besten Geschirr, und ihn mit Kerzen und Blumen schmückten, Soja jedoch indessen sich daumenlutschend – und endlich einmal ohne zu plappern – vor dem Fernsehapparat in eine Kindersendung vertiefte, zog sich Achim ins Bad zurück und machte sich frisch. Anschließend hatte er noch genügend Zeit, um die Post zu sichten, die in seiner Abwesenheit eingetroffen war. Obenauf lag ein Brief von seiner Mutter. Er überflog die in ihrer charakteristischen Sütterlinschrift steil aufs Papier gekritzelten Zeilen, vernahm darin ihre Vorwürfe, weil er sich eine Ewigkeit nicht bei ihr habe blicken lassen (vier Wochen, protestierte er innerlich, was ist das schon heutzutage!), beschloß aber trotzdem, sie demnächst zu besuchen, in einem Ritt sie beide, Erich Höllsfahrt und sie. Auch der Brief mit dem Angebot der DEFA, unterschrieben vom Chefdramaturgen, befand sich darunter.

Dann hörte er sich gerufen. Auf dem Tisch prangten zwei Sträuße Astern in allen Farben, strahlten die Kerzen. Das Licht der bei jedem Lufthauch züngelnden, flackernden, tanzenden Flammen widerspiegelte sich im Porzellan, flirrte und glitzerte vor allem im Goldrand der Teller und Tassen und im matten Gelb des Lindenblättrigen, nachdem er den Wein für sich und Ulrike in die Gläser gegossen hatte.

»Es ist schon wie Weihnachten«, sagte Soja, und ihre Augen verklärten sich.

Die beiden älteren Mädchen versuchten daraufhin, sie zu necken, und kicherten.

Robert hingegen saß maulfaul in der Runde, langweilte sich offenbar und bat auch bald, da er ohnehin keinen Hunger verspüre, sich entfernen zu dürfen. Ulrike ließ ihn gewähren, verriet jedoch später Achim, daß der Junge sich bereits vorher den Bauch vollgeschlagen habe. Sie merke es an den Vorräten im Kühlschrank und in der Speisekammer. Ohne zu fragen, und das vom ersten Tag an, bediene er sich davon, und zwar nicht nur mit Brot und Wurst. Sogar die Raritäten verschmähe er nicht, und so habe er auch das durch reinen Zufall erstandene Glas mit eingeweckten Himbeeren ausgelöffelt. Sie irre sich nicht, denn sie habe es extra für Julia aufheben wollen, zur Feier ihres zwölften Geburtstages in einem Monat.

Da lagen sie schon im Bett und konnten noch lange nicht schlafen. Immer wieder kreisten ihre Gedanken um Ilse und Frank. Wie ein Schatten warfen sie sich über sie, und sogar ihre Zärtlichkeiten litten darunter. Ulrike erzählte ihm, wie die letzte Woche verlaufen war. Frank, ja, Frank sei jeden Abend gekommen, um sich nach seinen Kindern zu erkundigen, nur heute, da er wußte, daß Achim zurückkehre, habe er nicht stören wollen. Nein, über die Ursachen für Ilses plötzlichen Tod habe er noch immer kein Wort verloren. Er sei ja auch nie länger als eine Stunde geblieben und habe stets, wofür sie bis zu einem gewissen Grade bei diesem schweren Schicksalsschlag für ihn Verständnis aufbringe, unter Alkoholeinfluß gestanden. Was sie jedoch überhaupt nicht begreife: Er habe sich kaum mit Clara und Robert beschäftigt, nur ihr, wegen der Ausgaben, die sie zusätzlich durch sie hätten, und als Dank für ihre Mühe um sie, Geld angeboten.

»Aber hör mal, sagte ich ihm, ich bin doch nicht ihre Amme, daß du mich dafür bezahlen mußt.«

Von Ilses hinterlassenem Tonband wußte ja Achim bereits, und davon, wie vernarrt der Junge in seine Musik war, hatte er sich selber überzeugt.

»Was ist bloß zu tun?« fragte er.

Sie schmiegte sich an ihn. »Ich bin froh, daß ich nun endlich wieder deine Hilfe habe. Es ist scheußlich ohne dich.«

»Vielleicht«, sann er. »Vielleicht ... Was hältst du davon, Ricke ... Wenn ich morgen mit Robert eine ausgedehnte Wanderung unternehme. Damit er nicht ständig vor seiner Heulboje hockt ... Der Mensch muß doch auch andere Interessen haben. Und es kann doch sein, er hat das Bedürfnis, sich mit jemandem auszusprechen.«

»Daran dachte ich auch schon. Ein Mann sollte es sein. Denn ich habe das Gefühl, Frauen nimmt er nicht ernst. In mir sieht er nur die ungeliebte, fuchtige Lehrerin...«

Es war ohnehin Achims Absicht gewesen, sich an einem der beiden Tage, die ihm noch bis zu seinem Eintritt ins Institut von Professor Beesendahl blieben, auf einen längeren Spaziergang zu begeben. Entweder durch die Heide oder bis nach Lettin wollte er wandern, sich auf dem Weg einen Punkt suchen, von wo er die Forschungsstätten auf der gegenüberliegenden Seite der Saale würde erkennen können. Erstens, der Dauerregen, der das Erzgebirge überschwemmt und ihm dort bis zum Halse gestanden hatte, war hier zwischen den Hügeln und Porphyrkuppen um Halle verrauscht. Der Oktober meldete sich an, mit einem Schwall Kaltluft durchbrach er bereits den Nebel und eröffnete eine klare, wie vom Schmutz freigewaschene, weithin reichende Sicht. Und zweitens, Achim gefiel es, sich so, indem er wenigstens schon einmal einen Blick auf seinen künftigen Wirkungsbereich warf, auf seinen neuen Anfang vorzubereiten. Für ihn würde es sein, als hätte er sich dann bis zum Montag nicht nur gedanklich, sondern sozusagen auch sinnlich mit seiner Arbeit befaßt. Er hätte sonst Julia gebeten, ihn zu begleiten. Ich spendiere dir ein Eis unterwegs, Bonbons oder Schokolade, wenn wir sie auftreiben können in einem der Ausflugslokale ... Warum also sollte es statt seiner Tochter nicht Robert sein? So brauchte er nicht einmal zu fürchten, Ärger mit Soja zu kriegen, wenn sie, da sie einen derartigen Marsch nicht aushalten würde, zu Haus hätte bleiben müssen. Hauptsache, Freund, du bist gut bei Fuß. Denn nach der Karte zu urteilen, werden wir mit zwölf bis fünfzehn Kilometern zu rechnen haben ...

Robert sagte zu. Doch Ulrikes Eindruck trog nicht.

Kaum hatten sie die letzten Häuser von Kröllwitz hinter sich, begann er zu schwatzen, und Achim ließ ihn reden. Ja, der Junge verachtete die Mädchen und Frauen. Er machte sich lustig über seine Mutter. Vor dem Spiegel habe sie gestanden, bei ihrer täglichen Schminkprozedur, sich darin angestarrt und wie der Clown Schöööön vom Zirkus ein Lächeln eingeübt. Ob das denn bei seiner Frau, Tante Ulrike, ebenfalls so sei. Die blöden Weiber. Clara zum Beispiel. Immer wurde sie ihm vorgezogen. Bis eines Tages, in der Kaufhalle, da habe sie geklaut. Sogar vor dem Geld im Portemonnaie der Mutter schreckte sie nicht zurück. Dabei hatte er sie erwischt, auf frischer Tat. Na, und so weiter und so fort. Gewiß sei er, Onkel Akki, bereits von seinem Vater davon unterrichtet worden, was danach geschah ...

»Nein, bin ich nicht«, sagte Achim. Vielleicht hatte es Prügel gegeben, dachte er und ging darüber hinweg. »Doch du, Hand aufs Herz. Du hast noch nie geklaut? Nicht einmal Kirschen von Nachbars Bäumen?«

»Doch. Einmal ja. Ein Motorrad. Das war, als ich in der Kanne eine Mutprobe ablegen mußte. Aber ich hab nur mit ihm und einer Mieze auf dem Sozius ein paar Runden gedreht und es wieder hingestellt.«

»Und sonst wirklich nichts? Auch kein Einweckglas mit Himbeeren?«

Robert verharrte mitten im Schritt, sah ihn aus erstaunten, ja, unschuldigen Augen an, und es schien, als sei er von dieser Wendung tatsächlich überrascht. »Ach, sag bloß, das kratzt euch. Ihr habt es doch dicke. Ich hatte Appetit, und das Zeug stand da so rum. Aber wenn ihr wollt, ich bezahl's euch. Allerdings, wie ich merke, seid ihr nicht besser als meine Alten ...«

»Nein, nein«, beeilte sich Achim zu antworten. »Es

war ja nur eine Frage. Hauptsache, die Himbeeren haben dir geschmeckt.«

Sie traten aus einer Gartensiedlung und sahen sich freiem Feld gegenüber, auf dem das Getreide soeben erst abgeerntet worden war. Nur wenig weiter ragte vor ihnen die Steinerne Jungfrau auf, ein Menhir, Totenkultzeugnis der Urbewohner in der Dölauer Heide, der Trichterbecherleute oder der Schnurkeramiker, wer weiß, vor Jahrtausenden jedenfalls an die vier Meter hoch aus einem Braunkohlenquarzit gehauen und hier errichtet. Von seinem Standpunkt aus, hatte Achim gehofft, das Institut erblicken zu können.

»Was is'n das für'n komisches Ding?«

Er erklärte ihm, was es mit dem Menhir auf sich hatte, und fügte hinzu: »Die Sage aber geht, daß einmal die Tochter eines Riesen von Dölau Brote geholt und nach Lettin habe bringen wollen. Dabei geriet sie in ein heftiges Gewitter, und hier, an dieser Stelle, versperrte ihr ein breites Flußbett, das der niederprasselnde Regen inzwischen gebildet hatte, den Weg. In ihrer Eitelkeit, um über das Wasser zu gelangen, ohne ihr Kleid zu beschmutzen, warf sie die Brote darin aus. Doch schon, als sie mit ihrem Fuß den ersten Laib berührte, traf sie der Blitz und verwandelte sie und die Brote in schwarzes Gestein.«

»Da hast du's. Die blöden Weiber. Was aber soll das denn nun heißen?«

»Vielleicht: Man soll die Arbeit der Menschen nicht mit Füßen treten ...«

Nein, die Höhe genügte nicht. Wiederum nur wenige hundert Meter weiter entdeckten sie ein verrottetes Gemäuer, das, schaute man durch die Fensterhöhlen ins Innere, einer ausgedienten Wasserkunst glich. Sie erklommen die Plattform der Ruine, und von dort erhielten sie endlich den gewünschten Überblick. Er reichte vom Petersberg im Osten bis zu den Halden des Mansfelder Landes im Westen. Auch die Türme und Hochhäuser von Halle zackten in nicht einmal allzuweiter Ferne den Horizont. Und über allem wölbte sich blau der Himmel, und im Tal dort unten glitt die Saale als silbrig glänzendes Band dahin.

»Siehst du dort? Die weißen Gebäude? Neben dem dunklen Nadelwäldchen am jenseitigen Ufer? Dort wird ab übermorgen mein zweites Zuhause sein.«

»Wenn du es so magst, warum bist du dann erst noch für eine Woche zu diesem stupiden Verein, der Volksarmee, gegangen?«

Bei dieser Bemerkung geschah es zum ersten Mal, daß Zorn in ihm aufkam. Doch er schluckte ihn hinunter. Dieser Bengel war für ihn kein Partner zum Streiten. Und trotzdem: Mein Gott, was spielte sich nur in dem Kopf des Jungen ab! Er versetzte sich zurück. Was hatte sich denn in seinem Denken bewegt, als er vierzehn Jahre alt gewesen war? Panzersperre. Die Nordamerikaner rückten in Graubrücken ein. Ein deutsches Flugzeug warf deutsche Bomben auf deutsche Frauen und Kinder, ehe es abstürzte. Von seinen Wrackteilen wurde ein Volkssturmmann neben ihm im Graben wie von einer Axt zerhackt und verblutete. Lutter, Roberts Vater auf der kreisenden Mühle. Kampf bis zum Endsieg. Doch das Reich war bereits ein Trümmerhaufen. Sie kotzten sich die Lunge aus dem Hals. Griff zur Pistole. Hitler, hieß es noch, sei gefallen als Held. Führer, wir folgen dir. Und dann die Russen. Neun Monate unter Werwolfverdacht im Gefängnis von Magdeburg …

Nein, dachte Achim, irgendwie, ich muß ihn doch zu packen kriegen …

»Nun wieder eine Frage. Nimm sie mir nicht übel.

Warum urteilst du dermaßen abfällig, obwohl du keine blasse Ahnung von ihr hast, über unsere NVA?«

»Ist doch klar. Sie wird von den Iwans befehligt. Du, ich kenne Soldaten, die davon ein Lied zu singen wissen und es uns erzählt haben.«

»Hast du einmal mit deinem Vater darüber gesprochen?«

»Mit dem? Sag mal, spinnst du? Wenn ich das getan hätte, er hätte mich windelweich geprügelt. Ich bin doch nicht lebensmüde. Vor dir aber brauch ich mich ja nicht zu verstecken. Ein bißchen bist du trotzdem anders als er, obwohl auch du Kommunist bist.«

Es war ihm nichts abzugewöhnen, weder seine Besserwisserei noch seine Dummdreistigkeit. Achim glaubte auch nicht, daß es ihm je während dieses Vormittags hätte gelingen können, innerhalb magerer fünf Stunden, all jenes widerspenstige, verhetzte Zeug aus seinem Sinn zu treiben, das sich seit fünf Jahren und länger darin angesammelt hatte. Wieviel, dachte er, hatte Frank an seinem Sohn versäumt! Und hoffentlich erginge es ihm nicht einmal ähnlich mit Julia und Soja. Ebenfalls jahrelang, als *Ausreißer*, als *Vagabund*, hatte er sich kaum um sie kümmern können, sie nur zu Sonn- und Feiertagen zu Gesicht bekommen und sie dann auf seine Weise verwöhnt. Aber – sofort dachte er an Ulrike, und er beruhigte sich. Ulrike! Sie hatte ihn stets vertreten, nein, die Erziehung der beiden sowieso besser besorgt als er. Soviel Selbstkritik mußte er schon auf sich nehmen.

Es drängte ihn nach Haus. Er hatte, mit Verlaub gesagt, die Schnauze voll von der Unterhaltung mit diesem Burschen. Er spendierte ihm noch in einer Gaststätte des Dorfes eine Kola und eine Bockwurst, und von dort fuhren sie mit dem Linienbus zurück.

Doch plötzlich, kurz vor dem Ziel, sich gegenübersitzend, nachdem sie lange geschwiegen hatten, wandte sich Robert an ihn. Aus der Innentasche seines Anoraks zog er ein paar dicht mit Bleistift beschriebene Seiten Papier.

»Da, Onkel Akki. Zu dir hab ich Vertrauen. Tante Ulrike konnte es zwar nicht hören, ihre Nerven sind miserabel ... Doch du bist ein Schriftsteller. Meine Mutter, bevor sie sich umbrachte, hat einen Text aufs Tonband gesprochen. Ich habe ihn abgeschrieben für dich.«

Viel hatte er nicht zu lesen, doch das wenige war aufschlußreich genug. Beim zweiten Hinsehen verblüffte ihn dann, wie relativ sicher Robert (denn die Abschrift stammte ja von ihm) die Orthographie beherrschte. Gewiß, mit den Kommata stand er auf Kriegsfuß, was aber die einzelnen Wörter betraf, so war er nur zweimal dem Irrtum unterlegen, Indefinitpronomen groß zu schreiben: beide und andere. Dumm im üblichen Sinne konnte er also nicht sein. Die deutsche Sprache mit ihrer verzwickten Grammatik und ihren teils recht unlogischen Entweder-Oder-Bestimmungen stellte allemal Fallen, war manchmal ein Labyrinth, in dem man sich durchaus verirren konnte. Wenn daher der Junge seine Art Protokoll, mit merkwürdig kaltem Verstand zwar, doch sorgfältig angefertigt hatte, was trotz allem von seiner Klugheit zeugte, dann hatte man ihn nur verlottern lassen. Um so mehr bedauerte jetzt Achim, daß es dazu hatte kommen können. In dieser Hinsicht blieb er unerbittlich: Wer nicht einmal vermag, seinen Kindern Verständnis entgegenzubringen und Liebe zu geben, der wird erst recht nicht die Welt verstehen, die Menschen lieben, und folglich taugt er nicht, für sie und ihren Kampf um Gerechtigkeit und Wohlergehen Verantwortung zu tragen. Durfte denn solch einer sich überhaupt Kommunist nennen?

Ilse allerdings mußte ihren Text aus dem Stegreif und in Hast aufs Tonband gesprochen haben. Denn er war nicht geformt, litt im Übermaß unter Wiederholungen der Wortstämme und am Zeitenwechsel. Bei jedem Satz war Achim daher versucht, ihn umzuschmelzen, seiner Auffassung von Stil zu unterwerfen. Das aber hätte wohl seiner Unmittelbarkeit, seiner – wie er es empfand – *nackten* Wahrhaftigkeit geschadet. So ließ er es sein und las:

»DIE RABENMUTTER. Exposé zu einem Hörspiel.

Ein Ehepaar ist nach vierzehn Jahren gemeinsamen Lebens am Ende. Bisher hatten sie so glücklich miteinander gelebt, daß man überall, wohin sie auch kamen, annahm, sie führten eine vorbildliche Ehe. Bei ihnen schien alles zu klappen. Sie besitzen zwei Kinder. Sie haben zwei Krippenplätze für sie bekommen. Zuerst hat die Frau ihre Ausbildung als Facharbeiter abgeschlossen. Dann nahm der Mann ein Fernstudium auf. Sie erhielten eine AWG-Wohnung. Die war fernbeheizt. Nun brauchte die Frau sich nicht mehr damit abzuplacken, aus dem Keller drei Treppen hoch die Kohlen zu holen, um die Kachelöfen zu feuern. Auch die beiden Jungen machten ihnen nicht mehr als durchschnittliche Sorgen. Mit zunehmendem Alter entpuppte sich der eine bloß als faul, und der andere war ein wenig verschlagen. Es war also nichts Weltbewegendes bisher passiert. Die alltäglichste Geschichte.

Doch dann, im Laufe der Jahre, ging den beiden die Liebe verloren, ohne daß sie es zunächst bemerkten. In diesem Augenblick kommt die jüngere Frau auf den Plan. Der Mann begeisterte sich für sie und eröffnete nun seiner ahnungslosen Frau, daß er gern von ihr fort möchte. Wenn man in diesem Fall von Ahnungslosigkeit spricht, so ist das nicht völlig korrekt. Die Frau nämlich war nicht so naiv. Sie erkannte in letzter Zeit gewisse Veränderungen an ihrem Mann, empfand dabei Mißbehagen. Vielleicht begann es nur damit, daß sie bemerkte, er hörte ihr nicht mehr richtig zu, sobald sie von ihren Problemen berichtete. Später fiel ihr auf, auch er erzählte schon lange nicht mehr von sich, von seiner Arbeit als Ingenieur, seinen Mühen und Qualen. Hatte er schlechte Laune oder war er frohgestimmt – so wußte sie weder im einen noch im anderen Fall dafür die Gründe.

Eines Tages bekam sie von ihm den Satz zu hören: Das verstehst du nicht! Die Zeit, die sie sich füreinander nahmen, wurde weniger, dünner, immer seltener, obwohl doch nun alles eingerichtet war und man eigentlich mehr Muße füreinander hätte finden müssen. Eine ideale AWG-Wohnung mit Fernheizung. Über zweitausend Mark verdienten sie zusammen monatlich. Ihre Söhne machten ihnen nur durchschnittliche Sorgen. Der eine ein wenig bequem, der andere schmeichelte sich an, war nicht ehrlich genug. Aber es war eben wie verrückt. Darüber sprachen sie nicht. Zuerst dachte die Frau daran, es läge vielleicht am Fernseher. Sie kam sogar auf den Gedanken, ihn lahm zu legen und vorzugeben, daß es mit der Reparatur nicht geklappt habe. Es gelang ihr für zwei stille Abende. Aber die verliefen dann derart still, daß sie empfand: Sie wußten gar nichts mehr mit sich anzufangen. Die folgenden Abende kam der Mann erst sehr spät nach Hause, und er war auch gar nicht mehr nüchtern.

Da begann die Frau, den Mechaniker anzurufen. Sie resignierte. Sie konzentrierte sich auf die Kinder. Als sie für ein Fernstudium geworben wird, sagt sie zu. Sie denkt an den Satz ihres Mannes: Das verstehst du nicht. Doch zugleich hofft sie, er würde sich freuen über ihren Entschluß. Er würde ihr Mut machen wie damals, als sie sich entschied, den Facharbeiter zu machen. Aber all die Reaktionen, die sie sich von ihm wünschte, blieben aus. Er verhöhnte sie: Du in deinem Alter ... Er sagte: Na schön, wenn du meinst ... Dann ging er zum Fernseher und schaltete ihn ein. Im Nebenzimmer heulte die Frau sich aus. Am nächsten Tag sagte sie zu, aus Trotz. Durch das erste Studienjahr frißt sie sich buchstäblich durch. Sie stürzt sich in die Bücher, mehr aus Verzweiflung zunächst als aus Interesse. Sie will sich selbst bestätigen, und dann spürt sie plötzlich, daß sie mit allem allein ist. Es ist ihr bisher gar nicht bewußt geworden, daß sowohl im Haushalt als auch bei der Erziehung der Kinder eine Pflicht nach der anderen auf sie allein fiel. Und plötzlich, nach dieser Erkenntnis, steht sie vor dem Problem, daß sie es nicht mehr schaffen kann, die Arbeit, die Kinder, den Haushalt, das Studium.

Ihr Mann kommt immer später nach Haus. Er wird böse, wenn sie ihm Vorhaltungen macht. Und schließlich verstummt sie ganz. Und dann eines Tages, kurz vor ihren ersten Zwischenprüfungen, erklärt er ihr, daß er eben gern die andere heiraten möchte.

Durch das schwere, hinter ihr liegende Jahr ist die Frau müde geworden. Sie ist zu müde, noch um ihren Mann zu kämpfen. Sie überlegt, wie es geschehen konnte, daß sie sich entfremdeten. Sie kommt nicht darauf. Sie schiebt diese Fragen ab und denkt nur noch daran: Wie soll sie sich die Zukunft einrichten? Wirtschaftliche Sorgen kennt sie nicht. Sie vermag auch ohne den Mann sehr gut mit ihren beiden Kindern durchzukommen. Schwieriger ist für sie die Entscheidung, was mit ihrem Studium wird.

Immer unerträglicher wird ihr dieser Mann, obwohl sie ihn noch liebt. Er strebt nach der anderen, und sie wird von ihm mit Spott überschüttet. Vielleicht will er es gar nicht, aber es wirkt so. Auch die beiden Jungen machen ihr plötzlich zu schaffen. Der eine geht in die Kaufhalle und wird gestellt, nachdem er eine Tafel Schokolade gestohlen hat. Der Mann verprügelt seinen Sohn. Sie hört es mit an, hält sich im Nebenzimmer die Ohren zu. Sie möchte schreien, doch sie kann nicht mehr. Es übersteigt ihre Kräfte. Sie hat versagt, denkt sie. Und dann spürt sie Schmerzen. In der Brust. Überall spürt sie Schmerzen. Sie geht zum Arzt. Haben Sie seelische Sorgen, fragt er. Sie verneint. Sie will vor ihm und auch vor niemand anderem zugeben, daß ihre Ehe ...«

An dieser Stelle brach der Text ab. Also hatte wohl auch Ilse hier die Stopptaste gedrückt. Und danach? Hatte sie dann jemals noch ein Wort gefunden, oder war sie da bereits für immer verstummt?

Was ihn noch lange wunderte, das war, weshalb Ilse ihr Hörspiel DIE RABENMUTTER hatte nennen wollen. Abgesehen davon, daß der Volksmund log, wenn er ausgerechnet diesen Vögeln unterschob, sie würden ihre Jungen mißhandeln, gar im Nest verhungern lassen, so hatte doch auch sie ihre Hauptperson, die Frau, ganz als das Gegenteil geschildert. Es konnte nur Selbstironie sein, eine, wie sie nur die bitterste Verzweiflung gebar.

Schon gestern abend hatte Ulrike den Verdacht geäußert, daß Ilse Selbstmord begangen habe, und auch für Achim bedurfte es nicht erst der Bestätigung durch Robert heute vormittag, um gleiches anzunehmen. Zu plötzlich war das alles geschehen, so abrupt, als habe auch der Tod sich einer Taste bedient und das Band mit Ilses Leben angehalten.

Er war erschrocken. Wieder betraf es einen Menschen, der für sich in Anspruch genommen hatte, Kommunist zu sein. Er suchte nach den Ursachen, nach dem Grund, vergebens. Er dachte an die Porträts aus Ilses Feder. Rosa Luxemburg und Clara Zetkin. Waren denn nicht sie ebenfalls das ganze Gegenteil von ihr, Frauen, die niemals so gehandelt hätten, die noch, den Tod bereits vor Augen, sich gegen ihn gestemmt und allen Mut aufgebracht hatten, um bis zum letzten Atemzug die Ideen des Kommunismus zu verteidigen? War es nicht Verrat an den großen Idealen der Menschheit, nein, in diesem Fall bereits, weit weniger pathetisch, an der Hoffnung und den Träumen der eigenen Kinder, wenn man sich so, erbärmlich leise, aus dem Leben schlich? Wozu, warum, wogegen und wofür – lebt der Mensch?

Als einzige Erklärung fand er schließlich: War erst einmal jemand *reif* (und welch fatales Wort dafür!), Hand an sich selbst zu legen, gab es nicht nur einen Grund. Der Selbstmord – anders konnte es nicht sein – ist das Ergebnis dessen, bei dem sich mindestens *zwei* Kausalreihen an Enttäuschungen im Leben kreuzen. Er ist der Schnittpunkt *mehrerer* ungelöster Konflikte.

Was aber war damit gebessert? Er hatte weiter nichts als eine Interpretation gefunden, die nicht das geringste bewirken würde.

Am Abend kam Frank Lutter.

So jedoch, wie in den nächsten Stunden, entsann Achim sich nicht, ihn je erlebt zu haben. Ulrike und er hatten schon früher mit seinem Erscheinen gerechnet und deshalb mehrmals seinetwegen das Abendbrot hinausgezögert. Dann aber warteten sie nicht länger und begannen zu essen. Für die Kinder wäre es sonst zu spät geworden, besonders für Soja, die schon vor Müdigkeit maulte und noch gebadet werden mußte. In diesem Augenblick schrillte im Korridor die Klingel. Sie wußten, daß es nur Frank sein konnte, und da auch die Haustür inzwischen verschlossen war, stieg Achim die Treppen hinunter, um ihm zu öffnen.

Doch da bereits, halb im Dunkel und halb im Licht, nach der aus irgendeinem unbestimmten Grund etwas steif ausfallenden Begrüßung, von seiten Franks ganz und gar nicht in der gewohnten Weise laut und schnoddrig, schien es Achim, als habe sich an ihm in der einen Woche, in der sie sich nicht gesehen hatten, eine sonderbare Wandlung vollzogen. War er stiller geworden, weniger selbstgefällig? Nein, es lag auch nicht an dem Zustand, in dem er sich, wie schon von Ulrike vorgewarnt, befand, denn tatsächlich hatte er wieder getrunken, sein Atem roch nach Branntwein. Früher – und so gut kannten sie sich ja – hatte ihn Alkohol eher noch poltriger, großspuriger, rabiater werden lassen. Er forschte ihm ins Gesicht, beobachtete ihn, soweit das bei dem schummrigen Licht im Treppenhaus möglich war, suchte seine Blicke. Doch Frank schien es zu bemerken und senkte die Augen. An diesem sich gegenseitig abtastenden, einander ausweichenden Verhalten zwischen ihnen änderte sich auch in der Wohnung vorerst nichts. Bis dann die Kinder schliefen und Ulrike sie beide sich selbst überließ. Bis Frank ihn bat: »Komm, Alter, geh mit mir nach draußen. Ich brauche frische Luft ...«

Soweit jedoch war der Abend noch nicht gediehen.

Nachdem Frank im Korridor Mantel und Aktentasche abgelegt hatte, trat er an den Tisch im Wohnzimmer und schüttelte mit gekünstelter Heiterkeit Ulrike und den Kindern die Hand. Robert und Clara küßte er flüchtig auf die Stirn, wobei er zugleich ein paar Fragen an sie richtete, so belanglos allerdings, daß er wohl selber keine

Antwort darauf erwartete: Seid ihr auch schön artig gewesen? Hört man auch keine Klagen über euch?

Ulrike forderte ihn auf, Platz zu nehmen, und deckte nachträglich für ihn ein. »Entschuldige, daß wir mit dem Essen bereits begonnen haben. Es ist schon spät. Aber du, du bist gewiß sehr hungrig.«

Doch er kaute lustlos, sichtlich ohne Appetit. Nervös strich er mit den Fingern, öfter, als er mit ihnen nach den Broten griff, über seinen Bart und wischte ihn und seinen Mund nach jedem Bissen und jedem Schluck Tee mit einem Taschentuch ab.

Auch später, nachdem die Kinder zu Bett gegangen waren, schleppten sich ihre Gespräche dahin, geriet die Unterhaltung immer wieder ins Stocken. Während der Pausen wirkte dann Frank manchmal wie geistesabwesend, als sei er mit seinen Gedanken ganz woanders, und kam er wieder zu sich, wechselte er sprunghaft das Thema. Morgen, beteuerte er jedoch mehrfach, wolle er sie endlich von seinen Sprößlingen befreien. Nein, nein, keine Widerrede. Mit einer Nachbarin, einer Genossin, habe er vereinbart, daß sie sich, wenn er im Dienst sei, um die beiden etwas kümmere. Robert und Clara, sie müßten ab Montag wieder geregelt dem Unterricht in ihrer Schule nachgehen. Der Koffer für ihre Sachen stünde ja noch hier. Und er wolle, sie gestatteten es doch, über ihren Apparat ein Taxi bestellen. »Wann wäre es euch recht? Nach dem Frühstück?«

»Es eilt nicht«, entgegnete Ulrike.

»Doch, doch. Bei uns soll wieder Ordnung herrschen. Wir müssen uns damit abfinden, ohne Ilse auszukommen ...«

Als er in den Korridor ging, um zu telefonieren, und einige Zeit brauchte, ehe er eine Verbindung erhielt, fragte Ulrike Achim: »Hast du nicht ebenfalls das Gefühl, daß er irgendwie bedrückt ist? Am besten, Micha, ich lasse euch allein, ihr setzt euch ins Arbeitszimmer. Mir scheint, ich störe nur.«

Auch die Ereignisse der letzten Wochen, die militärischen Maßnahmen des Warschauer Paktes klangen hin und wieder an. Dabei allerdings frönte Frank ungehemmt seiner Leidenschaft, er lebte auf. Achim sah ihm an, wie er mit Wonne politisierte, die Rolle ihm gefiel, den Überlegenen zu spielen, herauszukehren, daß er als Geheimnisträger über Informationen verfügte, an die so schnell kein anderer gelangen würde. Während er so debattierte, langatmig, breit, lehnte er sich genießerisch zurück in den Sessel, sog, nuckelte an den Zigarillos, die er mittlerweile rauchte, und versäumte nun wie eh und je nicht, an das eine und das andere seine Schlußfolgerungen zu knüpfen, Belehrungen, wie er es offenbar für notwendig erachtete, für Minderbemittelte.

In dieser Pose erinnerte er Achim unwillkürlich an seine Auftritte in all den Jahren zuvor. Als Student bereits. Erst recht in seinen Funktionen als Redakteur und als Abteilungsleiter für Wirtschaft im Parteiapparat. In Graubrücken, in Leipzig und Eisenstadt. Ja, in diesem Moment war er wieder der Alte, der Blonde, jener Lutter, der alle, die mit ihm hatten umgehen müssen, fuchsteufelswild gemacht hatte.

»Du bist ja nun bei der Armee gewesen, Akki. Na und, wie war's? Haben sie dir wenigstens die Hammelbeine langgezogen?« Er lachte schallend, überzeugt von sich, einen guten Witz, ein Bonmot angebracht zu haben. Er verschluckte sich am Rauch seines braunen Stumpens, röchelte und hustete, verstreute funkensprühend die Asche um sich, und nachdem er seinen Anfall überwunden hatte, lachte er erneut. Es klang schadenfroh und hämisch.

Als sie bereits im Arbeitszimmer saßen, in Schalensesseln an dem niedrigen Nierentisch, verließ er kurz den Raum, um die Toilette aufzusuchen, wie er angab. Zurück kam er jedoch mit seiner Aktentasche, öffnete sie und zog unter einem Bündel von allerhand Papier eine schon angebrochene Flasche Budafok hervor.

»Nun glotz nicht so«, sagte er. »Wie ein Heiliger. Willst du auch?«

Achim holte zwei Gläser. Aber Frank hatte die Flasche bereits an seine Lippen gesetzt und trank aus ihr in tiefen Zügen.

Achim schwieg. Doch seine Blicke mußten ihn verraten haben. Er fand ihn abstoßend. Er benahm sich wie ein Säufer. Schnaps aber, dachte er, löst kein einziges Problem.

»Fehlt bloß noch«, fuhr Frank ihn an, »daß du mir jetzt einen Vortrag hältst. Wie Ilse, als sie noch lebte. Doch erspar dir das ... Denn was weißt du schon ...« Wieder trank er gierig, schüttelte sich und stöhnte, und dann forderte er ihn auf: »Komm, Alter, geh mit mir nach draußen. Ich brauche frische Luft.«

Vom Arbeitszimmer, inmitten der von Eisenstadt herübergeretteten, bis unter die Decke reichenden Bücherwände, führte eine verglaste Tür auf den Balkon hinaus. Darauf steuerte Frank jetzt zu, mit schwankenden Schritten, so daß Achim fürchtete, er könnte in jedem Augenblick das Gleichgewicht verlieren. Schon suchte er torkelnd Halt an einem Regal, griff aber daneben und riß ein paar Bücher im Lederrücken und mit glitzernder Goldschrift herunter. Die Heine-Bände? Es tat ihm weh. Hoffentlich nicht ausgerechnet sie! Doch noch mehr war er um Frank besorgt. Wenn er auch auf dem Balkon stolperte, bei dessen nur hüfthoher Brüstung! Ein Sturz – die Folgen wären nicht auszudenken. Die Wohnung lag drei Stockwerke hoch, und in der Tiefe befand sich ein mit Kopfsteinen gepflasterter Hof.

Achim lief ihm nach, hielt sich dicht an seiner Seite, versuchte ihn zu stützen.

Frank umklammerte ihn mit beiden Armen. Wie ein Schlag traf ihn die kühle Nachtluft. Er rülpste und würgte, als wehrte er sich zu erbrechen.

Irgendwo in der Ferne glühten die roten Positionslichter der Schornsteine vom Heizwerk Trotha durch die Dunkelheit. Vom Arbeitszimmer her drang nur der gedämpfte Schein der Stehlampe durch die Glastür. Achim hatte Mühe, Frank auf den Beinen zu halten. Er rang mit seinem Körper, einer willenlosen, unkontrollierten Masse. Auch das diffuse Licht in seinem Rücken narrte ihn, verhüllte mehr, als daß es zu erkennen gab. Es war, als würde er mit einem Schatten kämpfen, wenn ... Wenn nur nicht dieses schwere, schlaff auf seinen Schultern lastende Gewicht gewesen wäre, das ihn niederzuzerren drohte.

Frank aber schien sich zu erholen. Vielleicht blies ihm nun der Wind seine Trunkenheit aus. Denn plötzlich gab er Achim frei. Und im gleichen Augenblick floß es aus ihm heraus. Er schluckte, ja, und er würgte wieder. Doch diesmal rührte es von einer anderen Anspannung her. Er – weinte. Tränen überschwemmten sein Gesicht. Und mit bebender Stimme, mit gehetzten und immer wieder von gequältem Stöhnen unterbrochenen Worten, stammelte er:

»Mich hat's erwischt, Alter ... Sie machen mich fertig ... Ilse ... Nein, nicht was du bisher gedacht hast. Du nicht und Ulrike. Ihr habt keine Ahnung ... Sie hat Selbstmord begangen. Tabletten. Lepinal. Aufgespart seit Monaten ... Ilse. Nur für diesen Abend. Selbstmord. Begreifst du ... Wie konnte sie mir das nur antun ...

Und die Kinder. Die Kripo ... Und die Bezirksleitung ... Mich hat's erwischt, Akki. Sie starren mich dort an, als hätte ich an Ilses Tod schuld ... Als hätte ich sie – umgebracht ...«

Wieder erstickte ein krampfartiges, sich stoßweise seiner Brust entringendes Schluchzen seine Stimme.

Nein, Achim entsann sich nicht, ihn je schon einmal in einer solchen, völlig niedergeschmetterten Verfassung erlebt zu haben. Nie hatte er ihn weinen sehen. Das war es, was ihn überraschte, nicht sein Geständnis. Denn von Ilses Selbstmord wußte er bereits.

Sie gingen zurück ins Zimmer.

Frank hatte sich beruhigt, obwohl seine Hand noch zitterte, als er den Rest aus der Flasche auf beide Gläser verteilte.

Sein Gesicht war aufgedunsen und blaß, seine Augen gerötet. Nachdem er getrunken hatte, ergänzte er, jetzt jedoch schon beinahe sachlich, wie um eine Erklärung bemüht: »Kannst du dir vorstellen, wie mir zumute war? Ich befand mich auf Dienstreise. Und als ich zurückkam, spät am Abend, die Kinder ahnungslos im Schlaf, fand ich sie im Bett.«

»Ja«, entgegnete Achim. »Alles, was ich dir jetzt sagen könnte, wird nur ein schwacher Trost sein und dir kaum helfen.«

Er dachte: Irgend etwas aber reimt sich nicht zusammen. Einerseits die Andeutungen Roberts heute früh, andererseits die Darstellung Franks, er habe als erster Ilse, von Tabletten vergiftet, im Schlafzimmer entdeckt. Doch er ging darüber hinweg. Was sollte sein Mißtrauen gegenüber dem Freund! In einer solchen Situation, die noch immer unter der Nachwirkung von Franks Zusammenbruch stand. Würde er ihm jetzt nicht entgegenkommen, wäre es, als wollte er ihm all die Enttäuschungen heimzahlen, die er mit ihm erlebt hatte. Nein, er war nicht kleinlich. Er spürte Mitleid mit ihm.

»Frank«, sagte er. Vergessen wir, was gewesen ist, wollte er noch hinzufügen. Doch auch das unterließ er. »Frank, in diesem Zustand kannst du nicht nach Haus fahren. So aufgewühlt wie du bist, nicht allein sein in der leeren Wohnung. Ulrike wird dir Bettzeug bringen. Bleib hier, schlaf auf der Couch. Und vor allem sollst du wissen: Soweit es in unseren Kräften steht, auf uns kannst du jederzeit bauen.«

Spontan streckte ihm Frank über den Tisch seine Hand entgegen, und ein leises, dankbares Lächeln umzuckte seine Lippen.

Dieser eine Tag noch. Der 29. September 1968.

Achim verbrachte ihn damit, Briefe zu beantworten, die meisten von Lesern, die ihm ihre Meinung zu seiner Erzählung mitteilten, auch den aus der Dramaturgie der DEFA, und die Sachen zu ordnen, die er morgen ins Akademieinstitut würde mitnehmen müssen. Parteibuch, Gewerkschaftsausweis, diverses andere für den täglichen Gebrauch, denn er würde dort auch zur persönlichen Nutzung einen Schrank und einen Schreibtisch erhalten. Sein Lebenslauf und sein Fragebogen befanden sich ja schon seit langem in der Kaderabteilung.

Mit Frank Lutter hatte er zwar seine Freundschaft erneuert, doch war er trotzdem froh, daß er in aller Frühe bereits mit seinen Kindern die Wohnung verlassen hatte. Ruhe war wieder eingezogen, und die brauchte er für ein paar Stunden der Selbstbesinnung. Nicht einmal Soja mit ihrem unentwegten Geplapper vertrug er heute. Julia hingegen schien sich in seine Stimmung hineinzuversetzen und vermied es, ihn zu stören. Mehrmals hörte er sie ihre Schwester ermahnen, sie solle sich zügeln und nicht solchen Lärm schlagen. Nur einmal, als er das Arbeitszimmer verließ, beim Mittagessen, fragte sie ihn: »Und bist du jetzt ganz richtig wieder glücklich? Ich meine, daß du nun das eine wie das andere tun kannst? Schreiben und forschen, forschen und schreiben? War das nicht immer dein Wunsch?«

Er wunderte sich, wie exakt seine Tochter mit diesen Worten sein Anliegen, sein Streben umriß. Nur hätte sie noch ein Drittes hinzufügen sollen, das ihn beschäftigte, ohne daß er von vornherein jeden Versuch, sich selbst zu verwirklichen, trotz größten Erfolgs, mit Erfindungen und Entdeckungen, ob in der Wissenschaft oder in der Kunst, für mißlungen hielt, nur für eine Halbheit. Es war, er durfte sich nicht nur als Beobachter fühlen, sondern mußte Teilhaber sein, am Aufbau, an der stetigen Veränderung der Gesellschaft, auch was das menschliche Zusammenleben in ihr betraf. Da war er Idealist. Er würde sich nie damit abfinden, daß immer noch, nach nunmehr fast zwanzig Jahren, die Republik sich wie ein Provisorium benahm. Der Sozialismus war von höherer Qualität, als er sich gegenwärtig gab. Die Revolution, dachte er, muß täglich sich neu bewähren und weitergeführt werden. Stillstand, lediglich die Befestigung des bisher Errungenen, bedeutet bereits Rückschritt. Wer heute nichts dazulernt und nichts ändert, wird schon morgen leben wie noch vorgestern. Die Ängstlichkeit so mancher, nach seiner Erfahrung besonders mittlerer (oder mittelmäßiger?) Funktionäre, der Postenjäger, die jedes Risiko scheuten und nur dachten, was bereits vorgedacht war, war ihm zuwider.

Er sagte: »Ach, Kitz, wann ist man schon glücklich. Ständig verbiegt die Wirklichkeit unsere Wünsche und Hoffnungen. Doch würden wir uns darin ergeben, müßten wir uns vor uns selber schämen, wenn wir uns im

Spiegel betrachten, ich beim Rasieren, du beim Schminken.«

Ulrike spottete, doch mit einem Anflug von Bissigkeit: »Falls du es noch nicht bemerkt hast, kein Wunder bei deinem Zugvogeldasein, Julia schminkt sich nicht. Sie hat es gar nicht nötig.«

»Nun sei doch nicht gleich so grantig.«

»Weißt du, es ist zwar schön, dir zuzuhören, wenn du mit deinen Gedanken im Himmel schwebst, aber auf Erden sei doch bitte mal ein wenig realistischer, nicht so naiv. Ich kann es immer noch nicht fassen, daß du dich wieder von Lutter hast einwickeln lassen.«

Er küßte sie. Ihre Lippen gaben nach.

»Dann halt es doch wenigstens meinem Charakter zugute«, sagte er, doch es sollte nicht allzu ernst klingen. »Den Erbinformationen, die auf mich überkommen sind. Ich kann nun einmal nicht anders.«

Der DEFA antwortete er, daß er nichts dagegen einzuwenden habe, wenn seine Erzählung verfilmt würde. Nur bedinge er sich das Recht einer intensiven Beratung aus. Er selber, nein, er selber würde nicht das Szenarium schreiben. Denn habe er einmal eine Geschichte gestaltet, so widerstrebe es ihm, sie in ein anderes Genre zu übersetzen, in eine zweite Kunstform umzugießen. Mit seiner Mitarbeit aber könne man rechnen.

Beesendahl und das Akademieinstitut, sie lagen ihm jetzt viel näher. Er würde den Bus nehmen, morgen. Und bald würde er dann auch wissen, ob seine Theorien gefragt waren oder nicht. Eingriff in die Gene. Vielleicht sogar den Menschen ändern. In jedem Fall die Welt. Ein weites Feld tat sich vor ihm auf.

ENDE DES VIERTEN BUCHES

INHALT DES VIERTEN BUCHES

Gesamt-ISBN 3-354-00295-6

Erstes Buch	ISBN 3-354-00019-8
Zweites Buch	ISBN 3-354-00050-3
Drittes Buch	ISBN 3-354-00103-8
Viertes Buch	ISBN 3-354-00157-7

Lizenz-Nr. 444-300/9/87 · 7001
Printed in the German Democratic Republic
Einband: Walter Schiller
Gesamtherstellung: Karl-Marx-Werk Pößneck V15/30
Best.-Nr. 639 316 1

01100